L'EMPIRE

INDUSTRIEL

AF341598

PARIS. — IMPRIMERIE L. POUPART-DAVYL, RUE DU BAC, 30.

L'EMPIRE INDUSTRIEL

HISTOIRE CRITIQUE

DES CONCESSIONS FINANCIÈRES ET INDUSTRIELLES

DU SECOND EMPIRE

PAR

GEORGES DUCHÊNE

Auteur de la Spéculation devant les Tribunaux

PARIS

LIBRAIRIE CENTRALE

9, RUE CHRISTINE, 9

ET CHEZ CALVET, 11, RUE NOTRE-DAME-DES-VICTOIRES

—

1869

Tous droits réservés.

L'EMPIRE
INDUSTRIEL

INTRODUCTION

TRANSFORMATIONS ÉCONOMIQUES : L'EMPIRE INDUSTRIEL

I

Ce livre n'est pas un pamphlet; ce n'est pas davantage une brochure d'actualité inspirée par les événements du jour. C'est un avertissement au pays au sujet de la révolution économique qui a transformé nos relations et notre équilibre social, révolution dont personne ne semble se douter, et que l'ignorance ou la connivence des professeurs officiels s'efforce de dissimuler par tous les moyens possibles. La transformation dans le monde du travail, du commerce et de l'industrie a été bien autrement profonde encore que dans les sphères de la politique. Il ne reste rien des principes et des lois sur lesquels vivait la société depuis 1789. La propriété, livrée aux bâcleurs de commandite, n'est plus ce domaine quiritaire importé du droit romain dans le Code civil de 1803; l'hypothèque s'est allégée, mobilisée, pour se plier aux combinaisons des organisateurs de crédit foncier; les stipulations relatives au contrat de louage, au gage, à la vente, au prêt, sont tombées en désuétude devant les concessions, les règlements, les envahissements des grandes compagnies; la loi de l'offre et de la demande n'a point d'application possible avec les priviléges concédés dans toutes les branches importantes des services nationaux.

Il existe aujourd'hui deux millions de Français, électeurs, éligibles, nantis de leurs droits civils, civiques et politiques, pour lesquels il n'y a plus ni Code civil, ni Code de procédure, ni Code de commerce, et auxquels on applique, en revanche, un Code pénal inédit dont les pouvoirs publics ne soupçonnent pas même l'existence. On en trouvera cent preuves dans notre troisième chapitre : *Dépression morale.*

Les symptômes de cette transformation datent de loin ; le plus ancien remonte à l'an 1800, à l'établissement de la Banque de France; viennent ensuite la loi de 1810 sur la propriété des mines; les lois de 1821-22 sur la concession des canaux; enfin la loi de 1842 sur les chemins de fer.

Cependant, jusqu'en 1852, le monopole ne figure dans notre économie qu'à l'état d'exception et de tolérance; il est obligé de se couvrir du masque de l'intérêt public pour se faire supporter; on l'éparpille, on le morcelle. La Banque de France, réduite à Paris et à une douzaine de succursales, a pour concurrentes neuf banques provinciales; les concessions de mines et carrières se comptent par milliers; la canalisation intérieure est répartie entre une vingtaine de sociétés; le réseau des chemins de fer, à peine ébauché, compte déjà une quarantaine de compagnies.

L'école économiste, vraiment digne du nom de *libérale*, veille au maintien des lois sacrées de la libre concurrence; elle a l'œil sur le privilége, elle s'en défie, elle le harcèle, elle le dénonce. En vain il se fait petit, humain, philanthrope même ;

Ce bloc enfariné ne lui dit rien qui vaille.

Le caractère distinctif du monopole, dit Bastiat, est de laisser subsister la grande loi sociale « service pour service », mais de faire intervenir *la force* dans le débat, et par suite d'altérer la juste proportion entre le service reçu et le service rendu.

Tel est justement le cas des priviléges contemporains. Quel rapport y a-t-il entre le *tarif* des compagnies de gaz, de chemins de fer, de paquebots, et un *prix de revient* quelconque ? Il y a des taxes de 15 et de 30 centimes pour un même objet, de 30 et de 50 pour un même parcours et une même denrée. Vous êtes *forcé* de payer selon la classe où l'arbitraire vous a casé, — dégrevé ou surchargé, selon que la grâce vous a été favorable ou hostile.

Le monopole fait passer la richesse d'une poche à l'autre, mais il s'en perd beaucoup dans le trajet...
Quand le monopole est un fait isolé, il ne manque pas

d'enrichir celui que la loi en a investi. Il peut arriver alors que chaque classe de travailleurs, au lieu de poursuivre la chute de ce monopole, réclame pour elle-même un monopole semblable. Cette nature de spoliation, réduite en système, devient alors la plus ridicule des mystifications pour tout le monde, et le résultat définitif est que chacun croit retirer plus d'un marché général appauvri de tout. (BASTIAT.)

Aussi, la propagande communiste n'a jamais été mieux fondée qu'en présence de cet envahissement des monopoles depuis vingt ans. Pourquoi, dit-elle, tout le travail ne serait-il pas dans les mêmes conditions que la Banque, les chemins de fer, les usines, les mines, les filatures, les forges, à cette différence que les directeurs soient fonctionnaires de l'État, comme le sont déjà les gouverneurs et sous-gouverneurs de la Banque de France et du Crédit foncier?

Il n'est pas nécessaire d'ajouter que ce singulier régime introduit un antagonisme universel entre toutes les classes, toutes les professions, tous les peuples; qu'il exige une interférence constante, mais toujours certaine de l'action gouvernementale;... qu'il place toutes les industries dans une insécurité irrémédiable, et qu'il accoutume les hommes à mettre sur la loi, et non sur eux-mêmes la responsabilité de leur propre existence. Il serait difficile d'imaginer une cause plus active de perturbation sociale. (BASTIAT.)

C'est en pareils termes que l'école libérale dénonçait l'action démoralisante du monopole. Il est aisé à chacun de nous de vérifier combien était juste le pronostic. Jamais bouleversement des faits, des lois et des idées n'a mérité, mieux qu'aujourd'hui, de provoquer l'attention des philosophes et des économistes. Les journaux dits conservateurs, ceux qui, sur tous les actes de la politique, ne connaissent d'autre appréciation que la formule de Pandore : « Brigadier vous avez raison ! » les officieux et les officiels, la plus dangereuse espèce de brouillons et de révolutionnaires qui soient au monde, se signent et crient à l'abomination pour quelques propositions qui se sont produites dans les réunions publiques non autorisées.

Que nous a servi d'écraser l'hydre de l'anarchie en 1851 ? s'écrient-ils pleins de terreur. Nous croyions en avoir fini avec le communisme, le socialisme, le mutuellisme et tous les barbarismes en *isme* nés de la surprise de février; nous avions reconstitué l'ordre, la famille, la propriété, la religion ; nous avions, en un mot, replacé la pyramide sur sa base.

Or voici que les réunions non autorisées nous révèlent un mal inconnu, dont il était impossible de prévoir non-seulement l'intensité, mais encore l'existence : l'esprit de subversion, les bases de la société, le chancre rongeur, le désordre des intelligences, l'anarchie des idées, la sécurité des méchants, la terreur des bons,

> ... Et patati et patata !
> On a mis de tout dans ces discours-là !

L'étonnement a été tel que l'empereur a cru devoir en reproduire l'écho dans son discours d'ouverture de la session législative.

Les deux lois qui avaient pour but de développer le principe de la libre discussion, dit Sa Majesté, ont produit deux effets opposés; d'un côté, la presse et les réunions publiques ont créé dans un certain milieu une agitation factice et fait reparaître des idées et des passions qu'on croyait éteintes...

Plus des esprits aventureux cherchaient à troubler la paix publique, plus le calme devenait profond.

Une observation préalable sur ce paragraphe : C'est que la liberté, si restreinte soit-elle, est pour les gouvernements un meilleur moyen d'information que les polices les plus perfectionnées. A quoi servent les sbires et les investigateurs de la rue de Jérusalem s'ils ont persuadé aux agents du pouvoir, même au chef de l'État, que certaines idées, certaines passions, plus vivaces que jamais, *étaient éteintes depuis longtemps?* Espérons qu'en faveur de ses précieux renseignements, le droit de réunion sera maintenu et étendu.

Quant au fond même du sujet, c'est l'étonnement du monde conservateur et du gouvernement qui a lieu de nous surprendre. Il n'y a pas à dire : ce ne sont pas les démagogues de la république et de la sociale qui ont élevé cette génération de dix-huit ans. Ils ont été proscrits, déportés, exilés, internés, surveillés, muselés, fouaillés d'importance, de leurs personnes et de leurs idées. Ils n'ont de journaux ni quotidiens, ni hebdomadaires, ni mensuels. Les réunions publiques n'ont pas encore eu le temps de *pervertir les esprits.* D'ailleurs, *les esprits de ténèbres,* pour parler comme les Cassagnac et M. Veuillot, se sont présentés dès le premier jour en phalange serrée, aguerrie, rompue à la lutte et à l'attaque, dédaignant de se défendre et se portant du premier coup à l'avant. Où donc s'est faite cette éducation? Vous ne vous en doutez pas? C'est bien simple cependant : c'est le fruit des mauvais exemples d'en haut.

Qu'aurait à répondre le monde officiel et conservateur au plus farouche socialiste qui lui tiendrait ce langage :

« Le gouvernement a donné 10 millions de dragées au baptême du Crédit foncier; il a garanti de 400 000 francs par an la période de lactation et d'enfance du Crédit agricole; il subventionne annuellement de 9 millions les Paquebots transatlantiques et d'à peu près autant les Messageries impériales; il a commandité la grande industrie des 50 millions restés disponibles sur l'emprunt de la guerre d'Italie; il a racheté au prix de 100 millions les mauvais numéros de la loterie mexicaine; il a octroyé UN MILLIARD ET DEMI de subvention aux actionnaires de chemins de fer; il leur assure l'amortissement de QUATRE MILLIARDS d'emprunts et 184 millions d'intérêts annuels. Et l'on nous marchanderait à nous, les besogneux, les déshérités, à nous le peuple de César, instrument de sa force et base de son pouvoir, quelques cents millions de commandite à prendre sur cette même fortune collective dont nos impôts font les frais!... Lorsque les agents de change, les courtiers, les avoués, les huissiers, les notaires, lorsque les Compagnies privilégiées de gaz, de chemins de fer nous imposent, à nous consommateurs, des tarifs arbitraires, sans proportion aucune avec le service rendu, tarifs *homologués* par le gouvernement, *ayant force de loi*, on se scandaliserait que nous fissions à notre tour approuver par le ministre et le Conseil d'État le taux de nos salaires, devenant ainsi, comme les tarifs des bénéficiaires de monopoles, une loi du pays dont la violation doit être réprimée par le parquet! On limite le nombre des patrons dans cent et tant de professions privilégiées on garantit ainsi les favorisés contre la *concurrence des capitaux*, et l'on nous interdirait de garantir nos salaires contre la *concurrence des bras*, en restreignant le nombre des apprentis! Enfin lorsque le capital puise à pleines mains dans le Trésor public et dans l'arsenal législatif pour le maintien de *ses revenus*, le travail resterait, pour *son pain quotidien*, réduit à la portion congrue, aux chances de chômage et aux discussions de salaires!... Ah ça! et l'égalité!... »

Ainsi les faits et les idées se mettent en équilibre et à l'unisson. On a donné aux monopoles à pleines mains, et le public en masse réclame, chacun dans sa sphère, sa part de privilége et de faveur, comme le prévoyait Bastiat. De terribles logiciens que ces ouvriers peu lettrés. instruits, par la pratique matérielle des choses, cent fois mieux et plus vite que par les théories transcendantales, demandant la généralisation d'un système dont les élus se trouvent si bien!

Je vous le dis en vérité : il n'y a pas là matière à scandale Ce qu'on ne fait que DIRE EN BAS, c'est ce qui SE PRATIQUE depuis longtemps EN HAUT.

Ce qui a fait la force et la gloire de l'école économiste *libérale*, dont Bastiat aura été le dernier représentant, c'est qu'elle a lutté partout : dans les académies, dans les journaux, par les livres, par les conférences, aux chambres législatives et au Conseil d'État, contre cet envahissement des monopoles, et qu'elle a réussi, dans une forte mesure, à maintenir son principe jusqu'à l'avénement de l'Empire.

Et de fait, malgré les quelques dérogations au droit

commun relevées au commencement de ce paragraphe, sous la Restauration, sous la royauté de Juillet, sous la seconde République, la loi des relations est bien *la concurrence, l'offre et la demande, le laissez-faire et le laissez-passer;* formules plus prétentieuses que sérieuses, plus sonores que substantielles, mais qui avaient du moins l'avantage de répondre à leur milieu social, milieu dont il ne reste plus trace. Aussi, quand nous voyons les cuistres et les vendus de l'École actuelle redire et rabâcher les axiomes des anciens à propos de ce qui se passe aujourd'hui, nous avons peine à contenir l'explosion de notre mépris et de notre dégoût. Qu'on juge un peu de la différence des temps d'après les transformations opérées depuis 1852!

La Banque de France, dont le privilége a été prorogé de trente ans, en 1857, a absorbé les banques provinciales et obtenu le monopole des succursales à établir dans tous les départements, dans tous les centres commerciaux où il y a place pour un comptoir. Qu'y a-t-il de commun entre ce vampire aux mille bras et ses modestes origines? Allez donc lui parler de l'offre et de la demande comme base du taux de l'escompte et de l'intérêt des commandites!

Les concessions de mines, qui se supputaient jadis par hectares, se donnent ou s'amalgament aujourd'hui par kilomètres carrés. .

Les compagnies de canaux, dégoûtées de leurs entreprises devant l'engouement des chemins de fer, ont fini par faire reprendre par l'État, au prix de *dix*, les travaux qui leur avaient coûté *deux*

Les chemins de fer, concédés en moyenne pour cinquante ans, ont été prorogés à quatre-vingt-dix-neuf, avec report de la date au-delà de 1852 ; les quarante compagnies ont été réunies en six, qui s'entendent et se coalisent pour le maintien des tarifs. Allez parler de concurrence à ces chancres myriapodes ; allez réciter vos bucoliques du *laissez-passer* à des monstres qui vous disent : Vous ne circulerez pas si vous ne signez pas au préalable l'engagement de renoncer contre nous au bénéfice et aux droits que vous confèrent les lois du pays.

Il y a peut-être aujourd'hui cinq mille villes et communes éclairées au gaz ; ce sont alors cinq mille monopoles, sauf les fusions, qui réduisent encore le nombre des entreprises, en courbant plusieurs municipalités sous leurs exactions.

Partout où il s'établit une distribution d'eau de quelque importance, c'est en vertu d'un monopole.

Les Messageries impériales, monopole.

Les Paquebots transatlantiques, monopole.

Le Crédit foncier, monopole.

Les Omnibus de Paris, monopole.

Les Expositions publiques, monopoles.

Le privilége n'est pas seulement limité à son objet immédiat ; il s'étend comme la tache d'huile, il envahit, il agglomère, il agglutine, il fait boule de neige. La Banque de France, en centralisant le service des escomptes, accapare forcément celui des encaissements. Les chemins de fer, quand le voyageur et la marchandise ont quitté le railway, suivent leur exploitation au moyen de camions, de bateaux, de voitures. Nombre d'industries, dont les produits se placent exclusivement dans ces compagnies, deviennent une annexe, une branche essentielle du monopole. Les sociétés d'Eaux et de Gaz prétendent avoirs leurs plombiers, leurs robinettiers, leurs fabricants de compteurs et d'appareils assermentés.

La manie du privilége ne connait plus de bornes; l'administration des pompes funèbres de Bordeaux entend se réserver la fourniture exclusive des lettres et billets d'enterrement; un jugement du tribunal lui donne gain de cause en regrettant que le décret de concession comporte une extension pareille. La ville de Paris afferme, au prix de 220,000 francs, dit-on, la garde des voitures autour des halles et marchés; le paysan n'a pas le droit de laisser sa charrette à la surveillance de son enfant; il est forcé d'acquitter le droit, si mieux il n'aime ne pas venir. Une grande maison sollicite, depuis dix ans, le privilége de construire des boutiques modèles et uniformes pour les marchands forains : à la foire aux jambons, à celle du pain d'épice, à la fête du 15 août, au premier de l'an. Le bâtis, du coût de 200 fr., serait loué 50 fr. à chaque sortie; dès la première année, le capital serait remboursé, puisque Paris comporte les quatre fêtes précitées, et, durant trente ou cinquante ans, la recette serait produit net. Il y a déjà eu un semblant de mise en œuvre.

On trouve encore, outre la propriété et les offices ministériels, les priviléges de commissionnaires, de portefaix, de vendeurs à la brouette, de marchands de journaux, les concessions de vidange, d'affichage, d'emplacement sur la voie publique.

A tous ces monopoles *constitués par la loi*, s'ajoutent les monopoles *de fait :* les assurances, dont les courtiers se font recommander des maires et accompagner des gardes champêtres; les magasins-monstres, qui écrasent le petit commerce sans profit pour la consommation; les grandes usines, qui obtiennent des prêts de l'État et des détaxes sur leurs transports; les entrepreneurs, favorisés de concessions directes sans publicité ni concurrence; les docks, les magasins généraux, avantagés par l'emplacement et par la faculté d'entrepôt réel ou fictif; les blatiers et fariniers censeurs à la Banque, usant de leur position pour allonger leur crédit et restreindre celui de leurs concurrents; les administrateurs d'anonymats députés, demandant d'une main des faveurs qu'ils se votent de l'autre; les diplomés des écoles du gouvernement, fermant aux praticiens la porte de l'avancement; les riverains des voies de circulation, écrasant les producteurs enclavés.

Où retrouve-t-on aujourd'hui le système concurrentiel qui faisait l'admiration des Say, des Bastiat, des Blanqui et de tous les maîtres, avec l'autorité desquels les ignorantins de l'école prétendent nous écraser? Le champ de l'initiative individuelle se resserre et s'amoindrit tous les jours. Les professions restées libres ne peuvent concourir qu'à la condition de payer, aux mille et un priviléges qui les enserrent, un tribut uniforme, c'est-à-dire que la concurrence, au lieu de puiser dans toutes les branches du travail pour composer ses éléments de bon marché, se trouve réduite, par les prélibations de la grande industrie inféodée, à grapiller quelques centimes sur la main d'œuvre et les profits.

La féodalité industrielle a mis la main : sur l'État, par les subventions et garanties d'intérêt; sur le public, par les surtaxes; sur les actionnaires, par les primes escomptant l'avenir ; sur les salariés, par les règlements et les ordres du jour. La richesse publique, sous toutes ses formes, lui appartient ; elle en dispose comme de son bien propre, au détriment de la nation, qui croyait n'avoir consenti un démembrement de ses communaux qu'en vue d'un meilleur service à prix de revient. Étrange anomalie : il pleut des brochures, des articles de revue et de journaux sur le budget, les découverts, les emprunts, et personne ne parle de cette aliénation, bien autrement funeste, du domaine public aux mains de la finance pour quatre-vingt-dix-neuf ans.

Non contente d'avoir usurpé la fortune matérielle du pays, la caste prétend encore accaparer les mœurs, les consciences et les corps. Elle statue, elle réglemente, elle légifère, sans souci des principes ni de la loi écrite. Le droit même cède le pas à ses coups d'État et rétrograde devant ses usurpations. Je ne sais rien de plus triste que cette dépression morale universelle aboutissant à l'abdication en masse de la population française aux mains des audacieux, des effrontés de la commandite et de l'anonymat.

Les concessions de priviléges sont l'essence d'une royauté absolue, une conséquence naturelle du droit divin. L'ancienne monarchie ne pouvait se soutenir que par la division de la nation en trois ordres et par l'organisation en corporations du travail et du commerce, tout droit, même celui de travailler, émanant du souverain. Ce n'est pas un trait particulier de l'histoire de notre pays ; le même régime se rencontre partout.

Frédéric II, dit le comte de Mirabeau, dans son *His-*

toire de la monarchie prussienne, avait une espèce de passion pour les compagnies de commerce. Compagnie de l'Elbe, compagnie de l'Oder, compagnie du Levant, compagnie des Indes, compagnie des Harengs, compagnie du Sel, compagnie d'Assurances, compagnie Maritime, compagnie du Bois à brûler, etc., etc. : telle est en masse la bizarre nomenclature des sociétés monopoleuses qu'il établit.

La première de ces compagnies entreprit le commerce des grains sur deux des plus grands fleuves de l'Allemagne. C'est en 1750 que fut créée celle des Indes, à Emden ; Frédéric II avait déclaré port franc cette petite ville dans cette unique vue ; mais une compagnie si peu naturelle tomba en 1769, et de ses débris il s'en forma, dans la même ville, une pour la pêche du hareng.

En 1774, Frédéric accorda le commerce exclusif du sel de mer et des cires à une compagnie, avec liberté de faire le commerce maritime sous son pavillon. En 1765, il donna le tabac en ferme à une autre compagnie.

Enfin Frédéric II, dans son âpre climat, ne craignit pas de privilégier une compagnie pour la vente du bois à brûler à Berlin et à Potsdam, et le fit ainsi monter à un taux excessif.

Persuadé qu'il était indifférent que tels ou tels, dans son pays, retirassent les profits du commerce, ou comment ils les percevaient, pourvu qu'en effet on y gagnât ; convaincu que les compagnies faisaient moins la contrebande que les particuliers, séduit par l'appât des sommes que lui offraient toutes ces associations, Frédéric II s'y prêtait avec complaisance et leur accordait des faveurs signalées, sans lesquelles les compagnies ne sauraient subsister et avec lesquelles même elles ne peuvent se soutenir longtemps, de sorte qu'en écrasant les autres, elles-mêmes tombent en ruines.

Quelque faiseur de projet montrait-il à Frédéric II un moyen d'acquérir de l'argent pour son Trésor ou même pour sa caisse particulière ? il ne balançait point à lui accorder un privilége, que l'auteur du projet disáit toujours nécessaire au maintien de sa spéculation. Toutes ces compagnies avaient quelque monopole qui les mettait en état d'exister au prix de la subsistance des peuples. Frédéric lui-même s'en était réservé plusieurs très-importants : outre le sel, monopole général de tous les gouvernements européens, c'était le tabac, le café, les cartes à jouer, le bois à brûler. Lorsqu'il voyait que l'on trouvait de grands avantages dans l'octroi qu'il avait donné, il prenait l'entreprise pour son compte, et les entrepreneurs en devenaient les employés.

On serait tenté de prendre cette citation pour une page d'histoire contemporaine, n'était que sous les anciennes monarchies, les priviléges se vendaient au profit du trésor public, tandis qu'aujourd'hui, à la constitution de monopole on ajoute une subvention ou des garanties de dividendes prises sur l'impôt.

Ainsi il ne reste plus rien de la révolution économique de 89 ; les priviléges et la féodalité mercantile sont revenus ; l'exploitation du consommateur est plus âpre que jamais, et le serf actuel des grandes compagnies est tombé bien au-dessous de l'antique compagnon des maîtrises.

II

Telle est la navrante histoire que nous tentons d'esquisser aujourd'hui. L'économie officielle s'empresse de nous fausser compagnie en pareille aventure. En effet, tant qu'il s'agit de décrire, de supputer, d'inventorier, de dresser des procès-verbaux, la science académique va aussi loin que possible; elle ne s'arrête ni devant les tableaux de désolation, ni devant les statistiques désespérantes. C'est là toute sa hardiesse, et malgré sa discrétion, le monde des satisfaits lui en a plus d'une fois fait un crime.

Mais dès qu'il s'agit de toucher au problème de la *répartition*, l'économie politique proteste; elle se déclare essentiellement fataliste. Laissez faire, laissez passer, dit-elle, comme au temps de la liberté et de l'autonomie industrielles. La spontanéité instinctive vaut mieux que n'importe quel système d'organisation. En un mot, l'économie *politique* ne s'occupe ni de *politique* ni de *législation*.

Est-ce conscience et conviction? est-ce simplement désertion et couardise? L'économie politique a subi un grand malheur: c'est d'être devenue *officielle*. A ses débuts, elle a été, comme toutes les choses nouvelles, suspecte et proscrite. L'inestimable et incomparable Napoléon Ier, grand consommateur d'hommes et pourfendeur d'idéologie, l'avait rayée du tableau des connaissances humaines compatibles avec son despotisme. Aussi, à sa chute, J.-B. Say n'hésita-t-il pas à dédier son *Traité* à l'empereur de Russie, restaurateur des libertés françaises. Par l'effet d'une réaction inévitable, la science proscrite devint, au changement de régime, en grande faveur; on l'érigea à la hauteur d'une institution en lui créant une place dans l'une des cinq sections de l'Institut. Les faveurs du pouvoir, dans les gouvernements de constitution *octroyée*, sont autrement dangereuses pour la science que la proscription. Depuis qu'elle a pris place dans les conseils de l'État, l'économie est tombée au niveau du fonctionnarisme : elle ne rend plus ses oracles sans avoir pris au préalable l'avis du maitre qui consulte.

Aussi peut-on dire qu'elle tourne depuis trente ans dans le même cercle, répétant, rabâchant et commentant les thèmes des anciens, sans faire un pas en avant, offrant pour toute nouveauté des statistiques différentes, quant aux chiffres, de celles d'autrefois, sans se permettre d'en tirer la moindre conclusion de peur de déplaire. C'est pourquoi l'étude a dû être poursuivie, continuée par une école nouvelle, le socialisme, qui ne recule devant rien, pas même devant le problème de la répartition. (Puisse-t-il ne jamais connaitre les honneurs léthifères des académies.)

Qui a raison des novateurs ou des conservateurs-bornes? lesquels sont dans la donnée et la tradition? Il suffit, pour répondre à la question, de rappeler que les Pères avaient défini l'économie : « La science de la production et *de la distribution* des richesses. »

Quand on juge les écrivains sans tenir compte du milieu où ils ont vécu, on s'expose aux plus graves méprises; l'église catholique, *immuable*, a seule droit de condamner les contemporains à l'aide de textes empruntés aux auteurs morts il y a quatorze ou dix-huit cents ans; les sciences *progressives* n'admettent point ce mode d'argumenter, spécial à la théologie; elles estiment au contraire que les écrivains, par cela seul qu'ils ont donné à leur époque tout ce que comportait l'état des sociétés où ils ont vécu, seraient encore aujourd'hui en avant s'ils étaient venus au monde plus tard, dans un autre milieu. C'est pourquoi nous affirmons hautement que les Smith, les Say, les Rossi, les Blanqui, les Dunoyer, les Bastiat, s'ils avaient écrit depuis la constitution de la féodalité financière, c'est-à-dire depuis 1852, auraient été avec nous contre les Horn, les Batbie, les Bénard, les Baudrillart, les Garnier. Entre les hommes de conviction *qui servent la science* pour la faire avancer et les habiles qui *s'en servent* pour se pousser euxmêmes, il y a un abîme.

Le nœud du problème s'est déplacé avec les évolutions économiques; il réside aujourd'hui tout entier dans la *répartition*, dont il eût été superflu ou prématuré de s'occuper voilà quarante ans. Actuellement tout est là : les machines, le groupement des forces, la division du travail n'ont plus rien à nous apprendre ni à nous donner. La distribution spontanée de la richesse, sous la loi de concurrence, est morte avec le régime concurrentiel lui-même. Les deux cent mille salariés des chemins de fer sont rivés à perpétuité au salariat, interdits de monter un établissement à leur compte et de chercher leur bien-être ou leur fortune dans des combinaisons de bon marché à présenter au public. Les cités sont liées pour cinquante ans et plus aux compagnies d'eaux et de gaz; quels que soient les perfectionnements apportés par la physique, la mécanique et la chimie, il n'est pas permis aux consommateurs et aux inventeurs de s'entendre et de monter des usines à côté de celles déjà concédées.

Pour rester sur ces exemples et bien faire sentir la différence des situations, il suffit de comparer les moyens industriels à vingt ou trente ans de distance. Quand les transports s'effectuaient par la batellerie, par le roulage, par les coucous, les pataches, les coches, aucune carrière n'était fermée au prolétaire. Ainsi en était-il quand l'éclairage restait l'affaire des fabricants de chandelles et de quinquets ; quand l'approvisionnement d'eau se trouvait, comme il est encore dans quelques quartiers de Paris, desservi par les commissionnaires et portefaix. Chacun était à même de faire son sort ; la société se fût montrée indiscrète, usurpatrice de se mêler de la répartition des profits et des charges.

Mais depuis que le domaine commun a été approprié, aliéné, monopolisé avec garanties et subventions aux budgets ; depuis que le champ du prolétariat s'est étendu et fermé sur le salarié comme une porte de l'enfer ; depuis qu'il y a des populations et des professions parquées, comme les castes de l'Inde, dans le travail hiérarchique, à appointements fixes, le problème de la répartition est devenu *social*, le tout de la révolution et de la société.

Prenons-le donc hardiment, corps à corps, ce problème de la répartition des profits et des charges, qui ne faisait que poindre en 1848, et qui menace aujourd'hui de dévorer la société si elle ne le dénoue. En vain nous nous exténuerions à chercher de nouveaux procédés de surproduction, des machines, des engins, des groupements de force ; nous ne ferions qu'aggraver le mal en quantité et en intensité. Connaît-on seulement dans le public la loi de développement du paupérisme? Quelques lignes sur cette question ne seront pas de trop ici.

III

D'après M. de Watteville, on compte en France *un* indigent sur *douze* habitants. Nous ne nous arrêterons pas à justifier ou à critiquer ce chiffre ; peu nous importe qu'il soit exagéré ou atténué ; il nous suffit de voir suivant quelle loi *se répartit* la misère, si son intensité croit en raison *directe* ou *inverse* de la richesse publique.

Et d'abord, suivant notre auteur, la moyenne est de *un* indigent sur *quatorze* habitants dans les départements agricoles, et de *un* sur *huit* dans les départements manufacturiers. C'est pourtant un fait notoirement avéré que l'agriculture retarde de cinquante pour cent sur l'industrie quant aux moyens de produire.

Demandez au premier venu quels sont les centres les plus riches de la France. Il vous citera sans hésiter les départements du Nord, du Pas-de-Calais, de l'Aisne, de la Somme, du Bas-Rhin, des Bouches-du-Rhône, Lyon, Rouen, Bordeaux, Paris, Mulhouse. Il ne viendra à personne l'idée d'aller chercher la richesse dans les Hautes et Basses-Alpes, la Creuse, la Corrèze, la Lozère, la Haute-Loire. Cependant le bilan de la misère accuse, dans la première catégorie, de *un* indigent sur *cinq* à *douze* habitants, et dans la seconde, de *un* sur *vingt-huit* à *quarante-deux* seulement.

Un géographe écrit, sur le département du Nord :

Aucun département, toutes proportions gardées, ne possède autant de grandes routes, de voies navigables, de chemins de fer que le département du Nord. Si la population était répartie dans toute la France comme elle l'est dans cette contrée, il y aurait sur le territoire français 85 millions d'habitants, et si chacun des 86 départements avait une production agricole égale à la sienne, la production brute de nos campagnes dépasserait 17 milliards. La France peut donc, avec raison, être fière d'un tel département.

Mais M. Blanqui, parlant du même sujet :

Le département du Nord, dit-il, est celui où règne la plus grande misère à côté de la plus grande opulence, et dans lequel la fortune semble avoir accumulé, d'une manière désespérante, les problèmes les plus difficiles du temps où nous vivons.

Conclusion de la statistique officielle :
« *Un* indigent sur *cinq* habitants. »
Si nous comparons entre eux les divers États de l'Europe, nous trouvons aux deux extrêmes du progrès industriel et mercantile, au bas, la Russie, peuple de barbares et de serfs, suivant l'opinion générale ; au sommet, l'Angleterre, *la grande nation*, de l'avis unanime des économistes.

Tandis que dans les autres États, le nombre proportionnel des indigents varie de 1 sur 5 à 1 sur 25 ou 30, il est en Russie de *un* sur *cent*. (MOREAU-CHRISTOPHE, confirmé par M. LE PLAY.)
Dans le Royaume-Uni de la Grande-Bretagne, le paupérisme atteint *un quart* et sur certains points *un tiers* de la population. (M. DE MOROGUES).

M. Moreau-Christophe dit encore, en parlant de la Belgique :

Ce pays, l'un des plus peuplés, des plus industrieux, des plus riches, des plus agricoles, des plus libres de l'Europe, est en même temps le plus misérable et le plus pauvre. Les statistiques constatent que le nombre des indigents secourus a été : en 1828, de 1 sur 7 habitants, — en 1839, de 1 sur 7 encore, — en 1846, de 1 sur 6.20, — proportion qui devient plus forte lorsqu'on l'applique à la population des provinces les plus industrielles, où le rapport des indigents est de 1 sur 5 et de 1 sur 3.87.

Richesse publique et paupérisme vont de pair. Ce sont les enquêteurs officiels qui le proclament. Pourquoi?

L'auteur précité, M. Moreau-Christophe, un homme des mieux pensants et des moins suspects d'hérésie, cherchant le mot de l'énigme, n'hésite pas à dire :

C'est que l'augmentation de bien-être va à quelques-uns et l'augmentation de misère à tous les autres.

C'est comme une réplique à Malthus.

Nous n'avons pas besoin de dire que dans la pensée de l'écrivain comme dans la nôtre, il n'entre aucune intention d'incriminer les individus ou les collectivités, hors le cas de forfaiture. Les institutions dominent les personnalités. Ainsi, les droits inhérents à la propriété sont indépendants des vertus ou des vices des propriétaires.

CHAPITRE Ier

LES PRÉLÈVEMENTS PERTURBATEURS

—

§ Ier. — LE PRIVILÉGE DE LA PROPRIÉTÉ IMMOBILIÈRE

I

C'est justement par l'exemple de la propriété que nous commencerons à démontrer comment le bien-être, fruit de l'œuvre collective, va à quelques-uns; d'abord parce que, dans la série historique, la propriété apparaît en premier; ensuite parce que, selon l'ordre de gradation, elle est aujourd'hui, quoi qu'on dise, le plus anodin des systèmes de prélèvements.

On ne peut prononcer le mot de *propriété* sans évoquer aussitôt l'idée de *privilége*. C'est qu'en effet, entre les valeurs également respectables, légitimes, dignes d'intérêt et de payement, il n'y a pas égalité. Ainsi « la créance du propriétaire, » dit l'article 2102 du Code Napoléon, « est *privilégiée.* »

Privilégiée contre qui, contre quoi? — Contre d'autrés

créances qui ne le sont pas, et qui cependant entrent en compte dans la supputation de la fortune publique. Qui ne connaît les misères des ménages gênés et de leurs fournisseurs? Tel employé à 3,000 francs, chargé de 800 francs de loyer, épuise dans le quartier toutes les ressources de son crédit. Malgré une sobriété africaine, il dépense dans son année 1,000 francs de plus qu'il n'a reçu. Il y a force majeure et absence complète de ressources. Que vont faire les créanciers? Consentir une réduction au prorata de leurs créances?

— Plaise à vous d'en agir ainsi, répond le propriétaire aux fournisseurs; quant à moi, j'ai privilége. Je commence par prendre intégralement mes 800 francs; arrangez-vous du reste.

Ainsi la sécurité et la prospérité du propriétaire proviennent, non d'*une création* de richesse, mais d'*un déplacement*, au préjudice du boulanger, du charbonnier, du fruitier, du boucher, du marchand de vin, du tailleur, du cordonnier, de la mercière et autres gens sans privilége, quoique aussi intéressants au moins que le propriétaire.

On a vu pis : le propriétaire saisir à son profit les meubles qui sont encore dus au tapissier par le locataire : car tel est son droit.

Au lieu d'un loyer d'habitation, supposez une location industrielle, un vaste fonds de commerce, des baux à long terme et une transaction forcée entre l'occupant et ses créanciers; supposez une faillite.

Les avantages du propriétaire, dans ce cas, grandissent en raison même du sinistre de ses co-créanciers. La loi le fait arbitre suprême de la situation.

Ainsi, il peut exiger la résiliation du bail, détruire par conséquent le fonds qui, aux mains du syndic, du concordataire ou du cessionnaire, aurait pu sauvegarder tout ou partie des créances, amortir ou atténuer le passif.

Ou bien il peut exiger la consignation immédiate de toutes les annuités restant à courir jusqu'à l'expiration du bail, cinq ou dix fois la valeur même du fonds.

Et pourtant, il a ses six mois de loyer d'avance, privilége pour le courant : aucune perte à combler dans le passé, aucun désastre à craindre dans l'avenir.

La *Presse* du 11 septembre 1865 cite un exemple terrible d'application du privilége précité :

Une question qui agite le monde judiciaire et aussi le monde des affaires depuis un demi-siècle s'est produite dans ces derniers temps avec une grande intensité, et nous croyons qu'il serait opportun de faire cesser les controverses regrettables auxquelles elle donne lieu, en les faisant trancher d'une manière définitive par une loi; c'est celle-ci : Au cas de faillite de son locataire, le propriétaire a-t-il une créance actuellement exigible qui lui permette d'obtenir le payement immédiat de tous les loyers échus et même de ceux à échoir?

La question ayant été soumise, par renvoi de la Cour de cassation, à la Cour impériale d'Orléans, cette Cour a consacré le droit du propriétaire dans son étendue la plus large.

Ce n'est pas seulement un droit de privilége fondé sur l'article 2102 du Code Napoléon que l'arrêt consacre au profit du propriétaire, pour tous les loyers, même non échus; la Cour d'Orléans reconnaît au propriétaire le droit d'exercer contre le failli ou son syndic une action directe tendant au payement de tous les loyers échus et de tous les loyers à échoir, sinon à la résiliation immédiate du bail.

L'espèce déférée à la Cour impériale présentait des circonstances de fait sur lesquelles s'appuyait vivement le locataire, pour repousser la résiliation demandée, à défaut de payement, résiliation désastreuse pour la liquidation de sa faillite.

Le propriétaire demandait le payement immédiat de 58,000 francs environ pour les loyers à échoir jusqu'à la fin du bail. Ce payement eût absorbé, s'il eût été réalisé, au-delà même de l'actif de la faillite. Versée aux mains du propriétaire, cette somme lui constituait, par son intérêt annuel, un avantage considérable.

D'autre part le locataire alléguait que si, par le fait de sa faillite, il avait diminué les sûretés du propriétaire, les sûretés qui lui restaient étaient cependant de nature à le mettre à l'abri de toute crainte sérieuse : — 1° L'immeuble, loué depuis six ans et pour une durée de vingt années, avait été augmenté considérablement, dans sa valeur vénale ou locative, par des améliorations dont le chiffre dépassait 20,000 francs; — 2° la valeur totale des locations consenties par le syndic s'élevait à 5,000 francs au lieu de 2,800 francs, montant de la location originaire; — 3° enfin un mobilier supérieur au mobilier du failli, des marchandises d'une valeur au moins égale à celles qui garnissaient l'immeuble pendant la jouissance du failli étaient des garanties suffisantes pour le propriétaire.

Toutes ces considérations n'ont pas paru à la Cour de renvoi de nature à modifier la solution de la question. La Cour a seulement accordé un délai de trois mois au failli et au syndic pour satisfaire à la demande de payement; et, à défaut de payement dans ledit délai, elle a prononcé la résiliation du bail.

A la suite de cet arrêt, qui enlevait au locataire toute espérance d'avenir commercial, celui-ci s'est donné la mort.

Dura lex, sed lex; les protestations contre cette exorbitance de privilége sont parties de tous les points :

des parquets, des chambres et des tribunaux de commerce, des assemblées de notables; nous avons là une pétition adressée au Sénat à ce sujet. Cependant ce n'est pas la plus grosse énormité du privilége.

Le fermier qui a drainé, fumé, marné, chaulé, irrigué, boisé, défriché un domaine et doublé la valeur du fonds, n'a qu'un droit à l'expiration de son bail : celui de payer au propriétaire l'intérêt de l'argent et de la main d'œuvre qu'il a incorporés, lui colon, à la terre du maître, à moins qu'il ne préfère s'en aller sans indemnité ni remboursement pour ses peines, ses capitaux et ses sueurs.

Vis-à-vis de la collectivité, ce *droit d'accession* (tout ce qui s'unit et s'incorpore à la chose appartient au propriétaire) prend des proportions effrayantes. Prenons pour exemple les travaux de Paris :

La ville a dépensé, dit-on, deux milliards en seize ans à s'embellir, à se donner de l'air, de la lumière, des promenades, des squares, des égouts, de la salubrité et de la santé : jouissances *inéchangeables*, produits *immatériels*, disaient les vieux économistes.

Mais le propriétaire : — Immatériels, inéchangeables, dit-il ; je ne suis pas à ce point spiritualiste.

En effet, la rareté des logements, l'avantage des terrains en bordure, vendus 1,000 francs quand ils n'en valaient que 100 étant enclavés, le grand jour, l'aérage, le voisinage d'un jardin, d'une rue hantée, la mode et l'engouement par dessus le marché, toutes choses pour lesquelles le propriétaire n'a pas dépensé un sou, ont été imputées, catégorisées, cotées, évaluées par lui à son budget.

Cette plus-value, créée par le concours et les contributions de tous les citoyens de Paris, riches et pauvres, sans exception, les 50,000 propriétaires fonciers l'ont mise en leur portefeuille et dans leur coffre-fort. En sorte que les habitants, après avoir payé *en capital* les deux milliards de travaux, en payeront *à perpétuité* l'intérêt à 10 et 15 du 100 aux propriétaires, qui ne les ont pas fournis.

Pourquoi la collectivité ne se réserve-t-elle pas les plus-values qu'elle crée? 2 milliards, à 5 du 100, c'est 100 millions de revenus. Avec cela, la ville de Paris pourrait supprimer toutes ses contributions communales.

A quoi bon pousser plus loin l'examen? Il n'y a pas d'équivoque possible : la propriété retire de l'œuvre collective plus qu'elle n'y apporte.

II

Ce n'est pas tout de constater un fait ; il incombe encore à l'économiste d'en dire la raison et de démontrer la légitimité d'une réforme.

L'excellence de la propriété entre tous les autres moyens de production vient justement de ce que les peuples, à l'époque du droit romain, base de notre Code civil, vivaient essentiellement de la propriété. Sans chercher si loin, quelle était notre situation économique avant la constitution de l'industrie, sous le premier Empire et la Restauration? La France, essentiellement agricole, soumise au morcellement par la grande liquidation de 89, n'avait que peu ou point de commerce.

L'idéal du paysan était de réunir sur son domaine ou ses lopins toutes les cultures nécessaires à sa consommation; il avait, autant que possible, des céréales, de la vigne, du foin, du chanvre, des fruits, des légumes, une maison. Ne rien acheter, c'était l'aisance; ceux qui avaient de l'excédant à revendre étaient les riches. Pour satisfaire à ce mode d'organisation, on forçait les assolements au détriment de la production; tel sol propre au froment était mis en vignoble, et *vice versâ*, histoire d'avoir de tout à soi et chez soi.

Les ascendants avisés faisaient, par un partage anticipé, le lotissement de leurs enfants conformément au principe qu'il faut à chacun une chinchée de chaque espèce de culture. A défaut de la sagesse des pères, le Code avait prévu le cas; le second paragraphe de l'article 832 dit en effet :

Il convient de faire entrer dans chaque lot, s'il se peut, la même quantité de meubles, d'immeubles, de droits ou de créances de même nature et valeur.

Des testaments ont été annulés pour avoir méconnu cette prescription.

Que ferait aujourd'hui le législateur? A l'encontre de celui de 1804, il stipulerait :

Il convient de composer les lots, autant que possible, de valeurs homogènes, de façon que les terres aillent à l'agriculteur, l'usine à l'industriel et les valeurs mobilières au commerçant. Ainsi la fortune paternelle, au lieu de devenir matière à rente aux mains des enfants oisifs, continuera de servir avant tout d'instrument de travail.

Il y a toute une révolution au fond de cette différence dans la façon de comprendre le meilleur lotissement des héritages ; c'est une preuve qu'autrefois *on vivait de la propriété*, tandis qu'aujourd'hui l'on vit de la séparation des industries, de la division et de la spécialisation du travail, en un mot *de l'échange*. La législation doit suivre les transformations sociales sous peine de soulever des protestations unanimes. C'est pourquoi le privilége de la propriété, survivant à sa prépondérance comme élément économique, devient odieux, incompatible. Mais tout en signalant les abus dans le présent et l'avenir, gardons-nous de méconnaître les services qu'il a rendus dans le passé. Si l'on prend l'augmentation de population comme symptôme de bien-être, la plus belle période de la France est de 1821 à 1826 ; dans ces cinq années, l'accroissement a dépassé un million. Le pays, remis des exterminations napoléoniennes, prend goût à vivre ; le morcellement des biens nationaux éparpille la propriété en toutes les mains. *La répartition* est presque égalitaire : preuve que la *richesse publique* est une question de *distribution* autant au moins que de *production*. Le privilége propriétaire, la complication de procédure quand il s'agit de vendre, d'aliéner, d'échanger, de donner, maintiennent la propriété dans les familles ; l'usure et le jésuitisme ont peine à mordre sur une valeur si bien gardée. Le bien-être reste général.

Voyez à l'encontre ce qui s'est passé depuis 1852 avec nos valeurs mobilières, fluides comme l'eau. La pillerie saint-simonienne a dévoré 8 milliards à l'épargne du pays, et la moinerie a capté, capturé plus de biens qu'elle n'en avait avant 89. Concentration des richesses aux mains de quelques-uns ; explosion du paupérisme, malgré les prodiges de la mécanique, du groupement et de la division du travail : décidément le problème de la répartition n'est pas indifférent.

§ 2. — LE CONTINGENT DU CAPITAL MOBILIER

III

Du moment que la propriété n'est plus le grand moteur de la société travailleuse, sa part de prise, si choquante qu'elle soit, n'est pas la plus grosse ni la plus funeste. Les capitaux mobiliers ayant le pas sur l'immeuble, c'est là qu'il faut chercher les grandes accumulations de fortune et les prélèvements perturbateurs.

La propriété doit être envisagée sous deux points de vue : comme instrument de travail ou comme matière à rente. La propriété-outil est aussi irréprochable que n'importe quel élément de production. La propriété-rente se trouve seule en jeu dans notre critique. Le petit colon ne distingue pas son produit *brut* de son produit *net ;* il confond dans le prix de vente le revenu avec la rémunération de la main d'œuvre. Les prélèvements n'apparaissent nettement qu'avec l'affermage. Or la rente de la terre est la moindre de toutes les formes de prélibation ; elle dépasse rarement 3 du 100, sauf dans les fantaisies urbaines, subventionnées sur l'impôt.

En même temps que la propriété immobilière, apparaît l'hypothèque, valeur *meuble* que la constitution propriélaire *immeuble* est obligée d'appeler à son aide pour le service et les besoins de la circulation. Cependant l'hypothèque participe encore de la fixité terrienne. Ainsi elle affecte toute la propriété, non une parcelle équivalente, liquide et mobilisable; elle suit l'immeuble en quelques mains qu'il passe; elle est privilégiée contre les créances fiduciaires et chirographaires; entre plusieurs inscriptions, il y a hiérarchie selon les dates. L'intérêt avouable est de 5 du 100.

Le prêt commercial, plus mobile qu'aucune des valeurs précédentes, sans préférence ni privilége, peut monter légalement à 6 du 100. — Remarquons que le législateur, ici comme en la plupart des cas, constate et sanctionne *un usage* plutôt qu'il n'impose *une prescription.*

La commandite industrielle, capital meuble entre tous, régie par le Code de commerce, ne connaît de limite ni à ses profits ni à ses pertes.

Il résulte de ces comparaisons : 1° qu'une valeur produit d'autant moins qu'elle est plus protégée par la législation et la procédure; 2° que les capitaux rendent d'autant plus que le déplacement et la circulation s'en montrent plus faciles. Ainsi l'argent, aux mains du prêteur à la petite semaine, devient la pompe aspirante de toute la substance du travailleur, ne s'arrêtant que devant l'anesthésie et la mort.

IV

Le capital mobilier a vaincu la propriété, qu'il domine par l'hypothèque, l'escompte, le prêt, et même, depuis quinze ans, par la commandite, il est devenu à son tour un moteur économique, et conséquemment un puissant organe de préhension dans le produit collectif.

Le bénéfice d'industrie et de commerce ne se cote pas à moins de 10 du 100; il n'a point de limite dans le sens ascensionnel; la moyenne est de 20 à 30 du 100. Raisonnons sur le chiffre de 20, et calculons un peu.

Le tissu de laine, avant d'arriver au consommateur, a passé des mains du cultivateur à celles du convoyeur-transporteur; de là à l'usine qui traite la laine en flocons; puis à celle qui la file, ensuite à celle qui la tisse, enfin au tailleur : soit, sans compter l'éleveur de moutons, cinq spécialités essentielles bien accusées par la division du travail. A supposer un gros fabricant réunissant tous les façonnages dans son usine, il n'en compte pas moins ses profits comme les petits qui se succèdent et s'alternent d'atelier en atelier. La main-d'œuvre ou prix de revient se trouve donc chargée cinq fois d'un prélèvement de 20 du 100; de sorte que 1,000 de façonnage se payent 2,000 à la vente dernière.

Les conséquences sont faciles à déduire : deux catégories de producteurs ont concouru à la fabrication du drap : 1° ceux qui n'ont que leur salaire; 2° ceux qui jouissent, en sus du prix de revient, des 20 pour 100 de bénéfices.

Ces derniers peuvent réciproquement s'acheter leurs produits; ils sont au pair. Mais tout d'abord on s'aperçoit qu'à l'échange, leur prétendu bénéfice se compense et s'annulle; chacun paye, avec ses 20 du 100 de profit, les 20 du 100 de bénéfice de son co-échangiste. D'où l'axiome économique que dans l'ensemble de la société, le produit net et le produit brut se confondent; la notion de *revenu* ressortit de l'économie *domestique*, non de l'économie *politique* ou *sociale*. Adam Smith et J.-B. Say en avaient eu comme une aperception; Ricardo a fait mieux : il a réduit la rente à un simple droit compensateur prélevé sur les terres et instruments de première qualité, afin de permettre aux outils et aux cultures de dernière classe de produire à prix de revient : quelque chose d'analogue à une taxe de douane.

V

Si les bénéficaires de rente sont simplement dupes d'une illusion, les manouvriers à salaire sont, eux, victimes d'une expropriation. Comment en effet racheter à 200 ce qui n'a été payé que 100? Comment travailler d'un bout de l'année à l'autre quand la production de six mois suffit à ceux qui ont seuls le moyen d'acheter?

Lorsque les problèmes se posent avec cette simplicité, la solution n'échappe à personne : il est inutile de chercher ici de plus grandes forces dans la mécanique, dans l'organisation de l'atelier et les perfectionnements d'outillage. Supposez le personnel double et la production quadruple, la répartition sera toujours la même : pléthore et faillite en haut, chômage et paupérisme en bas. Pourquoi des faits aussi péremptoires ne crèvent-ils pas les yeux de tout le monde ?. C'est que les perturbations se répercutent par ricochets très-inégaux.

Notre société, si sottement infatuée de prétentions égalitaires, est pourrie de monopoles :

Privilége de propriété,

Privilége d'hypothèques,

Privilége d'impôt,

Privilége de salaires et de gens de service,

Privilége de frais pour la conservation de la chose,

Privilége des fournisseurs de subsistances,

Privilége de la Banque,

Privilége du Crédit foncier,

Privilége des Chemins de fer,

Privilége des Docks,

Privilége des Omnibus,

Privilége des compagnies de gaz,

Privilége de Paquebots,

Privilége des offices ministériels,

Privilége de vidanges,

Privilége des poudres et tabacs,

Privilége de l'affichage,

Privilége du balayage,

Privilége des avocats,

Privilége des pompes funèbres, etc., etc.

Priviléges inégaux, rongeant d'un inégal appétit les uns sur les autres, et en dernier ressort sur le travail, base de toute fortune et de tout revenu.

A côté des monopoles de droit, consacrés par la législation, se placent les préférences de fait : l'ingénieur à 100.000 francs et le graisseur à 25 sous par jour, le maréchal de France à 130,000 francs et le tourlourou à 5 centimes, le ministre à 100,000 francs et le surnuméraire à zéro, l'artiste commandité par l'Institut et le rapin, l'ouvrier à gros salaire et le servant de machine à la portion congrue. L'un prend en trop pour un centième, l'autre pour le centuple.

VI

L'expiation, inflexible comme un théorème de mathématiques, poursuit sans pitié tous les usurpateurs. Les professions à gros salaires paraissent, à première vue, les plus favorisées; mais la fatalité économique ne tarde pas à renverser les rôles. Aux *gros gagneux* les longs chômages; aux petits profits la pauvreté en permanence. A Paris, le tailleur peut travailler toujours s'il consent des réductions à l'infini sur la main-d'œuvre. Un homme de la partie me citait des ménages où, dans la morte saison, le mari et la femme donnaient dix-huit journées de quatorze heures pour 42 francs; soit, avec les menues fournitures, le combustible pour chauffer les carreaux et l'éclairage, 2 francs par jour et par tête, 4 francs pour le père et la mère; 6 francs si l'on a une grande fille bonne couseuse; soit enfin, à 300 jours de travail par an, 1,200 à 1.500 ou 1,800 francs de salaire annuel. Combien de bijoutiers, de graveurs, de bronziers, de typographes réussissent-ils à gagner pareille somme, déduction faite des chômages?

Le problème serait, on le comprend déjà, qu'*une journée de travail payât une journée de travail*. Ainsi chaque producteur serait-il assuré du placement de ses trois cents jours ouvrables annuels : la *richesse publique*, c'est-à-dire la quantité de valeurs *créées*, pourrait monter, de ce chef, de *douze* à *vingt* milliards chaque année, par l'élimination du chômage. Que si, dans ces conditions, la mécanique, les machines, le perfectionnement de l'outillage permettaient aux ouvriers d'un métier de doubler chaque jour leur production, la *richesse collective* aurait vraiment encore, dans cette profession, augmenté du double. Mais nous tenons à notre aristocratie, tous tant que nous sommes, et si futile que soit notre part de privilège. Aussi la situation se résume :

Aux gros salaires, les chômages ; au commerce et à l'industrie grands bénéficiaires, la faillite et la banqueroute ; aux nations riches, le paupérisme.

La vanité, il faut bien le dire, tient autant de place que l'ignorance dans les causes qui font maintenir en état le gâchis que nous dénonçons. Qui ne s'applaudit de n'être pas au dernier degré de l'échelle? Qui accéderait à l'idée de voir monter jusqu'à soi les classes placées en bas? Il faut voir comme les ouvriers sont jaloux de la dignité professionnelle. — Je ne travaille pas dans les caves, me disait, en fronçant le sourcil, un menuisier à qui je demandais de venir poser une planche à bouteilles ; c'est bon pour l'homme de ville ; moi je suis de l'établi.

Le premier besoin du Français est de se créer des grands hommes. Lors de l'insurrection de juin, une escouade de gardes nationaux venait de traverser une barricade abandonnée, en partie démolie ; un traînard avise, au milieu des pavés, un lambeau de drapeau rouge fixé après un bâton; il le prend et l'emporte. Quand il arrive en vue de son poste, ses compagnons d'armes sortent en grand tumulte; un cri s'élève : Il a pris un drapeau aux insurgés, il a enlevé le drapeau. Le tambour bat aux champs, la garde présente les armes. Nul, bien entendu, n'est dupe de l'héroïsme du milicien, qui ne sait quelle contenance faire, ignorant si c'est une ovation ou une charge qu'on lui prépare. Sans un mot d'explication, par un mouvement général, spontané, électrique, la conspiration grandit jusqu'à l'enthousiasme. La compagnie éprouvait le besoin de compter un héros dans ses rangs; une mystification de la fortune lui envoyait un Thersite; elle en improvisa un Ajax. La croix de la Légion d'honneur, sérieusement demandée, non moins sérieusement décernée, transforma la farce en apothéose. Le garde national et sa vaillance restèrent acquis à l'histoire.

§ 3. — PARENTHÈSE : QUE L'ÉGALITÉ DES CONDITIONS RÉSULTE DE L'ORGANISATION D'UNE SOCIÉTÉ BASÉE SUR L'ÉCHANGE; ENGRENAGE DES INDUSTRIES.

VII

Une longue pratique de la hiérarchie, corroborée par cette ridicule vanité dont nous parlons, fait que les institutions survivent bien au-delà des raisons qui en ont provoqué l'établissement. On a pris l'habitude de personnifier chaque progrès industriel dans un ou plusieurs individus dont on a fait des *maîtres* au double sens du mot, *magister* et *dominus*; c'était le corollaire naturel de l'organisation politique. De même que le citoyen reconnaissait des chefs gouvernants, de même le travailleur s'est incliné devant des chefs producteurs. Les privilégiés n'ont point manqué de tirer parti de cette disposition des esprits et de formuler leurs prétentions à de plus grosses parts, sous prétexte de propriété, de dignités, de capital, de talent, de génie, de services rendus personnellement ou par des ascendants.

Le *capital*, expression plus large que le mot *propriété*, bien qu'il n'en soit pas synonyme, est venu à son tour dans le développement des catégories économiques. C'est lui qui a constitué la forte société des Arts et Métiers, antérieure à l'inféodation que nous dénonçons dans ce livre. A son tour aussi, il a dû rétrograder devant un phénomène supérieur, prépondérant, la circulation, l'échange. Le *maître* d'industrie, *magister*, c'est-à-dire le producteur encyclopédique, le professeur, l'initiateur, le savant, est et restera toujours; — le maître *domanial*, *dominus*, possesseur privilégié, avantagé, titulaire de bénéfices, est en rétrogradation et doit disparaître dans le nouvel organisme, parce que nous ne vivons pas plus aujourd'hui du capital que de la propriété.

Nous écrivions à ce sujet, dans le *Manuel du Spéculateur* :

Par TRAVAIL, on entend communément la façon donnée de main d'homme à la matière. Ainsi le labour de la terre, la taille des pierres, l'extraction du minerai, la coupe des bois, le creusement des canaux, le percement des puits, l'ensemencement des grains, la greffe des arbres, sont du travail. C'est à ce point de vue, d'ailleurs restreint, qu'il est passé en usage de désigner spécialement, sous le nom de *classe travailleuse*, la masse des fabricants, artisans, laboureurs, vignerons, journaliers, tous ceux enfin qui mettent, comme on dit, *la main à l'œuvre.*

On définit le CAPITAL : *du travail accumulé.* Ce qui ramène cette catégorie à la précédente et revient à dire que la production du capital n'est autre que celle du travail même.

Ainsi le forgeron emploie, dans l'exercice de sa profession, du fer brut, de la houille, des outils; c'est, avec l'argent qui lui sert de fonds de roulement, *son capital.* Sa main-d'œuvre, la façon qu'il donne au fer, c'est *son travail* proprement dit.

Mais le charbon qu'il brûle, le fer qu'il forge, sont le résultat d'un travail antérieur semblable au sien. D'un autre côté, les charrues, les essieux, les ferrures de charrettes et de tombereaux qu'il livre à l'agriculteur deviennent pour ce dernier des instruments d· production. En sorte que, dans le système général de l'économie, capital et travail se confondent. Ce qui est *produit*, sortant des mains de l'un, devient matière première ou *capital*, entrant dans les mains de l'autre. Les cotons, les laines, produit du colon ou du fermier, seront le capital, ou du moins partie du capital du filateur; les fils, produit de celui-ci, deviendront la matière ouvrable du tisseur; les toiles et les draps, produit de ce dernier, formeront la matière première des ateliers de confection pour la lingerie et l'habillement.

Donc le capital, c'est la matière sur laquelle et avec laquelle on travaille; le travail proprement dit est la façon nouvelle donnée à cette matière.

Ainsi, toutes les opérations jadis catégorisées sous les noms spéciaux de propriété, de capital, se ramènent et se subordonnent à cet élément supérieur, *l'échange*. La valeur vénale ou vendable des denrées ne se détermine que par la livraison ou changement de main. C'est pourquoi le marchand, bourré de marchandises, peut devenir insolvable et faillir, chose qu'on ne voyait point quand la propriété était prépondérante et que le propriétaire tirait tout de son fonds, car alors le détenteur jouissait simplement de la faculté de vivre plusieurs années sans rien faire, *ayant de tout à gogo* chez lui.

Ce renversement des conditions mérite que nous nous y arrêtions un instant.

Puisque nous vivons, contrairement au passé, particulièrement de la circulation des produits, tout ce qui gêne et entrave l'échange est anti-économique : c'est pourquoi nous avons qualifié de *perturbateurs* les prélèvements inégaux, qu'ils proviennent de la rente, du dividende ou des salaires disproportionnés. L'égalité est la seule base du régime nouveau. Elle est au fond de la diversité même des aptitudes.

L'apprenti menuisier est producteur à douze ans, le médecin à trente. Si l'un et l'autre travaillent jusqu'à la cinquantaine, le premier aura trente-huit ans d'activité pour solder les douze années qu'il est resté improductif ; le second devra, en vingt années de service, payer ses trente ans de dépenses et d'études, conformément au principe que chaque profession doit couvrir ses frais. L'équilibre de répartition n'est pas violé si les salaires des deux individus restent dans la proportion de 1/38 à 1/20. Qu'est-ce qu'un Newton ? Un homme dont l'éducation a coûté cinq mille ans à l'humanité.

Une cause des différences exorbitantes que nous voyons,

quant à la rétribution, entre les diverses catégories professionnelles vient, dit-on, de *la rareté*. Mais les prétentions des gens de talent baissent avec la concurrence et la multiplicité des savants, comme l'or diminue devant une augmentation de produit des gisements aurifères. Le nivellement arrive par l'instruction. Déjà les ouvriers mécaniciens, menuisiers, tailleurs de pierre, sculpteurs, sont plus ou moins dessinateurs, compositeurs, architectes.

Pour diriger la construction d'une route, dit M. Dunoyer, il vaudrait peut-être mieux d'un pionnier et d'un postillon, que d'un ingénieur tout frais émoulu des ponts et chaussées.

Est-ce à dire que les spécialités dites *libérales* doivent disparaître? Non, ce serait revenir à la confusion des attributions. Notre état industriel est assez avancé pour supporter cette *division du travail;* à côté du fabricant de produits chimiques il y a place pour le chimiste chercheur: et le fabricant d'instruments d'optique ne doit pas nécessairement être astronome et physicien. Seulement si les prétentions des hommes de théorie, sous prétexte de science pure, deviennent trop élevées, la concurrence des capacités viendra les mettre à la raison.

Au surplus, dans la société libre, autonome, il n'y a point de professions préférées de la fortune. Le calcul de l'économiste qui évalue à 87 centimes par jour et par tête d'habitant la quote-part de revenu échéant à chacun, est vraie de n'importe quelle spécialité productive. La science, les arts, les lettres ont leurs prolétaires, leurs indigents, leurs déguenillés, de même que le travail manuel ; entre le choriste et le premier ténor, entre le statuaire et le peintre membres de l'Institut, chargés de décorations, de médailles, et les rapins réduits à la clientèle des bric-à-brac, entre le directeur de chemin de fer et le graisseur, calculez la somme des profits et celle des individus, vous arriverez à 87 centimes de revenu familial, par jour et par tête (3 fr. 48 c. pour quatre personnes). La fortune, du moins, est-elle toujours la récompense du mérite ? Nous en appelons aux préférés eux-mêmes. Que de charlatans, opprobre du corps médical, roulent carrosse, éclaboussant de consciencieux docteurs à qui un travail opiniâtre ne donne pas de quoi vivre. A proprement parler, il n'y a point d'*aristocraties*; il n'y a que des *aristocrates*.

VIII

Dans une série de faits d'une même catégorie, soumis à une loi commune, il y a des rapports d'antériorité et de postériorité, de principe et de conséquence ; mais de hiérarchie, point. La nutrition alimente la circulation du sang, laquelle entretient et répare les organes, répand la force et la vie dans toutes les parties du corps ; la main ne commande point au cœur de battre, ni la tête à l'estomac de digérer ; chaque fonction s'accomplit en vertu d'une loi naturelle, non par voie de commandement hiérarchique. L'apologue de Ménénius Agrippa, malgré l'application qu'en fit son auteur, est une théorie éminemment égalitaire.

Revenant des personnes aux institutions, nous disons que le monde producteur actuel ne vit pas plus par la propriété et le privilége que par ses grands hommes. Notre élément de richesse, c'est la circulation.

On peut comparer la société économique à une immense machine douée d'un mouvement propre, perpétuel, comme dans le système du monde; chaque pièce reçoit et transmet tour à tour le mouvement, est à la fois effet et cause; la rotation est partout, le moteur nulle part! Voyez le chemin de fer! Des escouades de conducteurs, préposés aux bagages, mécaniciens, chauffeurs, font le service de la traction; les cantonniers, garde-barrières, aiguilleurs, veillent à la sécurité de la voie; les chefs de gare, gens de bureau, portefaix, camionneurs, peseurs, délivrent les billets, chargent et déchargent les marchandises; les ouvriers des ateliers font les réparations; les charrons, menuisiers, tapissiers, peintres, constructeurs de machines, fabriquent le matériel roulant; les mineurs l'approvisionnent de combustible; les ingénieurs, piqueurs, terrassiers, maçons, en ont construit les terrassements et travaux d'art; les forges et hauts fourneaux ont converti le minerai en rails; une végétation séculaire en a produit les traverses, que les bûcherons, scieurs de long et autres ont débitées de longueur et d'épaisseur; les chemins ruraux, les grandes routes de terre et d'eau, les gares, les ports, les docks, comme autant de signes précurseurs, en ont précédé et favorisé l'établissement; ils continuent de lui amener de tous les points du territoire, par le roulage, les bateaux, les messageries, et les denrées et les personnes; ce sont comme autant d'affluents d'un grand fleuve: le tarissement des ruisseaux tributaires mettrait à sec le cours principal.

Toutes les industries se touchent, se pénètrent, s'engrènent par une intime solidarité. On compte une cinquantaine de spécialités dans l'industrie du bâtiment, en s'arrêtant aux catégories d'ouvriers travaillant au chantier. Mais ce n'est qu'une partie minime des professions concernant la bâtisse; on n'y comprend point les suivantes : extraction de la pierre, briqueterie, poterie et tuyaux, carreaux, terre cuite et faïence, tuiles, sable et cailloux, chaux, plâtre, lattes, clous à lattes, voliges, ardoises, abattage, débit, sciage des bois de charpente et de menuiserie, échafaudage, clous d'épingle, colle-forte, extraction et manipulation du plomb, du zinc, du fer, des tôles; charbon de bois et houille pour le traitement des métaux, la cuisson des briques; quincaillerie; poêlerie; extraction, sciage, taille et polissage des marbres; fabrication des couleurs : blanc de zinc, céruse, minium, vermillon et autres; huileries et vernis; produits chimiques, papiers de tenture, colle de pâte; verreries à vitres et à glaces; extraction et taille des pavés; transport des matériaux.

Où s'arrêterait cette nomenclature? Nous pourrions y joindre encore la fabrication des outils, des machines, grues, cabestans; les produits que consomment les ouvriers : alimentation, chaussure, coiffure, vêtements; les impresssions d'en-tête de lettres et factures; tous les instruments dont a besoin l'architecte : équerres, compas, niveaux, crayons. Puis, remontant à la science pure, nous rencontrerions la statique, la dynamique, la chimie (composition des ciments), la minéralogie, la métallurgie, la géométrie; dans les arts : le dessin, la sculpture.

Enfin, partant d'une industrie quelconque et cherchant toutes celles qui en dérivent ou s'y rattachent, nous pourrions, par une chaine non interrompue, parcourir toute l'étendue des connaissances humaines, énumérer tout ce que l'homme sait faire.

La *réciprocité* des services, la mutualité et la solidarité des producteurs sont les conditions de ce grand mouvement qui emporte la société économique. Une charmante anecdote, rapportée par Franklin, va nous faire toucher du doigt cette vérité :

Le patron d'une chaloupe qui naviguait entre le cap May et Philadelphie, m'avait rendu quelque petit service pour lequel il refusa toute espèce de payement. Ma femme, apprenant que cet homme avait une fille, lui envoya en présent un bonnet à la mode. Trois ans après, le patron, se trouvant chez moi avec un vieux fermier des environs du cap May, qui avait passé dans sa chaloupe, parla du bonnet envoyé par ma femme, et raconta comment sa fille en avait été flattée. — Mais, ajouta-t-il, ce bonnet a coûté bien cher à notre canton. — Comment cela? lui dis-je. — Oh! me répondit-il, quand ma fille parut dans l'assemblée, le bonnet fut tellement admiré que toutes les jeunes personnes voulurent en faire venir de Philadelphie; et nous calculâmes, ma femme et moi, que le tout n'a pas coûté moins de cent livres sterling. — C'est vrai, dit le fermier, mais vous ne racontez pas toute l'histoire. Je pense que le bonnet nous a été de quelque avantage, parce que c'est la première chose qui a donné à nos filles l'idée de tricoter des gants d'estame pour les vendre à Philadelphie, et se procurer par ce moyen des bonnets et des rubans; et vous savez que cette branche d'industrie s'accroît tous les jours et doit avoir encore de meilleurs effets.

Je fus assez content de cet exemple de luxe, parce que non-seulement les filles du cap May devenaient plus heureuses en achetant de jolis bonnets, mais parce que cela procurait aussi aux Philadelphiens une provision de gants chauds.

IX

L'ensemble des connaissances théoriques, des procédés pratiques et des grands travaux que nous ont légués les générations antérieures constitue le capital de l'humanité.

L'imagination s'effraye, dit M. Horace Say, de l'étendue des recherches qu'il faudrait faire afin de montrer tous les travaux qui ont été nécessaires pour amener à sa perfection le moindre des produits quelconques, dans l'une des branches de l'industrie manufacturière de nos sociétés modernes.

Considérons la navigation. Pour qu'un navire nous amène de l'autre hémisphère les produits qui manquent au nôtre, il a fallu qu'on inventât l'art de travailler le bois, les métaux; qu'on découvrit les propriétés des plantes textiles, le moyen d'en faire des cordages et des voiles; qu'on reconnût la meilleure disposition à donner à la coque pour lui permettre de lutter contre les vents contraires et d'avancer en dépit des tempêtes; il a fallu que la physique nous révélât la boussole, que l'astronomie nous enseignât à nous diriger par la seule inspection des astres sur une mer sans rivage.

Les sciences les plus éloignées, en apparence, de la

pratique ordinaire, nous fournissent des données d'une inappréciable utilité.

De tous les produits du travail, aucun peut-être n'a coûté de plus longs, de plus patients efforts que le calendrier. Cependant, il n'en est aucun dont la jouissance puisse s'acquérir aujourd'hui à meilleur marché, et conséquemment soit devenue plus nécessaire. Comment donc expliquerons-nous ce changement? Comment le calendrier, si peu utile aux premières hordes, à qui il suffisait de l'alternance de la nuit et du jour comme de l'hiver et de l'été, est-il devenu à la longue si indispensable, si peu dispendieux, si parfait? car, par un merveilleux accord, dans l'économie sociale, toutes ces épithètes se traduisent.

Pour que le travail nécessaire à la production du calendrier fût exécuté, fût possible, il fallait que l'homme trouvât le moyen de gagner du temps sur ses premières occupations et sur celles qui en furent la conséquence immédiate. En d'autres termes, il fallait que ces industries devinssent plus productives ou moins coûteuses qu'elles n'étaient au commencement : ce qui revient à dire qu'il fallait d'abord résoudre le problème de la production du calendrier sur les industries extractives elles-mêmes.

Je n'ai pas besoin d'ajouter comment la civilisation, c'est-à-dire le fait social de l'accroissement des richesses, multipliant nos affaires, rendant nos instants de plus en plus précieux, nous forçant à tenir registre perpétuel et détaillé de toute notre vie, le calendrier est devenu pour tous une des choses les plus nécessaires. On sait d'ailleurs que cette découverte admirable a suscité, comme son complément naturel, l'une de nos industries les plus précieuses, l'horlogerie. (P.-J. PROUDHON, *Contradictions économiques.*)

Ainsi, les industries, comme les races, ont leur filiation. Nous pouvons dire de la navigation et du calendrier comme de Newton : Ce sont des inventions qui ont coûté cinq mille ans de travaux au genre humain.

Dans cet immense atelier, chaque individu a sa tâche déterminée, définie ; il est, à juste titre, propriétaire de l'infime portion de produits qui lui incombe. Pour que la rotation ne s'arrête pas, il faut que cette portion, si petite soit elle, lui reste tout entière. Nous avons déjà constaté deux sortes de prélèvements perturbateurs : la propriété et le bénéfice d'industrie, sans préjudice des inégalités de salaires. Tant qu'il n'y en a pas eu d'autres, la société a encore pu marcher d'un pas assez allègre, puisque ce sont là des institutions vieilles comme le travail, tandis que le paupérisme est d'invention moderne. D'où vient donc notre détresse ? Quel tribut légitime peut-on nous demander quand nos propriétaires, nos directeurs, nos inventeurs, nos chefs d'industrie, nos intermédiaires du commerce sont pourvus ?

§ 4. — LA PART DES ÉCUMEURS

X

Les prélèvements exagérés que nous venons de signaler tiennent à des institutions sorties telles quelles de la spontanéité sociale, au même titre que les machines, le groupement sociétaire et la division du travail. Il serait inutile de récriminer : l'humanité a commencé par se donner des dieux, des prêtres, des rois, des castes, *des maîtres*, en un mot, dans le domaine du spirituel et dans celui du temporel ; quoi qu'aient pu dire les naturalistes du dix-huitième siècle, continuateurs de la Bible et défenseurs de la perfection originelle, le progrès est devant nous, non en arrière. Sans doute il eût été préférable de débuter par l'égalité, la liberté, l'autonomie. Le génie de la race apparemment ne le comportait pas.

Quoi qu'il en soit, il n'y a pas lieu d'incriminer dans le passé les intentions et d'imputer nos mécomptes à une perversité de caste ou de classe. Nous sommes tous responsables et solidaires d'une situation qui, en fin de compte, a rendu dans son temps ce qu'elle pouvait donner. C'est autre chose pour ce qui nous reste à dire.

Comment l'agiotage, partant du jeu ou pari pour aboutir à l'escroquerie et au vol, a couvert de ruines le pays, sous l'impulsion du Saint-Simonisme et au profit d'Israël, c'est ce que nous avons surabondamment expliqué dans une publication antérieure, *la Spéculation devant les tribunaux*, dont la place naturelle serait ici en forme de chapitre, n'était que le chapitre forme un volume de 336 pages. Nous nous contenterons de faire un rapide résumé des voies et moyens.

XI

Constitution de la féodalité financière. — Le premier fait à signaler, c'est l'accaparement par la coalition banquière de tous les grands engins du travail national. Nous en avons fait le sujet de notre introduction. Nous en donnerons encore ici un tableau synoptique, car on ne saurait trop rabâcher les choses que l'économie officielle s'obstine à ne vouloir ni voir ni entendre.

Avant 1848, les monopoles se comptaient; il y avait les canaux, la Banque de France, quelques Compagnies de chemins de fer, trop faibles pour écraser la batellerie, des monopoles urbains de gaz ou de voitures, des broutilles contre lesquelles pourtant l'école libérale économique était en révolte permanente.

La Banque de France et ses maigres comptoirs étaient concurrencés par neuf banques autonomes établies à Rouen, Nantes, Bordeaux, Lyon, Marseille, Lille, Orléans, le Havre et Toulouse. Aujourd'hui toutes les institutions de crédit collectif ont été rachetées, amalgamées, fusionnées, concentrées. Le privilége enveloppe le pays au grand complet. La Banque de France doit avoir prochainement une succursale au moins par département.

Les trois établissements de crédit foncier de Nevers, Marseille et Paris ont été ramenés à un seul pour tout l'Empire.

Quarante-deux compagnies de chemins de fer, qui elles-mêmes comportaient déjà des fusions, ont été, depuis 1852, fondues en six grands commandements industriels, à qui on a livré les canaux concurrents, là où ils pouvaient inquiéter les monopoleurs du railway; témoin le canal du Midi, de Bordeaux à Cette, cédé à la compagnie même du chemin de fer qui le côtoie.

La Banque de France et ses succursales, c'est toute la circulation du pays livrée à une institution dirigée d'une façon autocratique par vingt-deux personnes, gouverneur, sous-gouverneurs, régents et censeurs.

Le Crédit foncier, ou prêt à long terme sur hypothèque, est monopolisé aux mains d'une société gouvernée par vingt-quatre proconsuls.

Tous les transports sont concentrés entre les six grandes Compagnies de chemins de fer, administrées par cent trente-six souverains.

Quand nous parlons du *nombre des administrateurs*, c'est du *nombre de places* qu'il s'agit en réalité. La féodalité financière en.effet a inventé des cumuls invraisemblables à force d'énormité. Nous avons cité, dans la *Spéculation devant les tribunaux*, l'exemple de M. Émile Pereire, qui gouvernait, en 1863, dix-neuf Compagnies et trois milliards et demi de capitaux.

Un de nos amis a eu la curiosité de savoir au juste l'état de situation de la haute finance : banques, sociétés de crédit, paquebots, chemins de fer, grandes usines, grande métallurgie, gaz, sociétés de quelque importance que ce soit, sont concentrés aux mains de *cent quatre-vingt-trois* (183) individus.

Ces cent quatre-vingt-trois personnages disposent d'une façon absolue des agglomérations de capitaux qu'ils dirigent, représentant plus de vingt milliards d'actions et d'obligations au cours d'émission, c'est à-dire du plus clair de la fortune publique, et surtout de tous les grands engins industriels par l'intermédiaire desquels le reste de la production, dite libre, est obligé de passer.

Abyssus abyssum invocat. Le monopole de la Banque crée le monopole des marchands de troisième signature. Le privilége du Crédit foncier exclut les propriétaires déjà hypothéqués au profit de ceux qui ne le sont pas. Les chemins de fer ont leurs favoris et sous-traitants pour fournisseurs. Les Messageries impériales, services maritimes subventionnés de l'État, ont créé les Forges et Chantiers de la Méditerranée pour la construction de leur matériel.

La Compagnie parisienne du Gaz se réserve une foule de priviléges d'établissement et de construction.

Les compagnies de distribution d'eau dans les grandes villes agissent de même. Les Docks de Marseille imposent aux commerçants, non-seulement l'entrepôt, mais leur personnel du port, dont les clients paient cher les services, sans que les manouvriers s'en trouvent mieux, tant s'en faut.

Ainsi la concurrence, cette grande loi du travail, a fait place partout à la coalition et à l'accaparement. Nous avons longuement décrit, dans une publication antérieure, ce système d'inféodation, qu'on ne saurait trop rappeler à l'esprit du public.

Et maintenant, que les clients de la Banque se plaignent de l'exhaussement du taux de l'escompte, des restrictions à la durée de leurs échéances. — C'est la liberté de la Banque, répliquent les porte-queue de messieurs les financiers.

Les voyageurs en chemins de fer, les expéditeurs de marchandises, emplissent l'air de leurs clameurs contre les molestations, les surtaxes, les passe-droits, les traités de faveur, les violations de tarifs et de cahier des charges de MM. les directeurs. — C'est la liberté des compagnies! groguent les boule-dogues préposés à la garde du coffre-fort des nababs.

Un employé, renvoyé sans motif d'une entreprise

quelconque dirigée par l'un des cent quatre-vingt-trois proconsuls, ne peut plus se présenter nulle part dans la grande industrie. — L'offre et la demande! répliquent les jésuites du libéralisme.

Un malheureux client, violenté dans ses intérêts contre tout droit et toute loi, se dit: Si je plaide, la compagnie a un contentieux; qu'elle perde ou qu'elle gagne, peu lui importe. Elle épuisera tous les délais, toutes les exceptions; elle fera traîner la cause deux ans. J'en serai de mon temps, de mes avances. En gagnant, je perdrai plus encore que ne vaut la revendication. Il faut donc se laisser étrangler sans mot dire! — Demandez réparation à la justice; c'est l'égalité devant la loi, hurle la valetaille du plumitif financier.

O Blanqui! ô Bastiat, si vous aviez été témoins de cette turpitude et de cette dérision, vous seriez venus à nous en nous criant:

A l'assaut, camarades! et commençons par broyer tout cela, goujats, grands seigneurs et castels. Nous nous expliquerons ensuite.

XII

Les fraudes. — Après l'accaparement la pillerie. Les fraudes inventées par la féodalité financière sont telles que jamais l'imagination des romanciers et les prévisions du législateur ne sont allées jusque-là. Il a bien paru depuis dix ans une vingtaine de comédies et le double de romans sur les brigandages de la spéculation; aucune œuvre ne s'est élevée à la hauteur de la réalité. En police correctionnelle, les magistrats se sont trouvés désarmés plus d'une fois, parce que la loi n'avait pu prévoir des actes aussi révoltants que ceux dont les débats leur apportaient la révélation.

Huit cents faux relevés sur les livres d'un agent de change ;

Fabrication d'une approbation ministérielle apportée aux actionnaires par un escroc déguisé en général de division ;

Mise en actions de terrains qui n'existent pas ;

Dix millions de détournements dans une affaire au capital de quarante millions ;

Assemblées d'actionnaires composées en majorité de claqueurs complétement étrangers à l'entreprise ;

Mines de houille et de fer, du coût de cinq cent mille francs, apportées en société par les fondateurs pour le prix de treize millions ;

Dividendes distribués sur le capital dans des proportions de plus de cent millions en moins de vingt exercices ;

Dédoublements d'actions mettant à la charge de l'amortissement vingt et quarante millions qui n'ont jamais été versés ;

Transports de déblais et matériaux d'un chemin de fer en construction imputés en recette et produit du trafic ;

Escompte immédiat de valeurs surfaites, de fonds qui n'existent pas et d'entreprises qui ne doivent réaliser les plus-values promises qu'en quatre-vingt-dix-neuf ans, à supposer qu'elles laissent des plus-values ;

Pillage des caisses, violation des dépôts, virements de comptes imputant aux frais d'établissement les dépenses d'exploitation, en vue de grossir le dividende de l'année et de pousser à la hausse sur les actions, juste au moment où les écumeurs ont décidé de vendre;

Dissimulation, par un fondateur de commandite, de 6,000 parts réservataires contre 4,000 qu'il avoue :

Voilà les prélèvements perturbateurs et criminels qui ont creusé le gouffre où menace de s'engloutir le travail national.

Les primes créées artificiellement par l'agiotage et la fraude s'appellent en argot financier des *majorations*. Ainsi, le Crédit mobilier distribue, en 1855, un dividende de 203 francs. Grâce à l'amorce, les actions, émises à 500 francs, montent à 1982 dans le courant de 1856; c'est une *majoration* de 1482 francs. Depuis, les mêmes actions sont tombées d'abord à 300 francs; c'était une *minoration* (le mot n'est pas encore consacré) de 200 francs sur le pair, et de 1682 francs sur le plus haut cours. Le nombre des actions étant de 120,000, il y a eu, à un moment donné, 200 millions de perte pour quelqu'un; nous n'avons pas besoin de dire pour qui. Puis ce cours de 1982 est tombé à 160! . . . . .

. . . .

Voici le tableau sommaire des prélèvements perturbateurs opérés par l'agiotage; nous l'intitulons : *la razzia du Saint-Simonisme.*

NOMS DES VALEURS	Plus hauts cours depuis 1852	Cours au 31 décem. 1867	Différence par titre	Nombre de titres	Perte totale
Valeurs françaises					
Trois pour cent..................	86 »	68 45	17 55	»	1.700.000.000
Quatre et demi	107 »	99 25	7 75	»	60.000.000
Quatre pour cent	100 »	90 »	10 »	»	1.200.000
Département de la Seine	235 »	233 50	1 50	251.682	332.000
Ville de Paris 1852	1.410 »	1.210 »	200 »	50.000	10.000.000
— 1855-6).........	500 »	461 25	38 75	437.618	17.000.000
Banque de France	4.600 »	3.130 »	1.470 »	184.500	270.000.000
Comptoir d'escompte (anciennes)	810 »	612 50	167 50	80.000	13.400.000
Crédit foncier.	1.730 »	1.310 »	420 »	120.000	50.400.000
Crédit agricole	740 »	620 »	110 »	40.000	5.600.000
Foncier colonial	520 »	470 »	50 »	24.000	1.200.000
Crédit industriel	720 »	620 »	100 »	120.000	12.000.000
Société des Dépôts	580 »	535 25	51 75	120.000	6.570.000
Société générale	670 »	505 »	165 »	240.000	39.600.000
Sous-Comptoir du Commerce..	520 »	406 »	114 »	40.000	4.560.000
Mobilier (actions anciennes).	1.982 50	162 50	1.820 »	120.000	218.400.000
— (actions nouvelles) ...	700 »	162 »	538 »	120.000	64.560.000
Société immobilière	700 »	75 »	625 »	160.000	100.000.000
Société transatlantique	600 »	216 »	420 »	80.000	33.600.000
Gaz de Paris	1.500 »	1.412 »	58 »	180.000	10.440.000
Omnibus de Paris............	1.100 »	980 »	120 »	31.000	4.000.000
Petites-Voitures (act. de 500 fr.)	1.025 »	195 »	830 »	85.000	70.550.000
Messageries impériales	1.550 »	723 »	82 »	110.000	90.750.000
Canal de Suez..	530 »	275 »	255 »	400.000	102.000.000
Caisse des chemins de fer	900 »	36 »	864 »	100.000	86.400.000
Compagnie des Eaux.	390 »	310 »	50 »	80.000	4.000.000
Magasins généraux de Paris....	716 »	577 »	163 »	50.000	8.150.000
Chemin et Docks Saint-Ouen...	570 »	103 »	467 »	20.000	9.310.000
Docks de Marseille.	800 »	280 »	520 »	80.000	41.600.000
Charentes (chemins de fer des .	560 »	310 »	160 »	50.000	8.000.000
Est..........................	1.060 »	535 »	525 »	584.000	306.600.000
Lyon........................	1.850 »	865 »	985 »	800.000	788.000.000
Midi	896 »	518 »	318 »	250.000	87.000.000
Nord.......................	1.175 »	1.160 »	15 »	25.000	3.875.000
Orléans.....................	1.575 »	836 »	719 »	600.000	431.400.000
Ouest	900 »	550 »	410 »	300.000	132.000.000
Total des valeurs françaises..........					4.792.657.000
Valeurs étrangères					
Cinq pour cent Italien..........	76 »	41 55	31 45	»	1.132.200.000
Obligations Mexicaines	353 »	123 »	230 »	855.000	196.650.000
Crédit Néerlandais	540 »	285 »	255 »	80.000	20.400.000
Banque des Pays-Bas...	640 »	485 »	155 »	40.000	6.200.000
Mobilier Espagnol (ancien)....	900 »	175 »	125 »	120.000	87.000.000
— (nouveau) ..	500 »	175 »	325 »	120.000	40.000.000
Chemins autrichiens...........	957 »	504 »	453 »	400.090	181.200.000
Nord d'Espagne	567 »	65 »	502 »	200.000	100.400.000
Cordoue-Séville.............	265 »	97 »	168 »	36.000	6.000.000
Séville-Xérès...	550 »	20 »	530 »	110.100	71.200.000
Madrid-Saragosse.............	670 »	83 »	587 »	210.000	110.880.000
Pampelune-Saragosse...........	505 »	40 »	465 »	55.000	25.775.000
Portugais	531 »	61 »	468 »	70.000	32.760.000
Victor-Emmanuel	695 »	40 »	655 »	200.000	131.000.000
Romains....	580 »	50 »	530 »	170.000	90.100.000
Sud-Autrichiens-Lombards	675 »	340 »	345 »	730.000	251.250.000
Guillaume-Luxembourg	415 »	96 »	319 »	50.000	15.950.000
Total des valeurs étrangères..........					2.531.965.000
Valeurs françaises...............					4.792.657.000
ENSEMBLE.................					7.324.622.000

Pour que les ergoteurs, les hommes de la virgule et de la petite bête ne nous cherchent pas noise, disons tout de suite que nous n'avons pas dressé un bilan de revendication formel, comme s'il s'agissait de faire rendre gorge aux trop prenants, par francs, sous et centimes.

Nous savons que les actions d'Orléans, 2ᵉ série, n'ont pas primé à 1575, qu'on en peut dire autant de celles de Lyon, de l'Est et du Midi. Mais nous savons aussi que les actions de l'Orléans primitif ont été échangées à raison de 8 nouvelles contre 5 anciennes, soit 4,000 francs reconnus contre 2,500 francs versés ; *item* pour les actions de Lyon ancien, échangées à raison de 3 nouvelles contre 2 anciennes, ou 1,500 francs reconnus pour 1000 francs versés ; et celles de Lyon à la Méditerranée, montées à 2,200, puis dédoublées, c'est-à-dire 500 francs reconnus contre 250 francs versés.

Nous n'avons pas parlé de la dépréciation des obligations, *à revenu fixe*, et du Crédit foncier, et des chemins de fer, et des villes, et des compagnies industrielles emprunteuses.

Nous n'avons rien dit non plus d'une autre catégorie d'obligations étrangères, qui ne donnent ni intérêt ni amortissement.

Enfin la baisse n'a pas lâché son dernier mot.

En sorte que notre total de *sept milliards* et un tiers est au-dessous de la vérité.

Nous ne serions pas embarrassés de trouver encore, parmi les capitaux compromis, un demi-milliard de désastres, dont le fonds et le tréfonds sont aussi aventurés que les majorations des valeurs précitées.

Et à preuve, nous colligeons, au courant de la plume,

500 millions et plus (le demi-milliard), dans le tableau ci-dessous :

VALEURS	CAPITAL
Crédit en Espagne	35,000,000 fr.
Société mercantile (Madrid)	16,000,000
Graissesse à Béziers	18,000,000
Libourne à Bergerac	10,000,000
Lyon à Sathonay	2,500,000
Ouest Suisse	50,443,000
Franco-Suisse	12,000,000
Union des Chemins suisses	39,000,000
Ligne d'Italie	25,000,000
Savone à Turin	20,000,000
Barcelone-Saragosse	47,250,000
Tarragone et Montblanch à Reus	25,000,000
Nord-Ouest d'Espagne	17,000,000
Ciudad-Réal à Badajoz	18,000,000
Granollers à San-Juan	20,000,000
Medina del Campo à Zamora	16,000,000
Mines de Mouzaïa	6,000,000
— de Kef-oum-Theboul	4,000,000
— de Corphalie	5,500,000
Approuage	4,000,000
Chantiers de l'Océan	4,500,000
Moteurs Lenoir	2,000,000
Papeterie d'Essonnes	2,400,000
Canal de l'Ebre	33,600,000
Conflans à la mer	5,500,000
Ports de Brest	12,000,000
Boulevard du Temple	3,100,000
Générale immobilière	20,000,000
Jardin d'acclimatation	1,000,000
Halle aux cuirs	3,250,000
Exposition d'Auteuil	12,500,000
Quartier neuf du Luxembourg	10,000,000
Factage parisien	5 000,000
	505,863,000 fr.

Sept milliards trois cent millions plus *cinq cent millions,* font déjà SEPT MILLIARDS et QUATRE CINQUIÈMES. Que retirera-t-on des emprunts : Danubien, Égyptien,

Romain, Tunisien, du Canal Cavour, des Chemins méridionaux d'Italie, des Chemins lombards et de cent combinaisons semblables dont le déficit pourrait encore s'évaluer à plus d'un demi-milliard.

Restons cependant dans les termes de l'optimisme, et passons encore, par profits et pertes, 200 millions seulement, soit, avec les 7 milliards 800 millions précités, HUIT MILLIARDS en nombre rond.

Les chicanous diraient encore : toutes ces valeurs se sont spécialement adressées à la France et à son épargne, sans doute ; mais l'étranger en a bien pris quelques épaves.

D'accord : les nobles Italiens et les grands d'Espagne ont été souscripteurs de titres au pair, qu'ils nous ont revendus avec majoration de 25 à 50 du cent. Transigeons pourtant : mettons DEUX MILLIARDS au passif de l'étranger ; sur *huit*, il nous en reste *six*. et c'est un *minimum* de beaucoup au-dessous de la réalité. Nous l'acceptons toutefois.

Ce que nous aurions fait avec ces *six milliards*, on peut s'en donner une idée par quelques chiffres.

Le Mobilier, avec 60 millions de capital, laisse 218 millions de perte sur la première émission, c'est-à-dire qu'avec le déficit, on eût fait le quadruple de besogne.

L'Orléans, à 300 millions de capital, fait perdre 431 millions.

Le Lyon, à 400 millions de mise, en partie fictive, laisse 788 millions d'écart, qui ne se retrouveront jamais ; le coût de 2,000 kilomètres de chemins de fer.

C'est-à-dire que si, au lieu de gaspiller en *plus-value*,

aujourd'hui détruite, les *six milliards* de perte bien constatés, empochés par les écumeurs, nous les avions employés en travaux *reproductifs*, nous aurions :

Avec *trois milliards* en travaux publics :

Rectifié nos routes nationales et départementales,

Achevé nos chemins vicinaux,

Construit même des routes agricoles ;

Parachevé et perfectionné nos canaux ;

Établi les chemins de fer départementaux les plus urgents.

Avec *trois milliards* laissés au travail autonome :

L'industrie aurait renouvelé son outillage ;

L'agriculture aurait drainé, chaulé, plâtré, guané ses terres actives, défriché les incultes, percé de routes ses taillis et futaies, desséché ses marais, assaini ses paluds.

Là où il pousse un pain, dit un économiste, il naît un homme.

Nous serions forts de produits et de bras ; nous tiendrions la tête de l'Europe comme producteurs ; nous ne serions pas honteusement écrasés par le traité de commerce et par les succès de la Prusse.

Il ne s'agit plus ici de prolétaires et de marmiteux ; c'est la nation tout entière, grands et petits usiniers, commerçants, fermiers, propriétaires, employés, salariés, qui se trouve jugulée. Dira-t-on encore que le problème de la *répartition* est indifférent ? Niera-t-on l'influence anesthésique des prélèvements perturbateurs ? Osera-t-on soutenir enfin que la politique n'a rien à apprendre de l'économie sociale ?

CHAPITRE II

---

§ 1er. — IDENTITÉ DE LA POLITIQUE ET DE L'ÉCONOMIE SOCIALE

I

Qui nous arrachera aux griffes des usuriers? qui fera rendre gorge aux traitants? qui rétablira l'équilibre en replaçant sur sa base la loi de répartition? — L'État, répondent à l'unisson les jacobins, les communistes et les conservateurs.

L'État! quel est ce mythe, cet emblème? Est-ce une entité à part, extérieure, comme les divinités de la théocratie, à la société humaine et à l'univers même? Les croyants du pouvoir, d'un pouvoir fort et réparateur, ne sont pas loin de le penser. Pour nous positiviste, nous déclarons que l'État n'est pas, ne peut pas être autre chose qu'une branche de l'économie sociale, l'expression, le résumé, la quintessence de la société ambiante, de ses aspirations et de ses idées. L'État, né d'un milieu économique, ne peut changer qu'avec ce milieu, n'en déplaise aux augures qui prétendent que la politique et les réformes sociales s n choses étrangères l'une à l'autre.

De tout temps, l'homme a fait Dieu et ses souverains à son image. D'abord le travail est esclave ; non-seulement le produit, mais encore le producteur sont la propriété d'une caste. De même, Dieu est le maitre absolu de l'univers ; il le dirige à son caprice : il peut ordonner au soleil de s'arrêter, à l'ombre du gnomon de rétrograder sur le cadran, à la rosée d'humecter l'herbe sans mouiller la toison de Gédéon. Le gouvernement, monarchie ou oligarchie, ne souffre aucun contrôle.

Chaque peuple modifie ces données générales suivant son tempérament et sa constitution économique. Chez les hordes barbares, toujours en guerre, vivant de rapines et de pillage, les divinités se réjouissent des cris et des tortures des victimes ; elles se repaissent de sacrifices humains. Le plus grand exterminateur d'hommes devient le prince des guerriers.

Non fœneraberis proximo tuo, sed alieno : tu ne feras point l'usure avec tes concitoyens, mais avec l'étranger, dit Jéhovah aux Hébreux. L'esprit de nationalité chez ce peuple est porté jusqu'à la férocité ; il est la nation sainte, la race d'élection ; les autres lui ont été livrées en exploitation par l'Éternel. Dieu frappe, décime, extermine tous les ennemis des Juifs ; quand le glaive des guerriers n'y suffit pas, il envoie ses anges à leur aide. Mais toute nationalité n'est forte qu'en restant unie ; aussi ne doit-elle point se diviser en exploiteurs et en exploités. De là le précepte biblique contre l'usure entre nationaux et le jubilé cinquantenaire qui abolissait les dettes. En revanche, les infidèles sont matière exploitable sans pitié ni merci. L'agiotage et l'usure sont l'élément essentiel des mœurs israélites. Cette race ne peut tenir en une nationalité homogène, parquée en un même territoire. Il faut qu'elle se disperse chez les peuples pour les rançonner, incapable qu'elle est de s'assujettir au travail.

Sous le beau ciel de la Grèce, où la nature produit sans efforts, le citoyen n'est pas obligé de disputer par un pénible labeur sa vie aux éléments. Il n'est besoin ni d'une nationalité puissante, ni de lois sévères pour contraindre les esclaves au travail. Chacun se suffit à lui-même ; la société semble créée plutôt pour l'art que pour l'utilité. Chaque cité forme un état indépendant, Athènes, Lacédémone, Argos, Mycènes, Corinthe : le lien fédéral le plus léger est un joug inutile. De même l'Olympe se peuple de divinités innombrables, bavardes, aimables, artistes, indépendantes, n'ayant, semble-t-il, d'autre souci que d'entendre les hymnes des poëtes, d'inspirer le ciseau des Phidias, le pinceau des Zeuxis.

Les Romains de la royauté et de la république, peuple conquérant, vouent un culte spécial au dieu Mars ; agriculteurs et propriétaires, ils inventent le dieu Terme. Leurs institutions se réfèrent toutes à la guerre ou à la propriété ; les fonctionnaires publics sont de l'un ou de l'autre ordre. Le citoyen, maitre chez lui, ne supporte point les empiétements d'État. Aussi aucune société n'a mieux réalisé la séparation des pouvoirs, ce *palladium* des libertés publiques. Les Romains individualistes ont encore créé le ***Droit***, ce quelque chose ***d'antérieur et*** *de supérieur* à la volonté des souverains, selon l'expression de nos constitutions républicaines.

Au moyen âge, le travailleur, asservi à la glèbe, laboure et moissonne pour son seigneur ; il n'a ni droits, ni cité, ni famille ; c'est une chose, non un homme. Les princes continuent à régner par le sabre, et Dieu par la terreur de l'enfer. Cependant les gens des métiers, forts de leurs corporations et de leurs franchises, commencent la protestation : la fédération du travail sert de base et d'appui à la fédération des cités. C'est d'abord contre les puissances de la terre qu'ils guerroient ; ils n'osent encore mêler la religion à leurs querelles. Heureusement pour leur cause, le temporel et le spirituel se confondent en plus d'un point ; car les évêques et les abbés sont en même temps grands feudataires. Viennent Jean Huss et Luther, la question sera simplifiée, parce qu'elle sera généralisée.

La réforme religieuse est fille de l'émancipation du travail et contemporaine de l'émancipation politique. Voyez la différence dans les écrits à partir de cette époque. La philosophie cite à son tribunal toutes les institutions : elle demande au prêtre la raison de ses dogmes ; aux rois pourquoi et par quoi ils règnent ; aux nobles de quel droit ils prélèvent dimes et corvées. Les puissances du monde répondent d'abord par les proscriptions, les exécutions, les massacres. Mais toujours les questions se posent, de plus en plus serrées, de plus en plus menaçantes ; il faut enfin discuter. Princes, rois et prêtres, laissant de côté le vieux bagage du droit divin et de la révélation, sont contraints d'entrer dans le champ clos de la dispute, et de prouver, par arguments et citations, qu'ils sont établis pour le bonheur et l'utilité de tous. Sur quoi la révolution française conclut qu'une nation a le droit de se débarrasser de ce qui l'entrave et lui est onéreux. Les dîmes et corvées sont abolies sans rachat. L'Église et la royauté descendent au rang de simples institutions de police, dotées d'un budget que les représentants peuvent restreindre ou supprimer si tel leur paraissent être le vœu et l'intérêt général. Dieu et le roi, en un mot, passent à l'état de souverains constitutionnels, qui règnent et ne gouvernent pas.

A mesure donc que le travail s'affranchit, que la richesse se développe, que le citoyen gagne en indépendance et en dignité, la notion de l'État, dont la religion n'est qu'une branche, rétrograde et s'efface. Ni un conseil des ministres, ni une chambre législative, à supposer qu'elle fût composée des sommités intelligentes de la nation, ne suffiraient à résoudre toutes les questions que soulèvent l'organisation du crédit, les douanes, la circulation des chemins de fer, des voies navigables et terrestres, la répartition des profits, la cherté des subsistances. Aussi voyons-nous tous les gouvernements, même soi-disant absolus, depuis le premier empire, demander : aux chambres consultatives du commerce, des renseignements sur l'apprentissage, le travail des enfants, les salaires, les livrets, les prud'hommes; aux sociétés savantes, des commissions pour l'étude des travaux publics; aux industriels, des jurés pour l'examen et le classement des produits de l'exposition; aux compagnies financières, des capitaux; aux économistes et aux fabricants, des conseils pour l'extension ou le dégrèvement de la protection douanière. Les fonctions gouvernementales reviennent partout à la société.

Aujourd'hui l'absolutisme des gouvernements est en raison directe de l'infériorité industrielle et productive des nations, et *vice versa;* exemples : la Russie, la Turquie, les États du pape à un bout de l'échelle; la Belgique, l'Angleterre, l'Union américaine à l'autre.

Nous avons passé par toutes les phases de la politique, depuis l'absolutisme jusqu'au constitutionnalisme et à la république; où en sommes-nous maintenant?

II

Le plus grand malheur de la France, c'est de n'avoir pu acclimater ni discipliner aucun gouvernement depuis 1789, d'avoir été, par conséquent, sans cesse ballottée de despotisme en anarchie, d'action en réaction, toujours jetée aux extrêmes : ou brusquement projetée en avant, ou violemment ramenée en arrière. Le phénomène le plus étrange, c'est que tous les pouvoirs, qu'ils soient nés d'un recul, comme les deux empires, ou d'un progrès, comme 1830 et 1848, sont tourmentés d'un même mal. Au lendemain de son instauration, le nouveau gouvernement, fort du milieu qui l'a produit, n'a qu'à se laisser aller à l'application de son principe. Mais dix ou quinze ans après, de nouvelles générations ont surgi, de nouveaux besoins se sont affirmés. L'opinion, — la puissance collective en politique, — demande une extension des libertés si la charte est libérale, une restriction aux prérogatives d'État si la constitution est despotique.

Cependant les jeunes d'autrefois, les fondateurs, simples traducteurs d'une pensée commune, se figurant qu'ils ont été des Moïses, des Messies, ont commencé par se distribuer les récompenses civiques, *la curée*, dit le poëte; puis ils se sont immobilisés dans leurs fonctions et dans leur programme. Ce qui a fait leur fortune doit rester immuable; ne les a-t-on pas appelés autrefois les sauveurs de la patrie? Ils la sauveront encore des témérités des novateurs. C'est pourquoi, au lieu de sonder l'opinion et de marcher avec elle, ils se mettent en travers. Entre temps, ils ont pris du ventre; l'entêtement du cuistre et du vieillard s'en mêle; la plus mince réforme doit ébranler le pays; l'anarchie est au bout d'une réduction de mille écus sur un chapitre du budget. La conflagration éclate entre l'esprit public et le pouvoir.

Ce mal, dont sont tourmentés tous les gouvernements français dès leur huitième ou dixième année, quelquefois beaucoup plus tôt, c'est la *gérontocratie*.

Se peut-il imaginer rien de plus ridicule, de plus stupide que la chute de Louis-Philippe? De quoi s'agissait-il? D'une vétille, d'une niaiserie, d'une extension du droit de vote aux citoyens portés sur la seconde liste du jury, et payant moins de 200 francs d'impôts, ce qu'on appelait l'adjonction des capacités. Il y avait là de quoi donner satisfaction à l'opinion pour dix ans. — Le public serait si patient avec un gouvernement qui ferait preuve de bonne volonté! — Il ne fallait pas moins qu'un Guizot, l'impertinence personnifiée, l'outrecuidance faite homme, cachant sous l'hypocrite austérité du quaker un orgueil sans autre égal qu'une impuissance et une nullité incomparables, pour transformer cette bénigne demande de réforme en révolution. Ils sont toujours *graves*, ces grands fossoyeurs de monarchie; cela fait croire aux niais qu'ils sont sérieux et profonds.

La royauté de juillet renversée, la république était seule possible. Aucune prétention légitimiste ou bonapartiste d'ailleurs n'osa se produire sous le coup des événements de février. La réforme électorale ne pouvait s'arrêter au programme de la veille; car le propre des révolutions est de procéder par enjambements; elle alla jusqu'au suffrage universel, sans condition de cens ni d'instruction. C'était faire un maigre cadeau à nos ouvriers et paysans illettrés, que de leur conférer l'électorat, même l'éligibilité, si l'on n'appuyait la réforme politique d'une réforme économique correspondante. Le cens électoral à 200 francs, qu'était-ce au fond? La prépondérance de la richesse et du capital, de la richesse, bien ou mal acquise, sur la pauvreté honnête, sur l'instruction et l'intelligence; un Teste, un Martin (du Nord) étaient préférés à un Lamennais, à un Armand Carrel. — Je compte sur votre voix, disait un candidat ministériel à M. Cousin. — Monsieur, répondit-il, on m'a trouvé bon pour faire un ministre et un pair de France; mais je ne suis pas électeur.

Jamais concordance entre le système économique et l'organisme politique ne fut plus complète que sous le régime censitaire. Le commerce était subalternisé à la Banque, les affaires à la spéculation, le travail au capital. La révolution de février devait, sinon renverser les rôles, du moins rétablir les rapports sur le pied de l'égalité. Les podagres du Provisoire et de la Commission exécutive n'y comprirent rien. La plupart professaient que la politique était du domaine purement spéculatif; que la préoccupation des intérêts matériels était dangereuse; que le peuple cesserait d'être héroïque s'il cessait d'avoir faim. Leur première tendresse fut pour la rente, qu'on paya par anticipation, tandis qu'on faisait faillite aux besogueux de la Caisse d'épargne et des bons du Trésor. Les juifs, souscripteurs de l'emprunt de 1847, concessionnaires des chemins de fer du Nord et de Paris à Lyon, furent relevés de leurs engagements. La république prétendait gouverner pour et par le capital, en même temps qu'elle accordait le suffrage universel.

La contradiction entre les deux éléments, politique et économique, ne pouvait manquer de produire ses fruits. Le scrutin ramena à la chambre, non-seulement les dépossédés du règne de Louis-Philippe, mais encore ceux de la Restauration, avec variations de moines, de prêtres, de grands vicaires et d'archevêques.

L'Assemblée législative fut encore plus alambiquée en aristocratie que la Constituante. Depuis l'empire, les comtes, vicomtes, barons, ducs, marquis, princes, chambellans, écuyers, l'aristocratie et la domesticité du château, affluent au Corps législatif; les bourgeois appartiennent à la plus haute position financière et industrielle, administrateurs de chemins de fer, de Banque, de Crédit foncier, d'assurances, gros métallurgistes, usiniers de premier ordre. C'est au point que les travailleurs se croient obligés d'opposer à ces aristocraties des candidatures *ouvrières*, persuadés qu'ils sont que la France est revenue au régime des castes, et qu'il convient de voter par *ordres*, comme en 1789, afin de maintenir l'équilibre.

Les désillusions du suffrage universel étaient faciles à prévoir.

Les dépenses publiques et tout ce qu'une nation est obligée de régler par voie de *délégation* sont la pierre d'achoppement des sociétés ignorantes. Plus la commission déléguée s'éloigne du centre où elle a pris naissance, plus elle est sujette à errer. Les pouvoirs les plus populaires sont les municipalités des petites communes. C'est à elles que l'on doit cet admirable système de viabilité qui permet aux denrées des hameaux d'arriver aux grandes routes, aux ports, aux canaux, aux voies de fer, et sans lequel la locomotive et le remorqueur ne produiraient que de la fumée. Dans nos départements du centre, les chemins d'exploitation agricole sont aujourd'hui en meilleur état que les routes nationales il y a trente ans.

Déjà les conseils municipaux des grandes villes et les administrations départementales, en rapport moins direct avec l'esprit et les besoins de la masse, suscitent des mécontentements et des critiques trop souvent fondées.

Quant aux chambres législatives, elles échappent complétement au contrôle de la masse électorale. Aussi les paysans, tant que l'éducation politique ne sera pas faite chez eux par la réforme du régime économique, préféreront-ils toujours à un homme de rien, opposant, le grand seigneur de l'endroit, qui promet à tous des exceptions et des faveurs, l'exemption d'un fils à la conscription, la construction d'une église, d'une maison d'école, un embranchement de chemin de fer, des subventions aux routes agricoles.

Si la république de 1848 n'avait rien réalisé des réformes dont son titre seul lui faisait une obligation, elle n'en avait pas moins causé une peur effroyable aux satisfaits. L'égalité surtout effrayait la bourgeoisie; elle ne pouvait se faire à l'idée que sa prépondérance économique et politique fût finie. La conspiration ne tarda pas à s'organiser. A défaut des d'Orléans, trop près de leur chute pour revenir, à défaut de la légitimité, restée odieuse et antipathique, un nom se présentait, popularisé par les libéraux et libérâtres de la Restauration et de 1830, un nom dont l'ignorance ou la complicité avaient fait le synonyme de révolution, d'égalité et de liberté. Louis-Napoléon Bonaparte devint le candidat des Veuillot et des Thiers, de l'*Univers* et du *Constitutionnel*. Le suffrage populaire, par les raisons que nous venons de dire. vota avec eux. « L'empire est fait, » disait M. Thiers à la fin de la législative. L'empire était fait dès le 10 décembre 1848.

§ 2. — LES EXPÉDIENTS ÉCONOMIQUES DU 2 DÉCEMBRE

III

Le peuple avait son programme, les satisfaits le leur, et Louis-Napoléon le sien, trois programmes inconciliables. L'adresse des organisateurs du coup d'État fut de deviner ce qu'il y avait de plus immédiat à réaliser, sauf à jeter le pays, pour cent ans, dans une servitude économique dont aucune époque n'offre d'exemple.

La classe dominante, la plus remuante, la plus dangereuse par conséquent, parfaitement dégagée de tout principe politique, monarchique ou républicain, n'avait qu'une préoccupation : s'assurer la jouissance de ses priviléges. Elle était prête à faire litière des libertés publiques à qui lui garantirait ses revenus. L'Empire fit mieux, il les porta au-delà de ce qu'il était permis d'espérer, ou plutôt il donna à l'avidité bourgeoise le moyen d'escompter, en quelques années, les ressources d'un siècle ; car si absolu que soit un pouvoir, il n'est pas en ses moyens de *décréter la richesse;* il peut seulement *la déplacer.*

Son premier acte économique fut la fusion des compagnies de chemins de fer, avec prorogation, à quatre-vingt-dix-neuf ans, de concessions dont quelques-unes étaient à moitié de leur échéance. En même temps que la concentration industrielle mettait les chemins de fer sous la main immédiate du pouvoir, il y eut, pour la bourgeoisie, une pluie de concessions, de subventions de toutes sortes, un déluge d'actions et d'obligations plus ou moins garanties, des titres d'emprunt, des plus-values, une hausse sans frein ni raison. On offrait à la plèbe des travaux sans mesure, des caisses de secours et de retraite, des soupes économiques, des parades, des promenades militaires et des feux d'artifice. Déjà les fonctionnaires publics de tout ordre, employés d'administration, magistrats, militaires et curés, avaient obtenu des augmentations de traitement. La corne d'abondance se déversait sur tout le monde. Tant pis pour l'avenir; on semblait avoir repris la devise de Louis XV : *Après nous le déluge.* Or le déluge a commencé. Contre les mécontents, s'il osait s'en produire, on avait les commissariats locaux, cantonnaux et généraux; les commandements militaires, les contingents de cent mille hommes, l'autorité municipale subordonnée aux préfets, la police renforcée dans les grands centres, la presse muette, la tribune renversée; puis, plus tard, la loi de sûreté générale, la transportation administrative à Cayenne et en Algérie.

Aussi l'exultation, à l'origine, ne connut-elle plus de bornes.

Mais l'abîme appelle l'abîme : les exigences des appétits matériels sont insatiables; c'est le tonneau des Danaïdes. L'agiotage, en quelques années, eut tout dévoré. Il fallait de nouvelles largesses, d'autant plus que le programme napoléonien : équilibre des États, rectification des frontières, gloire militaire, allait entrer en ligne; ce qui ne faisait pas le compte de la bourgeoisie et ne pouvait s'accepter sans de larges compensations. . . . .

. . . .

Déplacer n'est pas *créer*, dit le proverbe. Jetons un coup d'œil succinct et rapide sur ce que la *fortune publique* a gagné ou perdu à ces bouleversements.

Quand l'État et la finance, — les deux plus grandes forces collectives d'une nation, — s'associent et se prêtent main forte, on peut s'attendre à des prodiges, comme nous allons en juger par quelques exemples; mais le problème de la *répartition?*..... Nous serons à même aussi d'en apprécier les effets, non-seulement entre contemporains, mais entre générations.

IV

Banque de France. — Aux termes de la loi du 30 juin 1840, le privilége de la Banque de France devait prendre fin le 31 décembre 1867. Ce monopole est la clef de voûte de l'édifice financier, du crédit hiérarchique, percepteur de tailles sur la masse travailleuse. Les élus du cens à 200 francs avaient, en grand nombre, demandé la suppression du privilége dès 1840, et encore en 1847. La majorité ministérielle avait emporté le vote, par docilité peut-être plus que par conviction. Les représentants du suffrage universel n'y firent pas tant de façons.

En 1857, dix ans avant l'expiration du monopole, une inquiétude subite saisit les bénéficiaires; il fallut proroger la concession, et d'urgence. La session législative était déjà fort avancée. Qu'importe? Quand les princes du coffre-fort réclament, il n'y a point de raisons qui puissent prévaloir.

Le rapport du Conseil d'État, déposé le 8 mai, fut immédiatement soumis à la discussion des bureaux; M. Devinck, député rapporteur, remit, le 26 du même mois, son exposé des motifs approbateur. La discussion fut enlevée en une seule séance, le 28 — quarante-huit heures après — le dernier jour de la session. Le compte-rendu du Corps législatif ne mentionne, sur une si grave affaire, qu'un discours, celui de M. Kœnigswarter, discours d'opposition, qu'on pourrait plutôt qualifier comme autrefois : *très-humbles remontrances.*

Le 8 juin, le Sénat approuvait; le 9 juin, l'empereur

promulguait : juste un mois, au milieu de préoccupations et de discussions multiples, pour accorder à une compagnie le plus énorme privilége qui se puisse imaginer.

Dès 1857, les actionnaires avaient retrouvé, sous forme de dividendes, cinq fois et demie leur mise de fonds; en 1867, le capital était sept fois remboursé. Il ne s'agissait pas de besogneux, comme on peut voir.

Voici ce que valut aux heureux privilégiés la loi en question.

Le privilége fut prorogé de trente ans, c'est-à-dire jusqu'au 31 décembre 1897. Le capital ancien, représenté par 91,250 actions anciennes de 1,000 francs, fut doublé. Les actions nouvelles furent émises à 1,100 fr.; elles se cotèrent aussitôt, comme les autres, à 3,350 fr. En sorte que les heureux souscripteurs pouvaient, du jour au lendemain, réaliser les profits suivants :

```
91,250 actions à 3,350 fr. l'une..........   305,687,500 fr.
A déduire 1,100 fr. versés par action....    100,375,000
           Bénéfice ou agio............       205,312,500 fr.
```

205 millions de plus-value par l'effet d'une seule loi ! Si la haute bourgeoisie s'était montrée hostile à l'empire en présence de pareils témoignages de tendresse, c'eût été plus que de l'ingratitude.

Quant à ceux qui, moins pressés de réaliser, voudraient attendre l'expiration du bail et suivre l'affaire jusqu'au bout, voici des chiffres qui aideront à supputer leur cube du gâteau.

Les dividendes avaient été de :

```
20 p. 100 en 1855
27   —    en 1856
33   —    en 1857
```

Depuis le renouvellement du privilége, les succursales, qui ne rendent pas encore ce qu'on en peut attendre, puisqu'elles sont à l'état d'installation, ont fait baisser les profits. En revanche, quand tous les départements seront dotés d'un comptoir, que la circulation commerciale sera complétement aux mains de l'institution, ce sera merveille. En tablant sur une moyenne de 150 fr. de revenus par action et par an, nous sommes certainement au-dessous de la vraisemblance, puisque c'est au juste 15 du 100.

Or, trente annuités de 150 francs donnent 4,500 fr. par action, c'est-à-dire un peu plus du quadruple des capitaux versés; soit 730 millions de dividende pour 182 millions et demi de capital, ou 557 millions et demi de produit net en trente ans pour moins de 200 millions de mise. Franchement, la haute finance pouvait-elle crier *raca* à l'empire?

En 1840, à propos de la prolongation du même privilége, M. Grandin, qui ne fut jamais un homme séditieux, reprochait au gouvernement de Louis-Philippe de faire, par cette loi de prorogation, un cadeau de 160 millions aux actionnaires de la Banque. Franchement ils y mettaient de la pruderie, les conservateurs du gouvernement de juillet. 160 millions! tant de bruit pour une bagatelle. La révolution de février eut raison de balayer ces grincheux.

Nous avons dit le lot des élus du privilége; celui du public est tout autre.

Le monopole de la Banque lui confère le droit exclusif d'émettre des billets au porteur; c'est une véritable délégation d'un droit de la collectivité souveraine, celui de battre monnaie. Ainsi envisagée, la concession n'est autre chose qu'un service public détaché de l'administration, comme on pourrait faire des tabacs, des poudres et de la poste, comme on a fait des chemins de fer. La science dit que, dans ce cas, le privilége, pour être légitime, doit faire mieux et à meilleur marché que la libre concurrence. Mais alors où trouverait-on les éléments d'un demi-milliard de gratification aux actionnaires, mécontents de la veille, satisfaits du lendemain?

La loi du 9 juin 1857, suivant la logique de son inspiration première, supprima pour la Banque la limitation à 6 p. 100 du taux de l'intérêt commercial. Le prix de l'escompte ne connait plus de bornes; il a déjà été 10 du 100; il peut monter à 15, à 20, à 30, selon les convenances des administrateurs et au plus profond mépris de l'intérêt collectif.

La condition des trois signatures a été maintenue.

La Banque a encore la faculté hautement reconnue de réduire la durée des échéances. Quand tous les coéchangistes, sur la foi des usages, ont accepté du papier à trois mois, ils peuvent se trouver tout à coup, sans avertissement préalable, du jour au lendemain, en face d'un coup d'État qui déclare inacceptables les traites à plus de soixante jours.

Au moins — avaient demandé quelques timides opposants — obligeons la Banque, puisqu'elle a privilége, à créer une succursale par département. Le gouvernement adopta l'idée en principe, mais sans donner à la mesure aucun caractère impératif.

Dix ans après la promulgation de la présente loi, dit

l'article 10, c'est-à-dire à dater du 9 juin 1867, le gouvernement *pourra exiger* de la Banque de France qu'elle établisse une succursale dans les départements où il n'en existerait pas.

Pourra exiger : toujours l'arbitraire et le bon plaisir à la place du droit. Aussi qu'arrive-t-il? La Banque prodigue les comptoirs là où elle flaire des produits nets à réaliser. Elle en a trois dans le département du Nord : à Lille, à Dunkerque et à Valenciennes; deux dans la Seine-Inférieure : à Rouen et au Havre; un seulement dans une cinquantaine d'autres départements, et pas du tout dans les pays réputés pauvres.

En sorte que les régions qui ont le plus besoin d'une agence de circulation pour se développer commercialement sont abandonnées de la Banque et interdites de se pourvoir ailleurs.

Des députés avaient, paraît-il encore, proposé d'associer l'État au partage d'un si plantureux gâteau. Mais le pouvoir répondit qu'une pareille immixtion était immorale, spoliatrice. Il donne, il concède, pour l'honneur et la gloire de concéder et de donner; il ne faut pas qu'on suppose chez lui une arrière-pensée de lucre dans ses octrois de privilége. Les concessionnaires de monopoles sont de ses amis, sans doute. Mais ils interviennent en tout ceci en qualité de simples citoyens, et non avec un caractère public.

Et sur ce, naïfs croyants d'un gouvernement réparateur, allez encore demander aux chefs d'État de vous tirer des griffes de l'usure.

V

Le Comptoir d'escompte. — Nous avons peu de choses à dire de cette institution. Fondée en 1848 comme expédient contre la crise, pour trois ans seulement, elle fut prorogée, le 19 avril 1850, pour six ans à courir du 18 mars 1852. Il y avait, dans la création du Comptoir, quelque chose du principe coopératif et mutuelliste. Ainsi, les premiers fonds étaient faits, un tiers par l'État, un tiers par la ville de Paris, un tiers par le public. Des retenues de tant pour cent étaient opérées sur les bordereaux présentés à l'escompte afin de parfaire le capital social. L'initiative enfin venait des commerçants se créditant eux-mêmes à défaut des banquiers, presque tous en suspension de payement. Il n'y avait qu'à développer le principe, en supprimant le privilége de la Banque, pour faire du Comptoir l'instrument d'une révolution dans le crédit.

Mais la routine prit le dessus ; les banquiers intervinrent dans l'affaire, et dès lors l'administration se montra plus préoccupée de faire des dividendes aux actionnaires que de la circulation à prix de revient aux escompteurs. Ainsi dévoyé, le Comptoir n'avait plus de raison d'être une fois la crise finie ; chacun retournait à son banquier, toujours plus traitable qu'une institution à statuts et à règlements. Le mieux était de liquider à l'expiration des neuf années. Mais les tripoteurs d'affaires flairaient de l'argent à gagner. La durée fut prorogée de trente ans, le capital porté à 40 millions, et le Comptoir d'*escompte*, reléguant l'*escompte* au dix-septième plan, se lança dans les fantaisies de ce qu'on nomme la haute banque, et que Proudhon appelait la haute pègre.

Les actionnaires ont déjà retrouvé en dividendes une fois et demie leur capital. Quant au public, confiant dans la réputation d'intégrité républicaine du Comptoir, il a accepté, sur sa recommandation, les trop mémorables emprunts mexicains et tunisiens, ainsi que d'autres valeurs dont on ne parlera plus, parce qu'on en aura trop parlé.

VI

Le Crédit foncier. — De toutes les créations nées d'une inspiration honnête, utilitaire, presque philanthropique, il n'en est point qui aient abouti, sous l'influence des banquiers, à une plus complète mystification que le Crédit foncier. Qui ne se souvient de ses origines? Le Crédit foncier devait révolutionner l'agriculture, chasser l'usurier hypothécaire, répandre à profusion l'argent dans les campagnes, créditer les défrichements, les reboisements, les aménagements, décupler la production agricole, et réaliser ainsi pour le peuple le fameux problème de la vie à bon marché et de la poule au pot.

Les journalistes, les ministres, les conseillers d'État, les députés, les sénateurs ne parlaient du projet qu'avec attendrissement, onction et enthousiasme; on faisait de l'églogue et de la bucolique. On était sûr que toutes les nuances politiques applaudiraient et concourraient à l'établissement de la Banque agricole. En effet, ce fut pis qu'au baiser Lamourette.

L'État consentit une subvention de 10 millions à titre complétement gracieux ; on modifia au profit exclusif de l'institution la loi sur les hypothèques, la purge et les transcriptions ; on abaissa les droits de timbre et d'enregistrement ; on modifia les juridictions ; on rendit l'exécution plus expéditive contre les mauvais payeurs. Le Crédit foncier enfin fut traité en Benjamin de la finance.

Trois compagnies avaient été créées à l'origine, à Paris, à Marseille, à Nevers. La concurrence effraya Benjamin ; on lui accorda le monopole ; le taux uniforme de l'annuité était gênant ; on le rendit mobile. Bref, les statuts furent remaniés au moins une vingtaine de fois ; encore ferma-t-on les yeux quand il convint à Benjamin d'y faire des accrocs.

Le capital, fixé à 60 millions, fut émis par séries ; mais sur les actions de 500 francs, il ne fut appelé que moitié ; les 250 francs complémentaires restant confiés à la probité et à la conscience des souscripteurs pour être versés seulement en cas de besoin.

Où en est maintenant la régénération agricole ? Sublime dérision et suprême impertinence des banquiers. Le Crédit foncier ne croit pas à l'hypothèque du travail ; ses statuts le lui défendent. Le propriétaire peut emprunter sur ses champs, ses maisons, jusqu'à concurrence de moitié de leur valeur, et se livrer, avec la somme, à des opérations de commerce, de banque ou de bourse, sans qu'il en revienne un sou à la terre ; tandis que le fermier cultivateur, qui a besoin d'engrais, d'amendements, de main-d'œuvre, ne trouve pas crédit d'un centime. La Banque foncière ne peut rien pour lui. Aussi les administrateurs, laissant là les bucoliques, se sont-ils lancés à corps perdu dans les spéculations, sans toutefois rendre à l'État les 10 millions qui leur avaient été confiés pour toute autre chose.

Le Crédit foncier commandite et fournit le fonds de roulement aux fabricants de maisons de la capitale ; les trois cinquièmes de ses opérations se font à Paris et dans le département de la Seine ; il sert de mont-de-piété à la Compagnie immobilière, à qui il a prêté près de 50 millions.

Il escompte les travaux de luxe des villes, des communes et des départements, les constructions de préfectures et d'églises monumentales, les squares, les voies impériales, les jardins, toutes les valeurs improductives. Quand il aura négocié la dette de 465 millions de la ville de Paris, il sera arrivé à son apogée.

Il prête encore des capitaux au Grand-Turc, à l'Autriche, aux chemins de fer étrangers ; il joue avec la rente italienne ; il fait tout, en un mot, *sauf ce qui concerne son état.* Il est en rupture flagrante de statuts ; car l'article 4 lui prescrit de maintenir son capital-actions dans la proportion *du vingtième au moins* des obligations émises ; et telle n'est pas sa situation.

Cependant, l'agriculture souffre et gémit, non-seulement de ne rien recevoir, mais encore de se voir soutirer les capitaux qui, sans l'institution fatale, lui reviendraient de droit.

— Que ne crée-t-elle elle-même une banque à sa dévotion, cette pauvre agriculture ?

— Ah! voilà, c'est que le monopole du Crédit foncier est de 99 ans, et que pendant tout ce temps, il est interdit aux particuliers comme à la collectivité de fonder aucune institution analogue. Non content de ne rien faire, le privilége met encore l'embargo sur les gens de savoir et de bonne volonté.

— Au moins y a-t-il une compensation à ces mécomptes?

— Sans doute, autrement ce serait à désespérer de la civilisation. Le Foncier, qui devait régler le taux de l'intérêt et maintenir la prestation des capitaux dans le cercle d'une honnête modération, offre des lots de 10,000, 50,000 et 100,000 francs. Il paye parfois jusqu'à 20 du 100 à ses actionnaires. Les 250 francs de la première émission ont retrouvé une fois et demie leur mise en seize ans; ceux de la deuxième émission seront remboursés en huit exercices. Les actionnaires enfin ont chance, d'après les précédents, de retrouver en quatre-vingt-dix-neuf ans neuf ou dix fois leur mise originelle.

Afin de se livrer en toute sécurité aux fantaisies, le Crédit foncier s'est créé des annexes par l'intermédiaire desquelles il fait les opérations interdites dans ses propres statuts : ces annexes sont le Crédit agricole, le Comptoir de l'agriculture, le Sous-Comptoir des entrepreneurs, l'Approvisionnement.

Cette dernière Compagnie, qui végétait, a obtenu le monopole des abattoirs de la Villette. Les bouchers de Plaisance, de Vaugirard, du Point-du-Jour, sont obligés d'aller chaque matin chercher leur viande à 8 kilomètres. Les consommateurs payent le voyage avec les intérêts; il y aura du dividende pour les actionnaires et de gros émoluments pour les directeurs. Toujours le même système : sacrifier, engager, escompter l'avenir afin de créer des satisfaits immédiats.

En vérité, il n'y a que le gouvernement pour réaliser avec tant de bonheur ses philanthropiques conceptions.

VII

Crédit mobilier. — Encore un enfant gâté de l'Empire. Il fallait au pouvoir politique centralisé un corrélatif dans la finance, une institution capable de faire la hausse et la baisse, de forcer la commandite aux affaires, quelles qu'elles fussent, sérieuses ou équivoques, de surélever le cours des fonds publics et de frayer la voie aux emprunts. Puisque l'invasion et l'explosion de l'agiotage avaient supplanté le travail et les affaires dans le baromètre de la prospérité nationale, il fallait un régulateur, ou, pour mieux dire, un élévateur à la Bourse. Telle fut la mission du Crédit mobilier, « la plus grande maison de jeu de l'Europe, » au dire de M. Berryer et des avocats généraux.

Les désastres causés par l'institution sont de ceux qui deviennent historiques. Nous avons dit déjà, dans le tableau intitulé *Razzia du Saint-Simonisme* (p. 57), comment rien que sur les actions de la Compagnie, il y eut 282 millions de perdus par quelqu'un et de gagnés par d'autres. Ce n'est qu'un mince aperçu du sinistre. Le Crédit mobilier a livré au public actionnaire la fleur des valeurs véreuses, comme s'il les eût choisies exprès. Citons entre autres :

Le Mobilier espagnol,

Le Mobilier italien,

La Société générale Néerlandaise,

La Banque ottomane,

Les chemins de fer du Midi,

La fusion des chemins de fer de l'Est,

Celle des chemins de l'Ouest,

Les chemins de fer Autrichiens,

Le chemin de fer Nord-Espagne,

Le chemin de fer Cordoue-Séville,

Le chemin de fer Ouest-Suisse,

La canalisation de l'Èbre,

La Compagnie immobilière,

La Compagnie maritime,

Les Magasins généraux,

Les obligations des chemins espagnols,

Deux emprunts ottomans, etc.

La perte totale *sur le prix d'émission* de toutes ces valeurs dépasse 580 millions. La perte totale *sur les plus hauts cours cotés* est d'UN MILLIARD ET UN TIERS.

C'est ainsi que les initiateurs du crédit ont répondu à leur mission et démontré, par un exemple de plus, combien les gouvernements forts sont dangereux pour la fortune des citoyens et l'intérêt du public.

Le Crédit mobilier n'était investi d'aucun monopole : aussi les banques Mirès, Amail, Millaud, les caisses attachées aux journaux financiers, tels que la *Semaine*, l'*Industrie*, le *Journal des actionnaires*, le *Journal des Chemins de fer*, suivaient-elles l'institution saint-

simonienne dans ses évolutions de jeu. Aujourd'hui,
toute cette cohue d'agioteurs est dispersée ; le syndicat
des agents de change achève, dit-on, de nettoyer la place.
Mais voici bien autre chose.

<h2 style="text-align:center">VIII</h2>

Le *Constitutionnel* du 2 septembre 1868 publiait la
nouvelle suivante :

De tous les journaux financiers, le premier incontestablement est la *Semaine financière*, qui, par suite de la
maladie prolongée de M. Eugène Forcade, vient de changer
de mains.

Vendue hier à l'enchère dans l'étude de Me Bouchard,
notaire, sur la mise à prix de 40,000 francs, elle a été
poussée jusqu'à 172,500 francs. C'est à ce prix qu'elle a
été adjugée à MM. Janty, directeur du journal la *France;*
Gibiat, directeur du *Constitutionnel*, et Émile de Girardin, propriétaire du journal la *Liberté*, qui vont, dit-
on, lui imprimer la plus vive impulsion. Il est déjà question de la formation immédiate d'un comité de sept
membres qui se livrerait à l'examen préalable de toutes
les affaires nouvelles et qui statuerait sur elles, comme le
comité d'escompte de la Banque de France prononce sur
les effets qui lui sont présentés, admettant les uns, reje-
tant les autres !

A la bonne heure, voilà un brelan de conseillers
assortis. Janty, l'homme des chemins de fer romains et
du Graissessac à Béziers ; Gibiat, l'administrateur de la
célèbre compagnie des Petites-Voitures ; Émile de Gi-

rardin, à qui les mines de Saint-Bérain, bien mieux que ses alinéas et ses drames, assurent l'immortalité.

Mirès, qui grille d'entrer au conseil, et qui mérite à tout point d'en être, ajoute, après avoir reproduit la nouvelle :

Voilà où en sont venues les affaires! Les imprudences et les fautes commises, en compromettant la sécurité des capitaux, devaient aboutir à un résultat analogue. Nul ne peut aujourd'hui, sans inquiétude, placer, dans les sociétés industrielles, le fruit de ses travaux et de ses épargnes, et la plupart du temps le concours demandé par la publicité est un leurre, un moyen de surprendre la confiance.

Le contrôle qu'exercera le comité qui va se former n'appartenait pas à l'initiative individuelle; mais, lorsque la chambre syndicale des agents de change, les autorités compétentes et les banquiers eux-mêmes laissent aller les capitaux et l'association au hasard, il était nécessaire qu'il se créât un centre. Il se constitue aujourd'hui sous une forme qui n'était certainement pas prévue; toutefois, il faut le reconnaître, cette initiative est heureuse, et elle peut devenir, pour les capitaux *si souvent trompés, une protection efficace.*

Ainsi les commandites et les anonymats ne pourraient se constituer sans la censure du comité Janty-Gibiat-Girardin — (décidément l'absence de Mirès est un scaudale)! Si le public capitaliste se trouvait face à face avec ces trois intègres, il ne manquerait pas de répondre à leurs consultations par un immense éclat de rire ou par l'expression d'un sentiment convaincu. Mais le triumvirat se présentera sous le voile du pseudonyme. Les conseillers s'appelleront la *France*, journal sénatorial, le *Cons-*

titutionnel, feuille semi-officielle, dévouée à l'ordre et au Gouvernement, la *Liberté*, chère aux admirateurs de l'homme-canon et des Léotard de la politique, la *Semaine financière*, sans compter les compères et complaisants qui, derrière les abatteurs, ramasseront les broutilles.

Le nouveau Crédit mobilier a chance de faire son trou; qui pourrait en effet le contrecarrer? De simples honnêtes gens, forts de leur expérience et d'un passé irréprochable? Mais tout a été prévu dans la constitution de la féodalité financière. Pour fonder des journaux, il faut des millions de roulement et cinquante mille francs de cautionnement par feuille; il faut, en un mot, avoir au préalable administré des chemins romains, des petites voitures et des mines de Saint-Bérain. Les conservateurs de l'écu de cent sous commencent-ils à comprendre que la politique et les affaires se pénètrent et s'amalgament en une intime solidarité?

Encore un conseiller financier d'origine plus récente : le *National* de 1869; ce titre respecté, vénéré, plein de souvenirs chevaleresques, les bâcleurs d'affaires ont osé mettre la main dessus. Chaque exemplaire coûte : de timbre, 5 centimes; de poste, 4 centimes; de papier, 3 centimes; c'est-à-dire, sans compter l'administration, la rédaction, la composition, le tirage, la remise aux marchands, total 12 centimes. — Prix de vente, 5 centimes. Est-ce assez clair? Le *National* est organisé, subventionné, *entretenu* par un syndicat de banquiers, lanceurs d'affaires bonnes et mauvaises, qui dépensent, bon an mal an, trois millions en publicité. Ils en sacrifient le tiers à fonder un journal spécialement dévoué à leurs commandites, persuadés que les primes et les plus-values couvées dans les réclames, les faits-Paris, les articles de fonds, couvriront au décuple leur sacrifice. — Nous serons de l'opposition, dit cyniquement le programme, parce qu'il importe d'être de l'opposition pour se faire lire beaucoup. — On deviendrait ministériel du soir au matin si la faveur publique revenait à M. Rouher. A quoi tiennent les pouvoirs de l'État?

Le temps est aux profanations, et le monde appartient plus que jamais aux effrontés. Après avoir pollué le titre d'Armand Carrel, voilà que le croupier ignoble macule celui de Proudhon; un *Peuple* (de 1869) fait pendant à un *National* de même fabrication. Les deux journaux qui ont représenté au plus haut degré l'honnêteté civique et civile, que la nation, amis et ennemis, a recueillis et classés dans ses annales comme un patrimoine historique, les voilà exhumés par les chacals de la Bourse et de la coulisse, prostitués aux manœuvres des Montjoie et des Mercadets. Le pavillon qui portait aux ignorants, aux faibles d'esprit l'instruction et le recomfort, couvrira désormais l'amorce financière, à laquelle se sont laissé prendre tant de fortunes, « jetées et perdues dans l'abime de la spéculation coupable, » selon le mot de M. l'avocat général Ducreux.

Ainsi, les lois fiscales du timbre et du cautionnement ne fonctionnent à d'autre fin que de créer sur le travail, la science et la conscience, une douane au profit de la spéculation parasite, du jeu et de l'agiotage. Triste moralité, triste politique! Silence au pauvre! Il y aura encore de beaux jours pour les écumeurs d'affaires.

IX

Les voitures de Paris. — Puisque nous avons, à propos de M. Gibiat, rappelé cette affaire, donnons-lui place ici : elle entre, quoique infime, dans la série des institutions féodales dont nous étudions l'influence et les résultats.

Le louage des voitures de place et de remise à Paris était, avant 1855, une industrie prospère, morcelée entre une foule d'entrepreneurs, dont quelques-uns étaient à la fois propriétaires et cochers. Des sauveurs de la propriété, de la famille et de la religion, M. Gibiat en tête, flanqué de M. Calvet-Rogniat, persuadèrent un jour à nos préfets parisiens qu'il serait beaucoup mieux d'amalgamer en une vaste compagnie toutes ces petites entreprises, et de refouler dans le salariat les marmiteux qui n'avaient à leur compte qu'un ou deux véhicules.

Nous avons raconté longuement, dans notre précédente publication, la *Spéculation devant les tribunaux*, cette burlesque équipée, qui est venue se dénouer devant la police correctionnelle. Nous nous contenterons d'en rappeler les principaux traits.

Le capital, fixé à 40 millions, actions de 100 francs, mettait les fiacres à 22,000 francs pièce. La spéculation, chauffée à blanc par les comités Gibiat-Janty-Girardin de l'époque, poussa les titres jusqu'à 220 francs, ce qui mettait le coucou à 44,000 francs ; et même, au plus fort de la hausse, la Compagnie n'ayant encore que

848 voitures, le prix de chacune d'elles ressortissait à 103,000 francs.

M. le préfet de police, afin d'aider à la fusion, obligeait les anciens loueurs à vendre à la Société quand ils songeaient à se retirer des affaires.

Selon M. l'avocat impérial, les fondateurs gagnèrent au moins 10 millions dans ces tripotages. Quant au public, il faut le classer par catégories pour arriver à dire au juste quel fut son lot.

1° Le public actionnaire fut complétement ruiné ;

2° Le public voyageur subit une aggravation de 33 pour cent dans le prix de l'heure et de la course.

3° Le public contribuable payera à la Compagnie, expropriée de son monopole au nom de la morale économique, quarante-sept annuités de 360,000 francs chacune, à titre d'indemnité.

Le système, on le voit, se tient et se poursuit dans les plus petites choses comme dans les plus grandes ; le mode de *répartition* est partout le même : l'économie et la politique sont en complet accord.

X

Compagnie parisienne du gaz. — Encore une brouille comparativement aux autres affaires ; il n'importe, elle offre aussi son enseignement.

La compagnie actuelle, formée en 1855, se compose de six compagnies anciennes : 1° Margueritte, 2° Brunton, Pilté, 3° Dubochet, 4° Lacarrière, 5° Payn, 6° Gosselin. La mission et le privilége de réunir toutes ces entreprises en une seule furent confiés à MM. Emile et Isaac Péreire, qui n'étaient dans aucune combinaison antérieure.

Pourquoi ce privilége, pourquoi une fusion? C'est toujours la même politique, concentrant, amalgamant, centralisant le travail à l'image de l'administration, et poussant la France dans les voies de quelque pachalick égyptien. Les débuts de la nouvelle combinaison ne furent pas heureux; il y eut, notamment le 13 mars 1857, une assemblée générale où les accusations les plus violentes furent lancées contre les administrateurs et fusionneurs. On se serait cru à la cour d'assises, ou tout au moins à la police correctionnelle. Il fallut lever la séance et *sauver* l'affaire sans le concours des actionnaires. La grâce opéra à défaut de la justice, et elle fit merveille.

Dès 1862, les actions de 500 francs montaient à 1,500 francs: le capital versé de 84 millions avait triplé, sinon en valeur, du moins à la cote, et pouvait se vendre au prix de 252 millions, soit avec 168 millions de bénéfice. Quant à ceux qui veulent rester fidèles au placement, les annuités, portées à 100 fr. et au-dessus, ont chance de leur rembourser, dans les cinquante ans que durera le privilége, huit à dix fois la mise originelle. Aussi pensons-nous que les rigoristes et puritains de l'assemblée du 13 mars 1857 ont passé l'éponge sur les irrégularités et les virements de comptes de la fondation. Quand ils auraient éprouvé alors un préjudice de quelques millions, le bon public client et consommateur n'est-il pas là pour tout réparer?

C'est un curieux contrat que celui qui lie la ville de

Paris à la Compagnie du gaz. Le prix est fixé à 30 centimes le mètre cube pour les particuliers, 15 centimes seulement pour la municipalité. Le monopole est de cinquante ans. Pendant ce temps, aucune découverte, aucune invention ne pourra être appliquée à Paris sans le double assentiment de la Compagnie et de M. le préfet de la Seine. Les perfectionnements, comme ceux dont on a vu l'échantillon sur la place de l'Hôtel-de-Ville au commencement de 1868, sont soumis, non pas à l'appréciation du public quant au prix et à la qualité, mais à celle de M. le préfet. En sorte qu'on peut dire, sans témérité, que toute innovation sera accueillie infailliblement si elle est de nature à grossir le produit net, qui dépasse déjà 20 du 100. C'est ainsi que deux générations de consommateurs, livrées en monopole à MM. Péreire, ont payé la bienvenue du nouveau régime.

Nous pourrions comprendre dans notre revue les docks, les ports, les magasins généraux, les rues impériales, les mines, les paquebots et toutes les affaires grandes, moyennes et petites qui se sont fondées ou modifiées sous le nouveau règne. Nous n'en citerons plus que deux.

<h2 style="text-align:center">XI</h2>

Les chemins de fer. — C'est toujours aux chemins de fer qu'il faut revenir quand on veut montrer l'application en grand du régime féodal.

L'empire, en s'installant, trouva les chemins de fer

français morcelés entre une quarantaine de Compagnies; les nouvelles concessions, si l'on eût suivi le système antérieur, le seul conforme à la loi économique, auraient porté le nombr. des sociétés à soixante ou quatre-vingts. L'esprit du nouveau régime répugnait absolument à la division. Aussi commença-t-on par concentrer le réseau aux mains de six grands commandements industriels. En même temps, les baux furent prorogés uniformément à 99 ans; c'était une augmentation de 43 à 80 ans sur les contrats antérieurs.

La spéculation en prit le vertige. Les actions de 500 francs montèrent à 1,000, 1,800 et 2,000 francs. En quelques années, l'agiotage réalisa *deux milliards de primes* sur les seules actions des chemins de fer, escomptant ainsi des conditions qui ne devaient rendre leur effet qu'en un siècle; puis la baisse reparut, plus inquiétante que jamais; car les acheteurs dans les hauts cours étaient précisément placés dans la catégorie des petites épargnes, et la décroissance du produit kilométrique comme du produit net ne laissait pas aux porteurs 5 du 100 sur les prix d'achat. C'est alors que la finance, d'accord avec le pouvoir, imagina les fameux traités de 1859, pour garantir aux actions *un minimum de dividende.*

La garantie d'un produit net, quel qu'en soit le chiffre, est sans contredit la conception la plus monstrueuse qui se puisse imaginer, puisque c'est la suppression du principe de la responsabilité en matière d'entreprise. Il y avait, pour les capitalistes, deux catégories de placements: 1° les valeurs à revenu fixe, telles que la rente, les emprunts des municipalités, les obligations de

chemins de fer, celles du Crédit foncier, le prêt hypothécaire; 2° les valeurs à revenus aléatoires, les actions.
Libre à chacun d'acheter selon ses préférences, ses har-
diesses ou sa prudence. Du moment que l'État garantis-
sait aux actions de chemins de fer un minimum de rendement, il eût mieux fait de racheter tout de suite les
concessions et de donner aux porteurs de titres de la
rente consolidée.

Mais il s'agissait moins de faire une opération d'État
que de raviver la hausse. Mainte Compagnie, compro-
mise par certains marchés usuraires d'entreprise et de
construction, n'avait d'autre salut que la garantie du
budget. Il fallait à tout prix sauver la finance.

Toutefois, présenter l'affaire au Corps législatif dans
son déshabillé n'eût pas laissé que de soulever des protestations, même chez les plus dociles représentants de
la majorité. Aussi la coalition fit-elle des efforts d'imagination surhumains pour tâcher de dorer la pilule.

Nous devons *rectifier* les idées qui se sont répandues
au sujet des conventions arrêtées pour la compagnie
d'Orléans, écrivait la *Presse* du 12 juillet. Il ne s'agit pas,
comme quelques journaux le supposent, *de la garantie
d'un minimum de dividende.* L'État autorise la compagnie
à prélever, à partir de 1864, 25,000 francs par kilomètre
sur l'ensemble de ses lignes anciennes et nouvelles, pour
en appliquer le produit net aux actionnaires. L'excédant
de ces 25,000 francs servira à payer l'intérêt et l'amortissement des obligations, sur lesquelles le gouvernement garantit 4 p. 100 d'intérêt, plus 65 centimes à l'a-
mortissement *dans le cas où les recettes seraient insuffisantes.*

Voyons un peu le fond de cette casuistique :

La Compagnie prélève sur son produit brut 25,000 fr. de revenu par kilomètre ; sur le surplus, elle paye ses dettes ; si les ressources sont insuffisantes, l'État parfait la différence : — version officielle.

Changeons l'ordre des détails :

Sur sa recette brute, la Compagnie paye ses dettes ; si le reliquat ne donne pas 25,000 francs par kilomètre aux actionnaires, l'État parfait la différence : — traduction littérale en langue vulgaire.

Sommes-nous arrivés au même résultat ? Était-ce bien là la peine de *rectifier* les idées répandues ? Le mot *garantie de dividende* semblait par trop cynique ; voilà pourquoi on se livrait à cette gymnastique d'ergoteur.

Du reste les financiers n'ont pas longtemps de ces pudeurs. Le même journal, à la date du 8 août, avouait carrément la chose en ces termes :

Les actionnaires n'ont plus à craindre de voir leurs revenus s'amoindrir pendant la durée des travaux et les premières années d'exploitation des nouvelles lignes. La combinaison adoptée pour la séparation des concessions en ancien et nouveau réseau *établit un minimum de dividende* au-dessous duquel les bénéfices des actionnaires ne pourront pas descendre.

Il faut avoir vu ces choses-là pour y croire. Étant donné un produit brut *quelconque*, la Compagnie pourvoit d'abord à la constitution de son *revenu net*. Avec l'excédant, s'il en reste, on paye les créanciers ; s'il n'y a pas de quoi, on les renvoie au ministre des finances.

Voilà certes un système de comptabilité qui conduirait

droit en cour d'assises le premier venu, négociant, fabricant, entrepreneur ou gérant qui l'appliquerait à ses affaires. Décidément le professeur avait raison : il y a deux morales, la petite et la grande. Les dîmes d'avant 89 n'ont jamais été dotées de pareilles garanties.

Fusions, prorogations, *minima* de dividendes, des primes à remuer par milliards : ce n'est encore là qu'un mince aperçu du gâchis.

D'après les *Documents financiers* publiés par le ministère des travaux publics en 1868, le capital engagé dans les chemins français, avant les concessions votées à la dernière législature, se composait comme suit :

Par l'État..	1,450,469,120 fr.
Par les Compagnies (actions et obligations).	7,646,910,724
Par divers.......................................	85,107,424
Total....................	9,183,517,268 fr.

Le chapitre *divers* signifie les municipalités, les groupes industriels, les départements, c'est-à-dire encore l'impôt, les subventions fournies par la collectivité ; il convient par conséquent de les réunir aux fonds d'État : ce qui porte à 1,536,576,544 francs les sacrifices de la nation.

De plus l'État garantit à 4 fr. 65 p. 100 les obligations des Compagnies pour une somme en capital de 3 milliards 859 millions, représentant un revenu annuel de 184,188,250 francs. Qui répond paye. Depuis que la garantie fonctionne, le budget fournit chaque année une trentaine de millions sur chaque exercice pour aider les Compagnies pauvres à parfaire leurs dividendes. Des calculateurs sérieux pensent qu'avant 1880, les subventions consenties en garantie de revenus nets s'élèveront chaque année à plus de 100 millions.

Récapitulons la participation des contribuables.

Subventions en pur don......	1,536,576,514 fr.
Capital garanti...	3,859,000,000
Total.............	5,395,576,514 fr.

Les chemins de fer électoraux votés en 1868 portent déjà la part des contribuables, en dons et garanties, à 5 milliards et demi, sans préjudice de l'avenir.

A qui donc appartiennent les chemins de fer ?

Aux Compagnies, qui n'ont fourni en actions qu'un milliard et demi (1,519,276,399 francs, plus-values comprises, le quart du contingent des contribuables, déjà remboursés et au delà par les dividendes).

Ainsi l'on ne s'en cache plus : le Trésor public appartient à la séquelle. Il prodigue les subventions au Crédit foncier, au Crédit agricole, aux chemins de fer, aux entreprises de navigation ; il garantit des dividendes aux uns, des intérêts aux autres. Il vient de rembourser la loterie mexicaine ; il a racheté les Petites-Voitures. Les escrocs amènent eux-mêmes leurs victimes devant les représentants du gouvernement et du budget. — Ces malheureux que nous avons dépouillés, l'État ne fera-t-il rien pour eux ! L'État, sur le seul chapitre des chemins de fer, assure aux actionnaires de cinq à quinze fois le remboursement de leur mise originelle ; c'est-à-dire que lorsque le rachat sera devenu nécessaire, éventualité prévue depuis longtemps, il payera de *cinq* à *quinze* ce qui aura coûté *un*.

XII

Le Paris haussmannien. — Jamais l'ingérence de la politique dans les affaires n'a été plus complète, plus constante, plus désastreuse que depuis 1852. Outre le renouvellement, l'extension, la multiplication et la concentration des monopoles, le gouvernement a encore donné au militarisme et aux dépenses publiques un développement anormal, exagéré, fatal à l'agriculture, qui manque de bras, fatal encore à l'industrie, qui se trouve ballottée sans cesse de pléthore en chômage.

On a imprimé aux constructions de chemins de fer une impulsion fébrile, hors de proportion avec l'épargne et les ressources de main-d'œuvre du pays. Au moins peut-on se consoler en disant des chemins de fer qu'ils sont un capital de l'espèce qualifiée de *reproductive* ; tôt ou tard la France retrouvera, dans leur exploitation, une compensation, — compensation minime sans doute, — à ses sacrifices anticipés.

Il en est autrement des palais, des promenades princières de Boulogne et de Vincennes, des casernes, des églises, des préfectures monumentales et d'une foule de dépenses justement taxées d'*improductives* par l'École.

Arrêtons-nous un instant sur le chef-d'œuvre du genre : l'haussmannisation de la capitale.

Les bouleversements dont Paris est l'objet depuis dix-huit ans sont un fait sans précédent dans l'histoire ; ce n'est pas moins que l'expropriation en masse d'une cité, avant-coureur de sa déchéance.

Ceux qui se figurent que l'importance de la capitale est due à la royauté et au séjour de la cour sont dans une complète erreur. La situation de Paris, sur le plus grand fleuve du nord de la France, entre les embouchures de ses trois plus gros affluents, l'Yonne, la Marne et l'Oise, fait à cette ville une *position géographique* de premier ordre, qui la désignait d'avance comme la métropole d'un pays plus continental que maritime.

Sous le régime fédératif, il y aurait eu d'autres capitales d'inégale importance, telles que Tours, Lyon, Strasbourg, Toulouse, Marseille, Bordeaux, le Havre. La centralisation a prédestiné Paris à les dominer toutes. Mais elle n'en a pas moins adopté, *et non créé*, un point déterminé par la nature même de la contrée.

C'est merveille de voir comment, sous l'impulsion de cette prédestination géographique, l'agglomération parisienne s'est constituée, en dépit de l'administration de toutes les époques et de tous les régimes.

La ville, en effet, est construite à contre-sens des autres centres populeux placés dans des conditions analogues et à rebrousse-poil de la raison. Tandis que les cités, traversées et desservies par une grande voie de navigation, s'allongent et s'alignent sur les deux rives du fleuve, au point de ne former qu'un long boyau, à Paris, l'industrie et le commerce sont installés dans les rues perpendiculaires à la rivière. Pourquoi?

C'est que l'administration, impériale ou royale, cherchant ses aises avant tout, a commencé par s'emparer de la vallée. Elle a pris :

Sur la rive droite, la manutention du quai de Billy, la promenade aristocratique des Champs-Élysées, le jardin et le palais des Tuileries, le Louvre, l'Hôtel-de-Ville, l'Arsenal;

Sur la rive gauche, le Champ-de-Mars, le Garde-meuble de la couronne, les Magasins militaires, la Manufacture des tabacs, les Invalides, le Corps législatif, la Légion d'honneur, le Conseil d'État, des casernes, l'Institut, la Monnaie, l'Hôtel-Dieu, le Jardin des Plantes, ne laissant au négoce que l'Entrepôt des vins.

Partout où le commerce peut s'emparer d'un bout de quai, c'est merveille de le voir à l'œuvre : à preuve ce qu'il a fait de Bercy, de la gare d'Ivry et de celle de Grenelle.

Sitôt le bassin de l'Ourcq et le canal Saint-Martin creusés, le travail et le négoce, chassés de la rivière, se précipitent sur leurs rives et y improvisent une ville de la production et du labeur à côté de la ville du luxe et de la fantaisie. Le port de la Villette devient le troisième port de France comme tonnage, venant immédiatement après le Havre et Marseille.

Il est impossible de ne pas voir dans ces phénomènes le caractère d'une création nationale spontanée.

Mais tandis que le commerce suit sa voie, l'administration en prend une autre. Paris, selon les visées de M. le préfet de la Seine, ne doit plus être la métropole du commerce du Nord ; les cheminées d'usines, le bruit de l'industrie, les résidus des fabriques, la blouse de travail, noircie au contact des matières et des outils, jurent avec les broderies, les cordons, les torsades, les chamarrures, les colifichets du monde officiel.

Paris ne doit plus être que la résidence des fonctionnaires, des rentiers, des oisifs, le caravansérail de l'Europe, a-t-on dit ; moins que cela encore : le Paris haussmannisé, c'est la ville d'hiver des désœuvrés qui vont, à la belle saison, promener leur désœuvrement sur les plages en vogue, aux bains de mer, aux eaux, aux bois, à la villégiature.

Partout où la tarière municipale perce une trouée, l'atelier, la maison d'habitation de l'ouvrier, du petit fabricant, font place à la caserne haussmannienne. Là où les anciens logements se louaient de 200 à 600 fr., les combles, les mansardes, dans les nouveaux, s'allèrent 800 fr., et les appartements, de 3,000 à 12,000 francs.

Encore faut-il que les habitants s'interdisent de monter une chaudière, un générateur à vapeur, une force motrice, un atelier qui frappe et qui fume.

La place Maubert est rebâtie comme le boulevard Malesherbes ; le Marais se transforme à l'instar de la chaussée d'Antin ; la rue Mouffetard se modèle sur la rue de Rivoli.

La chasse à l'industrie, commencée par la pioche, s'achève par l'annexion de la banlieue et l'extension de l'octroi aux communes suburbaines, placées jadis hors de sa griffe : Belleville, Ménilmontant, Grenelle, la Villette, cités exclusivement industrielles, sont refoulées par la douane parisienne comme incompatibles avec la majesté de la couronne et le décorum de la cour.

On peut dire que le Paris commerçant et industriel, avant l'expropriation, était parvenu à son apogée. Les chemins de fer, en effet, ont ébranlé les *positions géographiques* et diminué sensiblement leur importance. La grosse fabrication, la grande industrie, tributaires des mines pour la houille ou les matières premières, sont appelées à se décentraliser, à se reporter près des sources de leurs approvisionnements. C'est ainsi que les établissements Cavé, arrivés à fin de bail, ont émigré de Paris et se sont reportés du côté de Lille, afin d'avoir le charbon et le métal plus près, sous la main, moins cher par conséquent.

Mais il fallait laisser au temps le soin de faire la besogne. Le capital engagé dans les grandes usines n'est pas libre de se dégager aux échéances fixées par un préfet de la Seine. La durée nécessaire à son amortissement et à sa reconstitution n'est pas l'affaire d'un décret ni d'une loi ; c'est matière de comptabilité. L'interdit jeté par les travaux et l'octroi de M. Haussmann sur l'industrie parisienne, c'est la destruction immédiate d'un outillage en plein rapport, une centaine de millions peut-être, pour le remplacement desquels il faudra dépenser à nouveau cent millions sans créer un centime de produits de plus. C'est, avec la ruine des individus atteints, un capital national jeté à la mer. Jamais la politique n'aura fait une pareille violence à l'économie sociale;—sans préjudice de cette armée de démolisseurs, de piocheurs, de terrassiers, enlevés aux rudes travaux des champs, concentrés en ateliers nationaux d'une nouvelle espèce, non moins inquiétants que ceux de M. Marie en 1848.

Sous l'empire de ces transformations, le Paris haussmannien n'a plus rien du Paris spontanément créé par la géographie, le travail et l'histoire. Le Paris haussmannisé, avons-nous dit, c'est la ville d'eaux d'hiver de la rente et de la spéculation ; c'est *le Versailles des Bonaparte.*

Toute ville fondée sur l'industrie et le commerce est

bâtie sur le roc; toute agglomération basée sur la fantaisie et les fanfreluches de l'existence repose sur le sable. Chaque saison voit déchoir ainsi quelque station en vogue au profit d'une nouvelle. Le caprice ne se fixe jamais pour longtemps.

Le Versailles des Bonaparte deviendra ce qu'est devenu le Versailles de Louis XIV, de Louis XV et de Louis XVI, après 1789. Un retour au constitutionnalisme de 1814 et de 1830, une réduction dans les dotations des grands corps de l'État, une évolution économique venant à rogner les bénéfices usuraires de l'agiotage et de la spéculation, les subventions départementales supprimées, enfin un caprice de la cour ou de la fashion européenne, sans compter l'inconnu; c'en est fait de Paris; le travail pourchassé ne reviendra pas; l'industrie expulsée ne rentrera pas.

La propriété perdra 60 à 80 du cent de sa valeur; les rares habitants, logés au grand large et à peu de frais, installeront des jardinets devant leurs portes, sur les trottoirs monumentaux de M. Haussmann.

Ceux qui n'ont pas encore cinquante ans verront la réalisation de cet horoscope.

Ce qu'il y a de plus étrange en cette affaire, c'est que cette violation, ce viol du Paris national aient trouvé pour complices des négociants parisiens, constitués par voie de décret, sans le concours ni le suffrage de leurs concitoyens, en conseil municipal et en satellites de M. le préfet de la Seine. Qu'on ose encore évoquer comme épouvantail le souvenir de la commune de Paris. Jamais pouvoir discrétionnaire et révolutionnaire n'aura perpétré un plus funeste bouleversement.

XIII

Que de choses nous aurions ignorées dans ce coup d'État économique si la ploutocratie n'avait compté des dissidents, des opposants, des mécontents pour insuffisance de subvention.

Une revue financière de la *Presse*, du mois de mars 1867, publiait les révélations suivantes, qui n'ont jamais été démenties.

Nous avons jusqu'ici gardé le silence sur une opération qu'on disait engagée entre le Crédit mobilier et la *Caisse des dépôts et consignations*; nous voulions attendre, pour nous en occuper, que le fait fût indiscutable.

Ce n'est pas la première fois que la Caisse des dépôts et consignations, *caisse publique*, qui centralise les services des caisses d'épargne, des sociétés de secours mutuels, des rentes viagères et de la dotation de l'armée, intervient au profit d'un *intérêt privé*. L'année dernière, la Société immobilière, ayant emprunté au Crédit foncier 30 millions, reçut en espèces 5 millions seulement, et les 25 millions complétant le prêt lui furent remis en obligations. Évidemment, on ne pouvait songer à négocier sur le marché une telle masse de titres, et d'ailleurs la réalisation eût ainsi demandé trop de temps. La Société immobilière chercha donc à obtenir une avance sur dépôt des obligations du Crédit foncier.

On sait que ces titres sont expressément mentionnés parmi ceux sur lesquels la Banque de France consent des prêts. Mais, avec la tendance que manifeste la Banque à réduire autant qu'il est possible le nombre et le montant des gros prêts, il n'est pas surprenant qu'en présence d'une demande aussi élevée, elle ait exigé la garantie personnelle de MM. Péreire. Ceux-ci la refusèrent et s'adressèrent *à la Caisse des dépôts et consignations, qui fournit la somme nécessaire*, et reçut en garantie les 25 millions d'obligations du Crédit foncier.

Depuis lors, le placement des obligations ayant été effectué par l'intermédiaire du Crédit foncier lui-même, la Caisse des dépôts et consignations s'est trouvée complétement dégagée.

Cette année, assure-t-on, des besoins nouveaux auraient encore placé le Crédit mobilier dans la nécessité de recourir à un emprunt ; cet emprunt se serait élevé à 13 millions, et la Caisse des dépôts et consignations aurait fourni cette somme en titres de rentes, en échange desquels elle aurait reçu :

1° Une délégation de la Compagnie générale Transatlantique sur la subvention que lui paye l'Etat ;

2° Des obligations de ladite Compagnie générale Transatlantique ;

3° Des obligations de la Société immobilière.

D'après le *Messager de Paris*, qui a le premier donné cette nouvelle, la *Caisse des dépôts et consignations* aurait prêté en effet, non de l'argent, mais des inscriptions de rente, c'est-à-dire des titres ayant *valeur certaine*, contre les titres équivoques des Compagnies placées sous le patronage du Crédit mobilier. Le journal de M. Mirès ajoute en forme de commentaire :

Ces garanties présentent une sécurité si parfaite que la Caisse des dépôts et consignations ne peut craindre aucun préjudice de cette opération.

Pourquoi la Caisse des dépôts et consignations, si les titres échangés sont si sûrs, n'a-t-elle pas invité le Crédit mobilier à les offrir purement et simplement à ses créanciers, au lieu d'y substituer de la rente 3 p. 100 ?

Il est vrai, continue la *Presse*, qu'il y a *dérogation complète à la loi, puisque celle-ci interdit toute affectation des deniers publics à des entreprises particulières* quand le Corps législatif ne s'est pas prononcé; ainsi les 50 millions prêtés à l'industrie nationale pour l'aider à passer du régime de la protection à celui de la liberté commerciale ont été votés par les Chambres.

Mais, dans la circonstance, il paraît que LA RAISON D'ETAT ne permettait pas de laisser périr des Sociétés qui réunissent les capitaux de tant de milliers de familles.

Est-ce assez clair ? voilà que les croupiers de la finance, après avoir mis la main dans la bourse des particuliers, doivent, *par raison d'État*, puiser à discrétion dans les caisses publiques. M. Mirès, non-seulement trouve la chose naturelle ; il en demande l'extension à toutes les entreprises compromises ; et quelle est la Compagnie qui n'a pas plus ou moins ruiné ses actionnaires et obligataires ?

Quelle morale tirerons-nous de cet ensemble de faits ? continue la *Presse*. — Toujours la même ; c'est qu'on ne peut laisser périr, sans danger pour la sécurité publique, les nombreux intérêts qu'on a laissé grouper autour du Crédit mobilier. Le temps des reproches est passé ; il est évident que si l'on eût pu supposer quel usage le Crédit mobilier devait faire des immunités et des facilités qui lui ont été accordées, cet établissement n'aurait jamais existé ; mais *maintenant que le mal est fait*, il ne faut songer qu'à le réparer, et *on ne doit reculer devant aucun moyen*, si extraordinaire qu'il paraisse, si ce moyen ne blesse ni l'équité ni l'intérêt public.

Plût à Dieu que cette nécessité de *protéger ces espèces de mineurs, les actionnaires*, eût été reconnue de tout temps, et eût été prise comme règle de conduite! on n'aurait pas précipité dans une catastrophe sans excuse les intérêts si nombreux que réunissait et abritait la *Caisse générale des chemins de fer!*

Si les administrateurs du Crédit mobilier, de la Société immobilière, du Crédit foncier, etc., etc., comprenaient combien une réparation accordée aux actionnaires de la Caisse générale des chemins de fer serait utile dans l'intérêt général, et combien elle ferait renaître la confiance que l'on poursuit vainement, il y a longtemps déjà que cette réparation serait en cours d'exécution.

Le gouvernement s'y serait prêté facilement, si les hommes qui approchent fréquemment l'Empereur lui en avaient démontré l'équité.

La loi a prévu le cas où *la fortune des mineurs* aurait été gaspillée ; elle a toujours rendu *les tuteurs* responsables, jusqu'au bagne inclusivement, en cas d'abus de confiance ; jamais elle n'a dit que l'État rembourserait les détournements. Mais du moment que le Trésor venait au secours du Crédit mobilier, pourquoi refusait-il son concours à la Caisse générale des chemins de fer? Les actionnaires de M. Mirès étaient aussi intéressants et aussi besogneux que ceux de M. Péreire. La thèse Mirès est la légitimation du banditisme financier : elle est révoltante, mais elle est logique, tant il est vrai qu'il suffit de proposer la généralisation d'un faux principe pour en démontrer l'odieux et l'absurde.

XIV

Comment le public, souscripteur pour 1 milliard et demi et garant pour 4 milliards envers les chemins de fer, bailleur de subventions et de priviléges, endosseur d'une partie des mécomptes de la spéculation, est servi par la féodalité à laquelle il a fait de si riches cadeaux, c'est ce qu'il est facile de lui montrer ; car le monopole ne prend même plus soin de dissimuler ses visées.

Le rapport de la Compagnie du Midi, en 1858, formulait ainsi ses doléances :

La section de notre chemin de Toulouse à Cette, qui est parallèle au canal du Midi, avait été ouverte le 22 avril 1857. Peu de jours après, le 1er. mai, le canal réduisait ses tarifs dans de très-fortes proportions. Notre exploitation se trouvait presque entièrement paralysée.

La marchandise empruntait la voie d'eau, sans profit pour la Compagnie, *qui la détournait de sa direction naturelle* par des abaissements exceptionnels. Les correspondances maritimes et par voie de terre, que nous avions établies aux points extrêmes et aux points intermédiaires de notre ligne, se trouvaient ainsi disloquées, et nos recettes se dépréciaient de jour en jour, même dans la partie non concurrencée directement par le canal du Midi ; car les efforts qui étaient faits pour conserver les marchandises à la voie d'eau, entre Cette et Toulouse, avaient pour effet de les maintenir sur le canal latéral à la Garonne ou sur le fleuve entre Toulouse et Bordeaux.

Nous avons, le 17 novembre dernier, c'est-à-dire sept mois après les réductions de prix opérées par le canal, appliqué des tarifs réduits sur toute notre ligne de Bordeaux à Cette. Cette réduction, malgré la crise commerciale qui sévissait dans sa plus grande intensité, nous a restitué quelques transports, mais n'a modifié nos recettes que dans de faibles proportions.

En examinant de près cet exposé, on serait peut-être autorisé à conclure que l'entreprise était prématurée : on avait en effet dépensé plus de 100 millions à ruiner l'industrie du canal et à créer un chemin de fer sans trafic, sans revenus : deux voies pour un seul service quand une suffisait. Était-ce d'une économie bien entendue? Nous n'insisterons pas, car toutes les imaginations sont tendues vers le railway et la locomotive. Toujours est-il que la concurrence du canal était facile à prévoir et qu'elle avait été prévue : à preuve que le gouvernement avait donné 35 millions de subvention pour cette partie du réseau. Mais la féodalité, passionnée pour le libre échange quand il s'agit des relations internationales, ne souffre pas de concurrence à l'intérieur. Le gouvernement, — il ne faut plus s'étonner de rien après ce que nous avons vu, — livra le canal pour quarante ans à la Compagnie du Midi.

Nous avons la ferme espérance, continue le rapporteur, qu'au moyen de l'exploitation simultanée du chemin de fer et des deux canaux entre les deux mers, et au moyen de *tarifs équitablement rémunérateurs*, nous allons être en mesure d'établir une classification des transports qui doivent naturellement être attribués aux deux voies. Nous verrons à laisser au canal les matières pondéreuses et à reporter sur le chemin de fer les marchandises qui, par leur nature, demandent plus de vitesse et les soins que cette voie peut plus facilement procurer.

C'est ainsi que nous croyons être assurés de pouvoir

concilier vos intérêts avec ceux du commerce et de la batellerie.

La lutte avec le canal du Midi va cesser, et les *tarifs* de la voie d'eau, comme ceux du chemin de fer, *vont être immédiatement relevés.*

Subvention de 35 millions par le pays sur un seul tronçon;

Garantie de 4 fr. 65 c. p. 100 sur les emprunts;

Garantie de dividendes;

Exhaussement des tarifs par la séquestration du canal :

Voilà ce que la féodalité financière appelle *concilier* les intérêts du commerce avec les siens.

Ainsi, lorsqu'en 1867, le conseil général de la Moselle offrit à l'État de lui avancer 11 millions pour canaliser de suite la rivière, le comité des chemins de fer s'y opposa, parce que la batellerie ferait baisser les recettes et les tarifs sur les lignes de l'Est. Il perdit sa cause en 1867; mais en 1858, son avis eût prévalu; la Moselle lui aurait été abandonnée pour quarante ans, comme le canal du Midi, afin de tuer toute concurrence.

La section du Mans à Angers, livrée à l'exploitation en 1863, raccourcit de 31 kilomètres le parcours de Paris à Angers, Nantes et Saint-Nazaire, sur le tracé par Orléans et Tours. Pourquoi l'État a-t-il subventionné cette construction? C'est qu'apparemment le public en avait besoin, et qu'elle offrait une réduction sur les prix.

Mais l'année suivante, l'administration de la Compagnie d'Orléans vint rassurer ses actionnaires en déclarant que, par un traité passé avec la Compagnie de l'Ouest, il avait été pourvu à ce que les deux tracés ne se fissent pas concurrence.

Ainsi, il ne suffit pas au pays d'avoir payé en espèces et cautionné par milliards; il faut encore que le commerce soit tarifé à outrance. On prend aux contribuables les frais de construction d'une ligne raccourcie; puis, par la coalition des exploitants, on leur confisque le bénéfice du raccourcissement.

Citons encore le rapport de la Compagnie de Lyon en 1857, sur le même sujet :

Il se produisit devant le comité des chemins de fer un système qui consistait à créer une troisième grande ligne se dirigeant vers la Méditerranée et les lignes du Midi, et interposée entre celles de Paris à Marseille et de Paris à Bordeaux. Cette ligne, formée du Bourbonnais, du Grand-Central, devait se prolonger sur Alais et se raccorder à l'ouest avec le réseau du Midi. Les promoteurs de cette combinaison *arboraient ainsi ouvertement le drapeau de la concurrence !*...

Heureusement, la nouvelle combinaison abondait en difficultés. Il fallait, pour la réaliser, reprendre le chemin du Bourbonnais aux Compagnies d'Orléans et de Lyon, qui n'étaient pas disposées à abandonner *sans résistance* (la foi des contrats!) une ligne de défense qu'on n'essayait de leur enlever qu'afin d'en faire *un instrument de concurrence*. Il a fallu revenir à la pensée, seule praticable, d'un démembrement et d'un partage du Grand-Central.

Les lignes *interposées* ont été à peu près construites comme les concurrents l'avaient proposé. L'État, les contribuables y ont prodigué les subventions et les garanties de capital. Mais le réseau, livré aux anciennes Compagnies, est exploité selon le principe des tarifs *maxima*, au lieu d'offrir, par voie de concurrence, des conditions meilleures aux voyageurs et aux marchandises. Le tout sous la garantie et avec privilége du gouvernement.

Et quand on songe qu'il y en a encore comme cela pour plus de quatre-vingts ans!

XV

Grâce à ce système d'amalgamation, de fusions, de concentration, de destruction de la concurrence, tous les transports du pays sont livrés à la taxation arbitraire de six compagnies, qui ajoutent au monopole *légal* la coalition *prohibée*. Le cahier des charges imposé par l'État fixe, il est vrai, un *maximum* de tarif qu'il interdit de dépasser. Mais ce tarif est à peu près celui du roulage ordinaire au temps des malbroughs, en sorte que si les chemins de fer l'appliquaient, les rouliers auraient bénéfice à se rétablir, et la batellerie, là où elle n'est pas tuée, enlèverait tout le trafic.

Force est donc d'aller au dessous. Or, dans leurs réductions, les six compagnies sont maîtresses absolues, chacune sur son réseau. Elles aggravent, elles dégrèvent au gré de leurs caprices ou de leurs intérêts; les lignes sont fractionnées par tronçons; les prix s'abaissent quand on côtoie la rivière; ils se relèvent quand on arrive en plaine, en coteaux ou en montagnes : en sorte que les pays les plus pauvres payent les plus fortes taxes.

Nous prions instamment le lecteur d'étudier avec nous les états comparatifs suivants des prix de transport d'une tonne de blé (1,000 kilog.) sur nos différentes lignes.

Afin de lui faciliter l'intelligence de la chose, nous lui exposerons le sujet sous plusieurs formes. Jamais le gâchis économique n'aura reçu un tel relief.

Le tarif *général* homologué fixe à 10 centimes par tonne et kilomètre le transport des céréales sur toutes les voies ferrées; c'est-à-dire que les compagnies ne peuver dépasser ce maximum de 10 centimes; mais si elles l'appliquaient, elles ne transporteraient point de blé, sauf dans les contrées où il n'existe pas d'autre moyen de voiturage : c'est en effet 7 à 8 centimes de plus que la navigation. Aussi les prix *réellement perçus* sont-ils réglés par des tarifs *spéciaux* dont nous allons exposer l'intelligente et démocratique économie.

Disons d'abord un mot des tarifs spéciaux *temporaires*. Dans les années de disette, il se joue devant le public, à grand renfort de réclames, une petite comédie dont il est temps de dévoiler les ficelles.

Le gouvernement, plein de sollicitude pour les classes souffrantes, s'adresse aux compagnies de chemins de fer; il les prie, les supplie, de consentir *un sacrifice* temporaire en abaissant, durant la période de cherté, jusqu'à 4 et 3 centimes par kilomètre le transport des céréales, fixé légalement à 10 centimes.

Les administrateurs dressent l'oreille, froncent le sourcil, roulent les yeux : la demande du gouvernement, empreinte d'un caractère essentiellement philanthropique, mérite sans doute considération. Toutefois, l'État devra reconnaître au préalable qu'il n'a pas le droit d'intervenir dans la tarification, dès qu'il s'agit de taxes inférieures à celles stipulées au cahier des charges; il proclamera que les directions sont souveraines; que si elles consentent un dégrèvement momentané, c'est par pur dévouement aux intérêts populaires.

Là-dessus, les journaux officieux, flagorneurs du pouvoir, et les journaux d'opposition, inféodés aux compagnies, font assaut d'enthousiasme et se disputent sur le point de savoir à qui le public doit le plus de reconnaissance, des administrations de chemins de fer ou du gouvernement.

Débarrassé de la mise en scène, le dialogue se résume en deux points bien simples.

M. LE MINISTRE DES TRAVAUX PUBLICS. — Il faut abaisser pendant six mois les tarifs de transport des blés.

MM. LES ADMINISTRATEURS. — A votre aise, Excellence; nous les transporterons même gratis, si cela vous convient. Dès que vous nous garantissez 184 millions de revenus annuels, ce que nous perdrons dans le trafic, nous le reprendrons sur l'impôt.

MORALITÉ. — Il n'y a pas d'issue à un problème mal engagé; dès que la viabilité devient matière à revenu, c'est l'inféodation du pays aux concessionnaires. Au lieu d'un dégrèvement, on arrive à un virement de comptes : tarifé au *maximum*, Jacques Bonhomme payait ses transports sur sa consommation; détaxé au *minimum*, il les payera sur ses contributions.

Le tarif temporaire dure rarement plus de quatre ou six mois; il cesse de fonctionner avec la cause qui l'a fait naître, la disette, par exemple, dans le cas que nous venons de citer, une épizootie, une inondation en d'autres circonstances.

Le tarif *spécial* ordinaire, dérogation au tarif *général*

et moins cher que lui, fonctionne en permanence. Il varie de compagnie à compagnie, et même de section à section, sur un même réseau. Exemples :

Sur la ligne de Lyon, 1re catégorie, de Paris à Lyon, embranchements d'Auxerre, de Besançon et du Jura, les prix de transport d'une tonne de blé sont de 6 centimes, quand la distance n'excède pas 50 kilomètres, et de 4 centimes au-delà de 50 kilomètres. — 2e catégorie, de Lyon à Marseille, embranchements de Nîmes et de Montpellier, 7 centimes jusqu'à 50 kilomètres, 5 centimes au delà. — 3e catégorie, lignes du Dauphiné, 5 centimes, quelle que soit la distance.

Pourquoi ces différences ? Serait-ce parce que le trajet au-dessus de Paris est concurrencé par la Seine, et que le principal trafic de la compagnie repose sur les vins plutôt que sur les blés ? Si tel était le motif, il nous donnerait la clé de l'exorbitance des taxes perçues sur l'Ouest, et qui s'élèvent aux chiffres suivants :

9 centimes jusqu'à 100 kilomètres ; 8 centimes de 100 à 200 ; 6 centimes de 200 à 300 ; 5 centimes de 300 à 500, et 4 centimes au-delà de 500.

La ligne de Chartres n'a ni canaux ni rivières en concurrence ; un gros élément de son trafic, ce sont les céréales de la Beauce et les farines.

Sur la plupart des chemins du Midi, le tarif est uniformément de 8 centimes par tonne et kilomètre.

Sur l'Orléans, la taxe est de 8 centimes jusqu'à 100 kilomètres, de 6 centimes de 100 à 250 kilomètres, de 5 centimes jusqu'à 400 kilomètres, et de 4 centimes au-delà de 400 kilomètres. Là où le chemin de fer est concurrencé par la Loire, le prix est uniformément de 4 centimes, quelle que soit la distance, sans préjudice des réductions spéciales, de gare en gare.

Sur l'Est, 8 centimes jusqu'à 200 kilomètres, 7 centimes jusqu'à 300, 6 centimes jusqu'à 500, et 4 centimes au-delà de 500.

Les prix sont uniformes passé 500 kilomètres; mais, à part la compagnie de Paris-Lyon-Méditerranée, les trajets de cette distance sont rares; en sorte que le tarif *minimum* trouve peu ou point d'application.

Après ces prix spéciaux viennent de nouvelles spécialités dans la spécialisation : ce sont les tarifs *de gare en gare*. Ainsi, par dérogation aux conditions précitées, le chemin de fer de l'Est réduit ses prix comme suit pour les grains à destination de Paris et venant :

De Lagny................................	27 kilom.	2 fr.	60
De Meaux...............................	43 —	2	70
De Nangis..............................	69 —	4	45
De Coulommiers........................	71 —	4	95
De Provins.............................	91 —	5	70

Et ainsi progressivement pour quarante ou cinquante gares dénommées. Les marchés que nous venons de cite r appartiennent tous au département de Seine-et-Marne, et sont desservis par les lignes de l'Est; ceux de Melun (44 kil.), Fontainebleau (59 kil.), Moret (66 kil.), Nemours (86 kil.), appartiennent au même département et sont desservis par la ligne de Lyon. Si l'on s'en tenait aux premiers chiffres, les administrés d'un même préfet payeraient ainsi 150 et 200 là où d'autres ne seraient taxés qu'à 100. Il en pourrait résulter des conflits électoraux au jour du scrutin. Est-ce le motif qui a fait établir des conditions particulières à certaines gares?

Peut-être nous évertuons-nous inutilement à chercher des raisons plausibles là où les faits ne relèvent que de l'empirisme, de la sottise ou de la négligence. Il se présente d'autres considérations encore, d'un ordre tout différent : un gros meunier, qui se trouverait être en même temps administrateur prépondérant d'un chemin de fer, ne manquerait certes pas de détaxer les blés et les farines ; de même, un propriétaire de charbonnages exigerait des rabais sur le transport des houilles ; car telle est la sagesse qui mène le monde, et que les Garnier, les Horn, les Baudrillart, les Batbie admirent comme le plus beau produit de nos *libertés* économiques.

Le chemin de fer du Nord ne connait que les tarifs de gare en gare, sans généralités ; il taxe les blés venant sur Paris comme suit :

De Senlis.....................	52 kilom.	2 fr. 10
De Villers-Cotterets...........	76 —	5 50
De Chauny	122 —	7 80
De Saint-Quentin...............	152 —	0 30

Il faut revenir sur nos pas, et, négligeant les tarifs de gare en gare, voir un peu comment se passent les choses dans un rayon de 300 kilomètres autour de Paris, pris pour exemple.

PRIX DU TRANSPORT DE 1,000 KIL. DE BLÉ (VENANT SUR PARIS).

Sur le Lyon.

De 1 à 50 kilom.................	6 cent. par kilom.
Au delà de 50 —	4 —

Sur l'Orléans.

De   1 à 100 kilom............. 8 cent. par kilom.
De 101 à 250   — 6   —
De 251 à 400   — 5   —
Au-delà de 400   — 4   —

Sur l'Est.

De   1 à 200 kilom.... ... . 8 cent. par kilom.
De 201 à 300   — 7   —
De 301 à 500   — 6   —
Au-delà de 500   — 4   —

Sur l'Ouest.

De   1 à 100 kilom............. 9 cent. par kilom.
De 101 à 200   — 8   —
De 201 à 300   — 6   —
De 301 à 500   — 5   —
Au-delà de 500   — 4   —

De ces données se déduit naturellement le tableau
suivant :

PRIX DU TRANSPORT DE 1,000 KIL. DE BLÉ (VENANT SUR PARIS)

	Par le Lyon	Par l'Orléans	Par l'Est	Par l'Ouest
50 kilom.	3 fr. »	4 fr. »	4 fr. »	4 fr. 50
100 —	4 »	8 »	8 »	9 »
150 —	6 »	9 »	12 »	12 »
200 —	8 »	12 »	16 »	16 »
250 —	10 »	15 »	17 50	15 »
300 —	12 »	15 »	21 »	18 »

La Révolution de 1789 avait aboli les douanes provinciales. Est-il nécessaire de démontrer que les tarifica-
tions de chemins de fer les ont rétablies en forme de
péage? Rien de plus naturel que de transformer le tableau précédent en celui-ci, en prenant comme prix de

revient, c'est-à-dire *zéro* de péage, les tarifs les moins chers, ceux de Paris-Lyon.

DROITS DE DOUANE

Établis sur les blés, selon qu'ils entrent à Paris par les portes :

	de Lyon	d'Orléans		de l'Est		de l'Ouest	
50 kilom.	0	1 fr.	»	1 fr.	»	1 fr.	50
100 —	0	4	»	4	»	5	»
150 —	0	3	»	6	»	6	»
200 —	0	4	»	8	»	8	»
250 —	0	5	»	7	50	5	»
300 —	0	3	»	9	»	6	»

Ce que nous disons des blés se produit SUR TOUTES LES DENRÉES.

Il semble qu'avant d'établir le libre échange avec l'étranger, il aurait fallu commencer par l'assurer à l'intérieur ; ou mieux, le lecteur comprendra par les chiffres précités la différence qui existe entre l'ÉGAL-échange, compensateur, mutuelliste, égalitaire, et le LIBRE-échange, empirique, agioteur et prévaricateur.

La seule conclusion à tirer de ce paragraphe, c'est que la vie n'est pas tenable pour un pays dans de pareilles conditions ; il n'est traités ni contrats qui tiennent : quatre-vingt-dix-neuf ans d'un pareil régime ! Mais la nation française serait tuée avant trente ans si elle ne brisait ce réseau d'ineptie et d'iniquité qui l'enserre et la suffoque.

XVI

Les meilleures choses tournent en pourriture aux mains de la féodalité banquière.

Le cahier des charges attaché à chaque concession disait de la façon la plus impérative :

La perception des taxes aura lieu par tonne et kilomètre, *indistinctement* ET SANS AUCUNE FAVEUR.

Pourtant, se dit un jour un administrateur de l'Orléans, M. Didion, un organisateur fourvoyé dans une époque de spéculation parasite, notre réseau du centre traverse les steppes de la Sologne, un pays sans trafic pour notre chemin. Si nous n'aidons pas l'agriculture à s'y développer, elle ne nous donnera jamais de circulation. D'autre part, nous ramenons à vide les wagons qui ont apporté à Paris les bestiaux, les produits agricoles et industriels du Limousin.

Si nous les chargions, au retour, avec les engrais, la chaux, le plâtre, qui abondent à Paris et dans ses environs, nous donnerions aux cultivateurs solognots le moyen de rendre leurs terres productives, et nous nous créerions, d'ici à dix ou vingt ans, du trafic et des recettes pour la compagnie.

Le problème se présente comme des plus simples si l'on peut ne pas appliquer le tarif kilométrique, qui rendrait le transport trop cher. En ce qui concerne le chemin de fer, toute recette de retour est profit, puisqu'il faut ramener les wagons, chargés ou vides.

En conséquence, il proposa d'appliquer aux amendements agricoles une taxe uniforme, très-réduite. Le prix était à peu près le même qu'on déchargeât à Étampes ou à Salbris. C'est ce qu'on nomme un *tarif différentiel*, une dérogation au cahier des charges qui prescrit le tarif kilométrique, *indistinctement et sans aucune faveur*. L'infraction, dans ce cas, était de moralité et d'utilité publiques ; elle ne froissait aucune position, et quoique conçue dans un intérêt commercial bien compris, elle revêtait presque le caractère d'une innovation philanthropique. C'en était assez pour justifier le principe des tarifs différentiels.

Autre chose. La place de Lyon, en communication directe avec Paris, était tributaire, pour ses sucres, des raffineries de la Villette et d'Ivry, qui abusaient de la situation. Nantes, autre grand centre de raffinerie, faute d'une ligne directe sur Lyon, était obligée, pour y arriver, de faire passer ses produits par Paris, ayant à payer tout le parcours entre ces deux villes en plus des industriels de la capitale. Les deux Compagnies d'Orléans et de Lyon s'entendirent pour l'application d'un tarif commun, basé sur la distance à vol d'oiseau de Nantes au chef-lieu du Rhône, comme si la ligne était construite. Malgré un double parcours, les sucres nantais purent arriver à Lyon à peu près au même prix de transport que ceux de Paris. Les raffineurs parisiens s'en plaignirent fort ; mais les consommateurs lyonnais s'en trouvèrent bien. C'était ce qu'on appelle un *tarif de détournement*. Il avait du bon ; c'en était assez pour le légitimer. La taxe kilométrique était démontrée, pour certains cas du moins, tels que ceux dont nous venons de parler, insuffisante et rétrograde. Sa cause fut perdue.

Ce que les compagnies firent de ces deux innovations si morales dépasse tout ce qu'on peut imaginer de haineux et de scandaleux. Livrés à l'arbitraire des administrations, les tarifs différentiels devinrent un moyen de châtiment contre les cités indociles.

Les vinaigreries d'Orléans ont été jusqu'à ces derniers temps une industrie de premier ordre. La réputation dont jouissent ses produits, les récompenses qu'elle a obtenues dans toutes les expositions publiques constatent sa supériorité.

Eh bien! il déplaît au chemin de fer d'Orléans que cette industrie existe à Orléans ; le chemin de fer l'a condamnée à périr, et en effet elle se meurt.

Pour cela, le chemin de fer n'a eu qu'à décréter, par un tarif différentiel, que les vins blancs nantais, destinés à la fabrication du vinaigre, payeraient moins cher pour se rendre à Paris que pour s'arrêter à Orléans. Le fabricant de Paris, qui a ainsi la matière première à meilleur compte, exclut facilement du marché celui d'Orléans, qui se trouve, en outre de cette différence, grevé d'un transport de 120 kilomètres, c'est-à-dire à raison de 4 francs par pièce, d'après le prix du tarif ordinaire. (*Pétition de* 730 *commerçants du Loiret en* 1856.)

Pourquoi cette exécution d'un centre industriel? Parce que les habitants du Loiret s'étaient permis de protester quelquefois contre certains coups d'État de la compagnie du chemin de fer ; parce que l'administration, en développant les industries aux extrémités de ses lignes, favorise les produits qui lui donnent les plus longs parcours.

Les tarifs différentiels sont encore et surtout un moyen de ruiner les transports par eau.

Afin de ruiner la navigation de la Basse-Seine, la Compagnie de l'Ouest accorde aux expéditeurs des tarifs à prix réduits contre l'engagement pris par eux « de ne se servir, sous aucun prétexte, ni directement ni indirectement, d'une autre voie que le chemin de fer ». C'est-à-dire, par exemple, que les commerçants et les manufacturiers qui feraient descendre, n'importe à quel moment, une parcelle quelconque de leurs produits par la Seine, seraient par ce seul fait exclus de la faveur d'opérer, à prix réduits, aucun transport sur les chemins de fer du quart de l'Empire. Ils payeraient en toute circonstance les prix les plus élevés. Voilà par conséquent la navigation du fleuve atteinte, la voilà défavorisée; on se sert d'une foule d'intérêts collatéraux pour l'accabler. (*Pétition de 110 manufacturiers de la Seine-Inférieure en 1856.*)

Voilà donc à quoi servent les 238 millions de subvention et la garantie sur 570 millions de capital consentis par l'État à la Compagnie de l'Ouest !

Nous lisons dans un rapport de l'aministration du chemin de fer du Nord.

La navigation par bateaux ordinaires se fait avec beaucoup d'économie sur les canaux du Nord. Le fret y est à des prix très-bas, et pour entrer en partage dans le transport des houilles, notre Compagnie devait nécessairement renoncer à appliquer son tarif de 10 centimes par tonne et kilomètre, et même consentir, en dessous de cette limite, des abaissements considérables.

Après des études fort approfondies, nous nous sommes décidés à faire construire un matériel de wagons d'une contenance de dix tonnes, et d'un poids mort relativement faible. Nous avons en même temps commandé des locomotives puissantes, de manière à réduire notablement le prix de revient de ces transports effectués par charge complète. Nous avons appliqué, à partir du mois d'août 1852, un tarif pour la houille et le coke, combiné de façon à nous assurer des transports en été sans nous exposer à être encombrés en hiver. C'est à la condition de la durée d'un an, que nous avons accordé des *prix de 3 centimes 1/3 par tonne et kilomètre*, entre la frontière et Paris.

Décomposons un peu les chiffres.

Le matériel des transports de houille fait deux parcours pour une seule recette ; on calcule, en dépense de traction, deux wagons vides pour un plein ; ce qui réduit le tarif de 3 centimes 33 à 2 centimes 22. Si la Compagnie fait ses frais à ce prix, que ne l'applique-t-elle aux céréales et aux marchandises de même nature, taxées couramment de 6 à 8 centimes ?

Mais il faut compter. D'après M. E. Grangez, chef de bureau de la navigation, les frais de transport par eau d'une tonne de charbon de Mons à Paris (350 kilomètres) sont de 9 fr. 63 c., soit 2 centimes 7 par tonne kilométrique, à peu près le prix du chemin de fer. Or :

Le coût kilométrique des canaux est en moyenne de 138,000 francs ; celui du railway dépasse 460,000 fr.

Le bateau est un corps en équilibre ; les wagons et les locomotives écrasent les voies.

Le matériel de navigation est peu coûteux : avec le prix d'une machine de 64 tonnes, on construirait trente bateaux à charbon.

La traction sur eau exige six fois moins d'efforts que

sur les rails, et la vitesse pour cette sorte de denrée n'est pas un élément de richesse.

Donc la Compagnie du Nord, en vue de ruiner la batellerie et de grossir sa recette brute, transporte les combustibles minéraux à perte.

S'il y a déficit au dividende, la garantie du Trésor est là pour le combler.

Les canaux du Nord chargent annuellement un million 700,000 tonnes de houille ; le chemin de fer 1 million environ, au risque de ruiner sa voie et de susciter des encombrements, source perpétuelle d'accidents. Il est impossible de songer à faire transporter 3 millions de tonnes par les railways. Il faudrait creuser le canal s'il n'existait déjà.

Nous livrons ces chiffres à l'appréciation des gens que n'a pas complétement hébétés l'engouement des chemins de fer, et à celle de l'administration des travaux publics, qui semble avoir cru jusqu'ici que la navigation intérieure deviendrait inutile.

Nous empruntons à une excellente note de M. Ferdinand Bouquié, ingénieur civil, les chiffres comparatifs du dernier exercice de la navigation et du chemin de fer du Nord :

La situation faite à la batellerie, dit-il, a permis au chemin de fer du Nord de transporter, en 1867, 805 millions de tonnes kilométriques de houille et de marchandises, au prix moyen de 6 c. 10. La navigation de Mons vers Paris a transporté, en 1866, 371 millions de tonnes kilométriques de houille et de marchandises au prix moyen de 1 c. 78 par tonne et kilomètre.

Il résulte de ces chiffres que, si les 805 millions de tonnes transportées par le chemin du Nord, à 1 kilomètre, avaient pu être transportées par les voies navigables avec une différence de 4 c. 21 par tonne et par kilomètre, le commerce de la France aurait réalisé une économie de 34 millions. Dans le chiffre de 805 millions de tonnes à 1 kilomètre, les marchandises figurent pour 426 millions de tonnes ; le prix moyen perçu est de 8 c. 37 par tonne et par kilomètre.

Pour transporter 805 millions de tonnes à 1 kilomètre, le chemin du Nord emploie 16,275 wagons d'une valeur moyenne de 3,500 francs et représentant un capital de 56 millions; enfin, 402 locomotives à marchandises coûtent en moyenne 90,000 francs et représentent un capital de 36 millions, soit un total de 92 millions.

Pour transporter 805 millions de tonnes à 1 kilomètre avec des bateaux de 250 tonnes faisant dix voyages par an entre Mons et Paris, il faudrait 900 bateaux, représentant un capital de 11 millions, c'est-à-dire 81 millions de moins que pour effectuer les mêmes transports par le chemin de fer.

Le chemin du Nord doit en outre dépenser, tous les huit ans, 38,000 francs par kilomètre pour le renouvellement de ses voies principales, et cela en tenant compte du prix des *vieilles* matières.

En résumé, ce sont les entraves de toute nature s'opposant à la marche des bateaux qui permettent au chemin du Nord de monopoliser le transport des marchandises, de faire payer 400 p. 100 plus cher au commerce, tout en exigeant autant de temps qu'un service de batellerie dans les conditions voulues pour faire régulièrement quatre kilomètres à l'heure.

Une semblable situation est-elle normale? un dépositaire éclairé de l'intérêt public est-il autorisé à la maintenir?

Pourquoi les chemins de fer tiennent à ruiner la navigation, c'est ce qui ressort le plus clairement du fait suivant rapporté encore par M. F. Bouquié :

La Compagnie du Nord faisait payer 28 francs pour le transport d'une tonne de sucre de Lille à Paris. Grâce à l'organisation d'un service spécial et régulier sur les canaux pour le transport des sucres, le chemin de fer a dû réduire ses prix de 15 fr. 50 par tonne, c'est-à-dire de 108 p. 100.

Ainsi, les dépenses d'utilité publique, les services communaux, les tarifs différentiels, les meilleures choses de notre économie, deviennent, aux mains des chemins de fer, un moyen d'extermination pour la navigation et la batellerie, à l'établissement desquelles le pays avait déjà consacré des millions par centaines, et qu'il sera obligé de rétablir un jour à grands frais si la coalition judéo-saint-simonienne réussit à les détruire.

Aux mains d'une administration soucieuse de l'intérêt public, les tarifs différentiels pourraient devenir un moyen de protection en faveur des contrées pauvres, comme dans l'exemple cité à propos de la Sologne (page 122). Le judaïsme et l'enfantinisme en ont fait un moyen d'écrasement pour notre industrie au profit de l'étranger.

Une grande quantité de marchandises françaises payent, sur nos propres chemins de fer, des prix de transport bien supérieurs à leurs similaires étrangers; tels sont les cristaux, les verreries, les peluches de soie, les cuirs ouvrés, la chaudronnerie, la pelleterie, la draperie, la quincaillerie, etc. Ces produits de notre industrie, partant de Metz et destinés à être embarqués au Havre, payent 83 fr. 30 c. par tonne jusqu'à cette dernière ville, tandis que les mêmes marchandises, expédiées directement d'Allemagne, ne payent que 62 fr. 20 c. pour le même parcours.

N'y a-t-il pas dans ce seul fait une flagrante injustice?

Comment pouvons-nous lutter, sur les marchés transatlantiques, avec nos concurrents étrangers, lorsque nos produits arrivent en Angleterre et en Amérique surchargés de frais de transport de 34 p. 100 supérieurs à ceux que payent nos rivaux? Faut-il que nous allions nous établir à l'étranger pour jouir des faveurs d'un chemin de fer *à la construction duquel nous avons contribué par nos impôts?* »

Il ne se passe pas de session que la tribune du Corps législatif ne retentisse de révélations analogues. Ce sont les marchandises de l'extrême Orient, entreposées à Marseille, qui coûtent moins cher pour se rendre à Londres que pour rester en France; ce sont les tissus anglais, débarqués à Dunkerque, qui payent 4 francs de moins pour venir à Paris que leurs similaires de Lille, de Tourcoing et de Roubaix. Ce n'est pas moins qu'un crime de haute trahison envers le pays.

XVII

Malgré l'emploi à contre-sens que font les Compagnies des tarifs différentiels, l'administration supérieure ferme les yeux en considération des biens qui pourraient en surgir; mais sur les conditions de faveur, elle se montre intraitable. L'article 48 du cahier des charges ne comporte ni commentaire ni interprétation :

La perception des taxes, dit-il, se fera indistinctement et sans aucune faveur. *Tout traité particulier*, qui aurait pour effet d'accorder *à un ou plusieurs expéditeurs une réduction* sur les tarifs approuvés, *demeure formellement interdit.*

Il est stipulé encore : Quand une réduction a été consentie à un ou plusieurs expéditeurs, elle doit être accordée à tous ceux qui la réclament.

Les pétitionnaires du Loiret dénonçaient déjà l'abus en 1856 :

Une maison a obtenu, pour le transport des sels, une remise sur le tarif ordinaire si considérable, qu'elle lui assure le monopole de la vente du sel sur tout le littoral de la Loire, depuis Nantes jusqu'à Nevers. Des traités analogues existent pour le transport des grains.

Les manufacturiers de la Seine-Inférieure disaient encore :

Dernièrement la compagnie de l'Ouest a soutenu devant le tribunal de commerce de Rouen qu'elle a le droit de réclamer d'un constructeur du Havre un prix de transport que le tarif régulier porte à 10 fr. 50 c. entre ce port et Rouen, tandis qu'elle n'exigeait d'un autre constructeur de la même ville, au même moment, pour le même parcours, pour une marchandise de même nature et de même classe, que 4 fr. 55 c.

Ces tarifs différentiels arbitraires, ces traités de faveur, de même que les inégalités de taxes relevées au § 15, ne sont pas moins, sous une autre forme, que le rétablissement des douanes intérieures de pays à pays, d'usine à usine. Le gouvernement, harcelé par la clameur et le scandale, prit un jour sa grosse voix : J'interdis ! Mais il n'osa ajouter à l'interdiction une sanction pénale. Aussi les traités particuliers fleurissent-ils plus que jamais; seulement ils sont secrets; ils fonctionnent sous le couvert du bureau des détaxes.

Quand des expéditeurs ont surpris une fraude, ils ne sont point admis à la dénoncer au procureur impérial; ils ont seulement recours à la justice civile, sous forme d'une demande en répétition et en remboursement du trop-perçu. Les compagnies de l'Est et du Nord ont dû restituer ainsi, en 1867, des centaines de mille francs; c'est autant de moins au dividende, et, dans ce cas, la garantie d'État vient indemniser les actionnaires du préjudice à eux causé par leur administrateur infidèle. C'est toujours au contribuable que revient la réparation des mécomptes et des méfaits des barons du privilége.

Quant au coupable, toujours bénéficiaire, pour tout ou partie, de sa forfaiture, il n'encourt aucun châtiment, ne rembourse ni ne restitue; il reste en fonction, prêt à recommencer, sauf à s'entourer de plus de discrétion une autre fois, ou à renvoyer encore aux contribuables le coût de ses détournements, puisque telle nous a été faite *la loi de répartition*. Il importe d'appuyer d'un exemple cet exposé aussi vrai qu'invraisemblable.

Le 17 janvier 1868, la première chambre civile de la Seine condamnait les compagnies de l'Est, de l'Ouest et du Nord à payer à MM. Contet-Muiron, Delarsille-Fassin, Wagner et Deulin, des dommages-intérêts (à établir par état), pour préjudice à eux causé par suite d'un traité de faveur consenti à M. Luzzani sur le transport des vins de Champagne. Le 26 décembre suivant, la cour impériale de Paris confirmait en ses dispositions principales le jugement de première instance.

Il n'a pas fallu moins de dix ans pour arriver à découvrir la fraude et en obtenir la répression.

Les demandeurs avaient la certitude, d'après les agissements de Luzzani et ses prix courants, qu'il jouissait d'une détaxe clandestine. On n'est pas longtemps à s'apercevoir d'un fait pareil sur une place de commerce telle que Reims. Mais comment se procurer la preuve que le traité de faveur existe et fonctionne?

M. Contet-Muiron écrit, le 7 septembre 1858, au chef du bureau commercial du chemin de l'Est :

Je viens vous réclamer l'application des divers tarifs d'abonnement que vous avez avec M. Luzzani, votre agent. Il va sans dire que je me conforme par avance aux conditions se rattachant auxdits traités.

Le lendemain le chef du service commercial répond :

Nous avons l'honneur de vous informer que M. Luzzani n'a souscrit à aucun tarif d'abonnement de la Compagnie.

Le 28 septembre 1858, après deux lettres du 2 et du 6 restées sans réponse, M. Contet-Muiron fait sommation par huissier à la compagnie du Nord :

De vouloir bien appliquer à son profit les divers tarifs et traités d'abonnement qui sont accordés à divers commissionnaires de roulage, et notamment à M. Luzzani, agent de la compagnie de l'Est, à Reims.

La compagnie du Nord nie à son tour l'existence des traités de faveur.

Le 28 juillet 1858, le même M. Contet-Muiron adresse une réclamation analogue à M. Werlé, administrateur du chemin de fer des Ardennes.

Le 10 août, l'ingénieur en chef directeur de la ligne répond, en prenant sa plus grosse voix :

Pour que M. Contet-Muiron eût le droit de se plaindre, *il faudrait qu'il prouvât* que la compagnie fait à M. Luzzani ou autres des concessions sur son parcours, et que, tout en exigeant de lui 7 fr. 10 cent. pour le transport de Reims à Rethel, elle ne perçoit de ses concurrents qu'un prix moindre. Aucune concession semblable n'a été faite, aucun arrangement de ce genre n'a été pris au nom de la Compagnie avec aucun de ses correspondants. On peut l'attester de la manière la plus formelle, et M. Contet-Muiron peut être mis au défi de fournir une seule preuve de ce qu'il avance.

Le 12 novembre 1859, M. Delarsille-Fassin adresse par ministère d'huissier sommation à la compagnie du Nord d'avoir à le faire jouir des traités d'abonnement consentis à Luzzani.

Attendu, dit l'exploit, que les traités d'abonnement sont mis en vigueur *sans aucune publicité*, qu'il n'a pas été de la volonté du requérant d'en réclamer plus tôt le bénéfice, etc.

La compagnie du Nord persiste dans son système de dénégations. Celle de l'Ouest fait mieux : au cours d'un premier procès (décembre 1864), elle se drape dans sa dignité offensée.

Aucun avantage, dit-elle au cours de ses conclusions,

n'a été fait par la ligne de l'Ouest au sieur Luzzani et aux expéditeurs de Reims. La Compagnie ne pouvait pas, *sans enfreindre les règlements*, SANS MANQUER A LA JUS- TICE, leur faire les concessions particulières qu'ils sollicitent.

Tant d'assurance ou tant d'impudence ! C'était à forcer les convictions les plus récalcitrantes, jusqu'à ce que la preuve fût faite contre les effrontés. Or, le moyen, je vous le demande, d'enlever aux archives des menteurs cette preuve qu'ils vous somment d'apporter contre eux !

Pourtant les pièces sortirent un jour, sans effraction ni escalade, de leurs casiers si bien gardés. Comment cela se fit ? Voici ce qu'en rapporte le mémoire auquel nous empruntons ces faits :

En 1865, à la suite de vifs débats qui eurent lieu au Corps législatif entre MM. Jules Brame, Pouyer-Quertier et Delebecque, et dans lesquels les premiers reprochaient aux compagnies leurs agissements illicites et ruineux pour le commerce, des lettres anonymes furent adressées à M. Léonard, qui a fondé, depuis plusieurs années, à Paris, un bureau de réclamations contre les chemins de fer, ayant pour but de réunir et de défendre les intérêts individuels lésés par les compagnies. M. Brame reçut également des lettres de cette nature et les remit à M. Léonard. Ces documents sont au dossier.

Il n'y a que deux pièces ; mais elles sont écrasantes.

La première est une lettre adressée par le chef du contrôle de la compagnie du Nord à l'ingénieur en chef. Nous en extrayons les principaux éléments de preuve :

Monsieur l'ingénieur,

En vertu d'arrangements qui remontent au mois de

mars 1859 (décisions du comité des 1er et 29 mars 1859), les compagnies des Ardennes et du Nord accordent à M. Luzzani, sur les marchandises de première et deuxième série qu'il confie au chemin de fer (vins de Champagne), des remises calculées de la manière suivante :

1re zone, 25 centimes par 100 kilogs et 50 centimes par 100 bouteilles.

2e zone, 40 centimes par 100 kilogs et 75 centimes par 100 bouteilles.

Les remises pour la première zone sont partagées également entre les deux compagnies ; les remises pour la deuxième zone sont partagées dans la proportion de la recette effectuée par chaque compagnie.

D'un autre côté, la compagnie de l'Est a accordé à M. Luzzani, pour le même exercice 1861, les remises suivantes (*suit le détail*) s'élevant à 20,713 fr. 50 c.

La compagnie de l'Ouest accorde également à M. Luzzani une remise sur les vins en destination de Rouen et du Havre.

(Le total des remises par les trois compagnies s'élève pour 1861 à la somme de 32,848 fr. 70 cent.)

Signé : Delebecque.

La seconde pièce est une lettre adressée de Châlons, le 9 août 1865, par l'inspecteur principal de l'exploitation des chemins de l'Est, au directeur. Elle prouve seulement qu'à cette époque les détaxes continuaient de fonctionner au profit spécial du sieur Luzzani.

En présence de preuves aussi accablantes, après dix ans de dénégations et de mensonges, la pudeur publique dit que les compagnies auraient dû s'incliner, présenter leurs excuses et payer les indemnités légitimement dues, tâchant de couvrir par une réparation tardive et par le silence la honte de leur situation. Mais le sens moral est imcompatible avec les monopoles. Il y a donc eu procès en première instance et en cour d'appel. Les moyens de défense opposés par les compagnies sont dignes de leurs actes et de leur gestion. Nous relèverons les plus cyniques.

Aux demandeurs les compagnies opposent la prescription triennale; elles prétendent que la revendication intentée contre elles est une action civile *née d'un délit*, et devant se prescrire par trois ans, comme l'action publique elle-même.

Nous ne qualifierons pas un pareil moyen de défense. Nous profiterons seulement de l'occasion pour avertir le public que les actions de ce genre se prescrivent par *trente ans,* non par *trois.* Avis aux commerçants et aux industriels; qu'ils gardent soigneusement leurs lettres de voiture; elles contiennent peut-être, sans qu'ils s'en doutent, les éléments d'un établissement pour leurs enfants et successeurs.

Les compagnies demandent encore que les deux pièces faisant preuve contre elles soient supprimées aux débats, parce qu'elles ont été soustraites par une sorte d'abus de confiance. Si le tribunal et la cour avaient admis une pareille prétention, il n'y avait plus de recours possible, même contre le crime, dès qu'il s'agissait de sociétés monopoleuses.

En ce qui touche la lettre de Delebecque déposée au greffe, dit le jugement de première instance;

Attendu que la compagnie du chemin de fer du Nord sollicite non-seulement la restitution, mais encore la mise hors du débat de ce document;

Attendu que la compagnie justifie de la propriété de

cette pièce, et qu'il y a lieu d'en ordonner la remise entre ses mains;

Mais attendu que cette lettre, écrite par le chef du contrôle à l'ingénieur en chef, n'est point une lettre confidentielle; qu'elle constitue une dépêche administrative dont le tribunal aurait pu exiger la communication si les demandeurs, au lieu de la produire eux-mêmes, par une voie *irrégulière et répréhensible*, en avaient simplement démontré l'existence dans les bureaux de la Compagnie;

Que la mise hors du débat serait une vaine formalité de procédure, puisque la justice aurait le droit d'ordonner la production des livres et de la correspondance; qu'il n'y a donc pas lieu de rejeter des débats ladite lettre.

Le tribunal s'est montré sévère contre l'honnête homme inconnu qui avait révélé des manigances réprouvées par la morale autant que par la loi. Nos lecteurs souhaiteront avec nous qu'il trouve beaucoup d'imitateurs. Le commerce et l'industrie devraient avoir des places réservées par préférence aux employés intègres qui leur rendent de pareils services, et qui compromettent leur position dans les compagnies en démasquant l'iniquité.

XVIII

Si nous avions écrit deux ans plus tôt ce tableau de notre économie politique sous l'empire, le livre, malgré la précision des renseignements et la gravité des chiffres, aurait été rejeté comme un roman calomniateur de la nation, de ses chefs et de ses institutions. Est-ce que jamais les journaux, d'opposition ou de satisfaction, avaient rien raconté de pareil? L'enthousiasme au sujet de notre régime industriel et financier n'était-il pas à l'unisson dans les feuilles de toutes nuances? On se divisait seulement sur la politique; comme si l'économie et la politique d'un État pouvaient marcher à rebours l'une de l'autre sans aboutir à une dissolution?

Depuis, des plaintes sont parties de haut; des satisfaits se sont retournés en mécontents. La vivacité des réclamations semble s'être justement accrue en raison du mutisme antérieur. Au moins MM. Rouher et Forcade rendront-ils à nos députés d'opposition dite démocratique cette justice, qu'ils n'ont jamais mêlé leur voix aux revendications du domaine économique, bien qu'elles aient pris le pas en 1868 sur les discussions de la politique pure, et qu'il y eût de la popularité à recueillir.

Et voilà justement ce qui devrait ouvrir les yeux au pouvoir, n'était les Gérontes.

Le secret de cette prospérité originelle de l'empire est maintenant percé à jour. Les prorogations et concentrations de monopoles, la nation rivée à la Banque jusqu'en 1897, au Crédit foncier pendant quatre-vingt-dix-neuf ans, aux chemins de fer pour encore trois quarts de siècle, avec subventions et garanties par milliards, disent bien haut que la période d'efflorescence n'a fait qu'escompter l'avenir de trois ou quatre générations. D'après le principe que toute action surmenée appelle une réaction équivalente, la chute a été terrible.

Où sont-ils, ces cours de 86 francs sur le 3 p. 100, de 107 francs sur le 4 1/2, de 76 francs sur l'Italien, de 4,600 sur les actions de la Banque, de 1,760 sur le Crédit foncier, de 1,982 sur le Mobilier, de 1,060 sur l'Est, de 896 sur le Midi, de 990 sur l'Ouest, de 700 sur l'Immobilière, de 900 sur le Mobilier espagnol? Où sont les 8 milliards de plus-value engloutis? Où, la fortune des porteurs de 90 valeurs *sans revenus* dont nous donnions jadis le tableau hebdomadaire? Qui donc, à raison de ces hauts cours, peut se flatter d'avoir des revenus à 5 du 100? Combien de valeurs se maintiendront? combien iront rejoindre les Mouzaïa, les Ports de Brest, les Chemins romains, espagnols et portugais? La sécurité des actionnaires de nos entreprises réputées les meilleures, — nos chemins de fer, — ne réside plus aujourd'hui dans le trafic, malgré les milliards de subvention ; sans la garantie *effective* du Trésor, sans les revenus pris chaque année sur l'impôt, trois Compagnies sur six seraient déjà à la mer.

Est-ce qu'il est possible de ressusciter cette fantasmagorie, de rallumer ce feu d'artifice dont il ne reste que la hideuse carcasse? Avons-nous encore quelque chose à escompter? Quand on transformerait les concessions séculaires en perpétuelles, obtiendrait-on 10 p. 100 de hausse pendant trois mois? Non, non, la ribotte est finie, et il nous reste à laver les écuelles.

Nous ne savons si le travail, enserré dans les cent monopoles dont nous venons d'esquisser les allures et les prélèvements, pourra vivre ; peut-être le mieux serait-il de commencer immédiatement la démolition de l'édifice si imprudemment élevé depuis 1852, et de rendre la production à son autonomie. Personnellement, l'empereur doit avoir assez de la Banque, de la Bourse, des Compagnies anonymes, des juifs, des saint-simoniens, des prorogations, fusions, subventions, garanties, des entreprises de chemins de fer, des Sociétés de gaz, de

Docks, de Petites-Voitures, de Crédit foncier, de Mobilier, d'hôtel du Louvre et de Grand-Hôtel, des Messageries nationales et des Transatlantiques. Rien de tout cela n'était dans sa tradition avunculaire et ne touche à la gloire militaire, à la revanche de Waterloo ni aux frontières du Rhin. Il a cru, sur la foi de l'avidité bourgeoise, qu'une fois les intérêts matériels gavés, il lui serait loisible de vaquer à son aise à la réalisation de l'*idée napoléonienne*.

L'empereur s'est trompé de date et de milieu. L'édifice économique, simple accessoire dans ses visées, est devenu le principal, le tout de son règne. La guerre, toujours funeste, même aux vainqueurs, affaiblit à peine les nations *vivant de la propriété*, comme était l'Europe continentale au commencement de ce siècle; elle épuise *celles qui vivent d'échange et de circulation*. La Russie est sortie moins fatiguée que nous de la campagne de Crimée; les Mexicains n'ont même pas eu à se défendre pour nous forcer à la retraite; nous avons pris Pékin à peu près sans coup férir, et nous sommes revenus moins riches qu'avant; l'expédition d'Italie nous a coûté un demi-milliard et ne nous a laissé ni alliés, ni auxiliaires, ni traité de commerce; la guerre de Rome n'a à nous offrir de compensations que dans le domaine du spirituel. Bref, partout nous nous sommes couverts de gloire, mais aussi de dettes et d'emprunts.

Supposez une campagne victorieuse sur le Rhin; c'est encore au moins 1 milliard à ajouter à la dette consolidée : des bras de moins au travail, des taxes de plus à l'impôt; se figure-t-on qu'on imposerait à la Prusse vaincue 20 milliards de contribution de guerre pour racheter la France de ses monopoles? Les populations annexées seraient-elles d'un grand allégement à nos indigènes en prenant leur part des charges dont nous écrase la féodalité industrielle, si l'on songe surtout que leur conquête aurait fait inscrire en surcharge au grand livre plus de 50 millions de rentes annuelles?

Tout cela, sans doute, est prosaïque comme un théorème de comptabilité. Mais l'ère des épopées est finie, et le sublime touche de près au ridicule; il faut nous résigner à n'être que des producteurs, sous peine de devenir des misérables.

Le problème économique, oublié pendant l'orgie saint-simonienne, a reparu depuis deux ans, et surtout en 1868, avec une énergie dont on n'avait pas eu d'exemple depuis vingt ans; il est revenu, non plus sous le couvert des communistes, des socialistes, des partageux et autres gens de rien. C'est à la tribune du Corps législatif qu'il a fait explosion et porté ses sommations. Ses prôneurs appartiennent aux plus hautes positions du pays; ils se nomment Pouyer-Quertier, de Janzé, Brame, Kolb-Bernard, Lespérut, Thiers, de Tillancourt, tous, sauf un, candidats officiels ou agréables. Le diagnostic est unanime : sous le poids des priviléges intérieurs de Banques et de chemins de fer, le travail national ne peut se suffire; encore moins peut-il lutter avec l'étranger.

Les ministres prépondérants se sont émus, non pour aviser aux périls signalés dans la situation, mais pour remplacer, aux élections, les protestants par des muets, la franchise par l'obéissance. Serait-ce que le pouvoir se trouverait atteint au premier chef du mal que nous avons appelé la *gérontocratie?*

CHAPITRE III

DÉPRESSION MORALE. — LA MÉDIOCRATIE : UN ÉTAT
DANS L'ÉTAT. — LES CODES DE LA MÉDIOCRATIE
CONTRE LE PUBLIC ET CONTRE SES SALARIÉS.

—

§ 1er. — AVEUX CYNIQUES

I

Le gouvernement en France ne peut pas s'habituer à
n'être que le mandataire de la nation. Il tient à former
classe et caste à part, ayant des intérêts distincts, con-
tradictoires de ceux des citoyens. Il est entrepreneur
d'une foule de choses qui ne le concernent pas ; aussi
se montre-t-il, dans ses concessions de monopoles, aussi
avide de priviléges que prodigue du bien de la collectivité. Ainsi, il dispose des capitaux des caisses d'épargne,
d'amortissement, des dépôts et consignations, des retraites, de la dotation de l'armée, comme un banquier
qui ferait du roulement. Il oblige les compagnies tonti-
nières à placer leurs fonds de garantie en rentes d'État.
Il stipule avec la Banque de France des conditions pour

ses comptes courants, ses avances, ses émissions de bons
du Trésor ; il a exigé qu'elle lui prêtât son nouveau capital contre de la rente 3 p. 100. Il maquignonne avec les
chemins de fer, avec les paquebots subventionnés, des
détaxes pour le transport de ses agents, de ses troupiers, de ses dépêches.

De même la Ville de Paris, en consentant le monopole
de la compagnie du gaz, s'est fait un prix de 15 centimes le mètre cube contre 30 centimes qu'elle impose
aux particuliers. Puis vient le cahier des charges où la
multiplicité des contraventions lui permet de payer la
plus grosse part de sa consommation en procès-verbaux.

Ces stipulations sont toujours l'occasion d'une comédie
bien connue. D'une part, les juifs crient qu'on les
écorche, qu'on les jugule ; ils parlent de renoncer aux
concessions tant elles deviennent onéreuses, d'abandonner la partie, de laisser le pays et le pouvoir aux chances
de leur malheureux sort. L'État, de son côté, fait l'aus-
tère, l'intraitable ; il tient bon, il prend sa grosse voix.
Les claqueurs donnent le signal, et sur toute la ligne on
applaudit au désintéressement des écumeurs d'affaires, à
la fermeté du ministre et aux avantages que le public
retirera de la convention. Au fond, tel message que le
gouvernement fait transporter *gratis* en Orient ou en
Amérique revient à *sept cents francs* aux contribuables.
Il n'y a aucun rapport entre l'exorbitance des avantages
faits aux monopoleurs et les maigres services publics auxquels on les astreint. C'est ce qu'on appelle brûler une
forêt pour cuire un œuf.

Telles sont les prodigieuses combinaisons économiques
de la médiocratie, grande ennemie des idéologues.

Si le gouvernement, le plus souvent, n'a pas conscience de ce qu'il fait, il n'en est pas de même des concessionnaires. Il faut les entendre, quand ils sont en petit comité, quand ils rendent compte à leurs associés de la façon dont ils ont sauvegardé les intérêts de la caisse. Écoutons un moment le rapporteur de la Compagnie d'Orléans à l'assemblée du 20 avril 1853, au sujet des fusions :

Reportez-vous de quelques années en arrière, et supposez un instant qu'au lieu de vous concéder, en 1838, une ligne de 133 kilomètres, l'État fût venu vous dire :

L'entreprise que je vous propose s'étendra sur 1500 kilomètres de longueur totale; elle touchera par trois points à l'Océan; d'un autre côté elle aura, vers la Méditerranée et le Levant, un débouché qu'il ne sera au pouvoir de personne de lui fermer, car j'assure, par des mesures spéciales, la neutralité du tronc commun qui doit lui servir de prolongement dans cette direction. Elle reliera Bordeaux à Lyon, Nantes à Marseille, Paris au centre de la France et à la double frontière du midi, embrassant dans son réseau des provinces aussi importantes par le nombre de leurs populations que par la variété de leurs produits. Cette entreprise, déjà aux trois quarts exécutée, vous l'exploiterez pendant un siècle, avec une seule et même administration, un seul et même matériel, une seule et même direction. Les résultats paraissent devoir en être très-avantageux : néanmoins, *pour parer même aux chances les plus imprévues, je garantis, pendant cinquante ans, un intérêt de 4 pour 100 sur 150 millions de capital,* soit une annuité de 6 millions.

Si l'État, messieurs, vous eût fait, il y a quatorze ans, une pareille proposition, l'auriez-vous acceptée? Sans aucun doute : cette proposition eût paru excellente à tout le monde.

9

Eh bien, ce qu'on n'a pas fait il y a quatorze ans, *parce que* (il fallait dire *quoique*) les capitaux étaient timides, *parce que* les grandes combinaisons n'étaient .pas mûres, *parce que* l'expérience n'avait pas suffisamment éclairé les esprits, peut-être aussi *parce que* l'industrie privée inspirait alors plus de défiance que de sympathie, il s'agit de le faire aujourd'hui, et dans des conditions de succès beaucoup plus sûres, puisque l'évaluation des produits, au lieu d'avoir pour base de simples probabilités, repose sur des faits acquis et sur des données certaines. Ce grand parcours qui touche à la fois au centre et au midi, à l'est et à l'ouest, il ne tient qu'à vous de vous le donner, car le Gouvernement a déjà décrété les concessions qui doivent le compléter, et nous vous apportons les traités par lesquels les compagnies maîtresses d'une partie du réseau consentent à vous en faire cession.

Si, pour arriver à la situation qui vous est proposée et qui offre tant de garanties à tous les intérêts, il fallait vous condamner, messieurs, à des sacrifices considérables, votre conseil d'administration aurait hésité peut-être à vous conseiller l'opération. *Mais ici point de sacrifices ! Loin de là,* chance aussi assurée que possible d'améliorer encore, et dans une proportion notable, *l'entreprise dont vous avez déjà lieu d'être si satisfaits !*

La *Note* que nous vous avons fait distribuer, dès les premiers jours de ce mois, contient à cet égard des indications dont tout le monde a pu contrôler l'exactitude. Elle vous a montré qu'en retour des concessions qui vous ont été demandées, il vous a été accordé de larges compensations.

Ainsi, d'une part, vous abandonnez certaines clauses de votre ancien cahier des charges (1);

(1) Il n'est pas inutile d'être renseigné sur les *concessions* demandées à la compagnie et les *bonifications arrachées* par le Gouvernement.

« ART. 4. — L'État est exonéré de l'obligation qui lui est imposée par l'article 2 du cahier des charges d'établir une gare spéciale à ou

Vous versez 16 millions dans les caisses de l'État;

Vous contractez l'engagement d'èxécuter, *avec l'aide des localités*, le prolongement de Poitiers sur la Rochelle et Rochefort.

Mais, d'un autre côté, vous obtenez sur le centre trois prolongements qui avaient été vainement sollicités jusqu'ici, *et qui s'exécutent dans les conditions de la loi de 1842*. Les 16 millions versés par vous au trésor en assurent le prompt achèvement, et rapprochent le moment où ils vous donneront des produits.

Vous obtenez, pour l'ensemble de vos concessions, pour la ligne même d'Orléans, qui date de 1838, une jouissance de 99 ans à partir de 1852. En d'autres termes, vous gagnez sur le chemin d'Orléans une prolongation de 13 ans; sur le chemin du Centre une prolongation de 59 ans; sur les chemins de Nantes et de Bordeaux une prolongation de 49 ans, et toutes les sections nouvelles que vous aurez à exploiter vous sont également livrées pour 99 ans.

Vous obtenez, en outre, d'une part, que la faculté de rachat ne s'ouvre pour l'État que quinze ans après l'achèvement de tous les prolongements projetés; d'autre part, qu'elle ne puisse s'exercer que sur toutes les sections de l'entreprise à la fois : ce qui est une garantie, sinon contre le rachat même, du moins contre ce qu'il pourrait avoir de dangereux.

près d'Orléans pour le service du chemin de fer du Centre, et il demeure affranchi de la redevance qu'il payait pour l'usage de la gare d'Orléans. — Il est également dispensé de construire les ateliers de Vierzon. — En outre, la compagnie ne pourra réclamer de l'État, à l'expiration de la concession, le remboursement des dépenses qu'elle aurait faites pendant la durée du bail pour augmenter le nombre ou l'étendue de ses gares, stations et ateliers.

« Art. 6. — La Compagnie sera tenue de transporter les troupes de toutes armes voyageant en corps au quart de la taxe du tarif.

« Art. 7. — Le transport des dépêches sera gratuit, sauf entre Paris et Orléans.

« Art. 8. — *Les voitures de troisième classe seront couvertes et fermées à vitres.* »

L'État s'était réservé un droit de participation dans les produits nets, au-delà de 8 pour 100 sur les chemins du Centre et de Bordeaux ; au delà de 6 pour 100 sur le chemin de Nantes. *Vous obtenez que cette clause de partage soit supprimée,* du moment où ces diverses lignes font partie de l'association ; et pour les concessions nouvelles, *aucune clause semblable n'est introduite dans le décret.*

En vous raccordant au chemin d'Avignon, qui assure la jonction de votre réseau avec la Méditerranée, vous obtenez des conditions telles que, du côté de la Bourgogne, aucun empiétement préjudiciable à vos intérêts ne saurait même être essayé. Il y a plus : vous obtenez que, pour les relations entre Paris et Lyon, le Bourbonnais et la Bourgogne ne puissent se faire *une guerre de tarifs,* l'égalité des taxes totales à percevoir sur les deux voies étant désormais établie en principe.

Enfin vous obtenez le renouvellement pour cinquante ans, et pour toutes vos lignes, de la garantie d'intérêts portant sur un capital de 150 millions.

Toutes ces concessions, messieurs, ont une importance que personne ne peut méconnaître. *Elles compensent largement,* comme nous le disions tout à l'heure, celles qui ont été demandées à la Compagnie.

Vous remarquerez que parmi ces dernières, c'est-à-dire parmi les charges que la Compagnie a dû accepter, figure l'obligation d'exécuter l'embranchement de Poitiers à Rochefort et à la Rochelle. Or, d'une part, cette obligation s'atténue de 10 millions, quant à la dépense, ainsi que l'a expliqué la *Note* qui vous a été adressée (1) ;

---

(1) La *Note explicative* s'exprime ainsi :

« La dépense à faire pour le prolongement sur la Rochelle et Rochefort s'atténue :

« D'abord de 4 millions, qui devront être fournis par les localités ;

« Ensuite de 6 autres millions représentés par le maintien des anciennes conditions du transport des dépêches sur la ligne de Paris à Orléans, transport qui, aux termes du nouveau cahier des charges aurait dû être gratuit, et qui continuera, par exception, à être payé à la Compagnie à raison de 300,000 francs par an. »

d'autre part, elle s'atténue encore par la perspective des produits que cet embranchement, d'après les études les plus récentes, paraît devoir ajouter à ceux de notre exploitation générale; de sorte qu'en définitive, et si les prévisions sur lesquelles nous avons compté se confirment, l'embranchement dont il s'agit, *au lieu d'être une charge pour la Compagnie, constituerait plutôt une source nouvelle de bénéfices.*

On doit donc tenir pour certain que la combinaison autorisée par le décret du 27 mars réalise une grande pensée d'utilité publique, *non-seulement sans imposer des sacrifices aux actionnaires d'Orléans, mais* AU CONTRAIRE, *en ajoutant à la solidité et à l'importance de leurs revenus.*

De pareils panégyriques sont la honte d'un pays.

Le rapporteur de la Compagnie de Paris à Strasbourg appréciait ainsi en 1846 l'importance de la concession, qui n'était alors que de 43 ans 286 jours.

Sur toute la ligne principale et sur l'embranchement de Reims, l'État prend à sa charge les *trois cinquièmes* de la dépense. Nous sommes affranchis des difficultés et des chances de l'expropriation. Nous n'avons pas contre nous *l'inconnu,* qui est toujours une menace dans l'exécution des grands travaux publics, et les dépenses qui sont à notre charge, pour la formation de la voie, peuvent être évaluées avec certitude. Nous n'avons pas de remboursements à faire à l'État, et la seule condition qui nous soit imposée, est de livrer à la fin de la concession le chemin de fer et ses dépendances en bon entretien.

Et en 1847 :

Lors de la présentation de la loi aux Chambres, le gouvernement a estimé que les travaux à sa charge sur la

ligne principale pourraient être évalués à 110,200,000 fr.
pour les 540 kilomètres.

Depuis, le gouvernement, qui n'a cessé, nous aimons à
le répéter, de faire preuve d'une *sollicitude éclairée* pour
les grands intérêts que représente le chemin de fer de
Paris à Strasbourg, a bien voulu faire droit à nos réclamations et à nos demandes, *alors même qu'il en pouvait
résulter pour lui un surcroît de dépenses.*

Mais admettons, Messieurs, que la dépense à la charge
de l'État ne doive pas dépasser les 110,200,000 francs
prévus. *C'est un capital considérable que nous n'avons
pas à rembourser ;* et nous avons, pendant près d'un demi-
siècle, l'exploitation d'une ligne de 662 kilomètres d'étendue, qui aura coûté 235,200,000 fr., sur lesquels nous
aurons engagé 125 millions.

A l'expiration de la concession, le chemin de fer fera
retour à l'État, sauf notre matériel roulant, qui reste notre
propriété, et qui nous sera remboursé à dire d'experts.

Telle est l'exploitation dont un décret du 25 mars 1852
a prorogé le bail à quatre-vingt-dix-neuf ans, à courir
du 27 novembre 1855.

II

C'est dans les contestations entre monopoleurs qu'il
faut chercher la mesure vraie de l'intérêt public et du
souci qu'en prennent les concessionnaires. Il s'est élevé
à ce sujet, en 1862, une querelle homérique entre les
deux compagnies des chemins de fer du Midi et du Paris-
Lyon-Méditerranée : ferait-on une ligne *directe* de Cette
à Marseille, par le littoral, raccourcissant de 45 kilomètres le trajet déjà en exploitation par Nîmes et Mont-

pellier, appartenant à la seconde Société? ou bien se contenterait-on de la ligne *brisée*, sans lui créer de concurrence? Les parties contendantes ameutèrent le tiers de la France : elles provoquèrent les pétitions, les délibérations des chambres de commerce, les vœux des Conseils généraux. Ce fut plus grave que la dispute des Capulets et des Montaiguts.

Jamais les *génies* de la construction et de l'exploitation ne furent tutoyés avec plus d'impertinence. Le clan de Lyon-Méditerranée démontra que les raccordements par elle proposés coûteraient au plus de 24 à 30 millions, tandis que les projets du clan adverse atteindraient 70 millions; différence, 40 à 46 millions.

Les évaluations du trafic touchent à l'ânerie, se dit-on de part et d'autre : selon les comptes de la Méditerranée, ils n'atteindront pas 10,000 francs par kilomètre; d'après les chiffres du Midi, ils dépasseront 41,000 francs; soit 31,000 francs d'écart entre les deux appréciations : grave enseignement pour le public, s'il veut bien réfléchir que l'on se lance à la tête, réciproquement, comme sanction et preuve de véracité, l'autorité de maîtres ès-sciences chemins de fer, tous maîtres, également maîtres, et maîtres au même degré.

Le prix *académique* du tournoi appartient sans conteste à la compagnie du Midi, beaucoup plus forte *en discours français* que la Méditerranée. Il faut voir ses emportements, ses évolutions, sa turbulence. Aucun moyen d'attaque ne lui échappe. Il s'est produit devant le Corps législatif une opinion favorable aux prétentions de la compagnie de Lyon. Que vaut cette opinion? se demande M. Peut. Et il conclut aussitôt :

Quelques mots prononcés à la tribune du Corps législatif, en réponse à une interpellation de l'honorable M. Roulleaux-Dugage, par M. Noubel, député de Lot-et-Garonne et maire d'Agen, et par M. Eschasseriaux, député de la Charente-Inférieure, ont découvert le plan d'attaque adopté par une compagnie dont ces messieurs paraissent vouloir se constituer les défenseurs.

Il n'y a rien là, du reste, que de fort naturel.

On sait que M. Noubel doit en grande partie sa position à l'influence, très-puissante à Agen, de M. S. Dumon, ancien ministre et président du Conseil d'administration du chemin de fer de Paris à la Méditerranée, et que M. Eschasseriaux est le neveu de ce dernier.

Le Midi n'est pas absolument satisfait d'une délibération de la chambre de commerce de Marseille. Aussitôt M. Senès prend la plume :

L'extension indéfinie de la compagnie de la Méditerranée, dit-il, ainsi que des sociétés qui convergent autour d'elle, a produit, par la force même des choses, une espèce de clientèle semblable à celle qui entourait les patriciens de Rome. Cette clientèle se retrouve partout, même dans les corps administratifs. Nous ne voulons pas la juger, nous ne faisons que constater son existence ; et d'ailleurs cette existence n'est due qu'à la loi naturelle qui amène vers un centre puissant les intelligences et les sommités de tout ordre. Aussi ne sommes-nous pas étonné de rencontrer dans le sein de la Chambre de commerce, dans le corps qui réunit l'élite de nos concitoyens :

Un membre à la fois vice-président du conseil d'administration de la société des Docks et administrateur des services maritimes des Messageries impériales ;

Un membre conseiller de direction des Forges et Chantiers de la Méditerranée, propriétaire de mines de lignite à Fuveau ;

Le frère d'un administrateur de la société des Docks.

Indépendamment de ces affinités directes avec la compagnie de la Méditerranée, nous rencontrons dans le sein de la Chambre :

Un membre qui représente à Marseille la maison de Rothschild, si étroitement unie à la compagnie de la Méditerranée ;

Et un membre faisant partie du conseil de surveillance d'une société de cabotage entre Cette et Marseille.

Que ces hommes jouissent à juste titre de la considération générale, nul ne le conteste. Nous applaudissons à leur intelligence, à leur expérience des affaires et à leur intégrité bien connue.

Mais n'est-ce pas une erreur, tout au moins des électeurs, que de confier la défense de leurs intérêts, dans des questions pouvant toucher tous les jours à la compagnie de la Méditerranée et à ses dépendances, à des négociants, banquiers ou armateurs qui doivent se trouver en opposition avec leurs propres intérêts? La loi civile permet la récusation ou le renvoi d'une affaire judiciaire devant un autre tribunal, lorsque les juges sont parents ou alliés des parties jusqu'à un certain degré, à plus forte raison quand ils sont intéressés dans cette affaire. N'est-ce pas ici le cas d'une espèce de parenté financière, qui aurait dû amener l'abstention de la plupart des membres de la Chambre de commerce ?

Il y a plus : cette Chambre possède, comme être moral, des actions des Docks, qu'elle a reçues pour sa part de propriété dans la société des Bassins de radoub, et nous avons dit l'intime liaison qui existe entre les Docks et la compagnie de la Méditerranée.

Et c'est une Chambre, placée dans de pareilles conditions, qui aurait la prétention de chercher la vérité dans la question soulevée par l'enquête des chemins de fer ! Mais, avec l'impartialité la plus entière, elle ne peut la trouver, et la trouvât-elle d'ailleurs, sa parole perd son autorité. On dira toujours qu'entre la vérité et son appré-

ciation, il a pu se placer fatalement un écran, un nuage :
l'intérêt privé. Vous avez beau étouffer sa voix, vous avez
beau le dominer de toute la hauteur de votre intelligence
et de votre esprit de justice : l'intérêt personnel s'insinue
malgré vous dans vos consciences, il obscurcit votre vue,
il oblitère vos convictions!

Ainsi le Lyon représente une coalition d'intérêts
privés peu respectables. Le Midi seul incarne en lui le
désintéressement et l'amour de la patrie. Depuis cette
époque, trois Pereire, ses administrateurs, sont devenus
députés, et M. Senès s'est naturellement gardé d'accuser
d'erreur le choix des électeurs, nommant « des mandataires dont l'intérêt personnel peut se trouver en antagonisme avec celui des mandants ».

La compagnie de la Méditerranée, passant outre à ces
digressions personnelles, prend résolûment le mal par
les cornes ; le commerce et la concurrence sont sacrifiés
sur la ligne de Bordeaux à Cette.

Nous sommes autorisés à affirmer, dit-elle, qu'entre les
mains de la compagnie du Midi, les tarifs du chemin de
fer et des canaux sont combinés de manière à diriger *forcément* les transports sur les chemins de fer.

La voie navigable y est complétement sacrifiée à la voie
ferrée. Aussi les canaux sont-ils à peu près abandonnés,
et ne conservent-ils d'autres transports que ceux dont le
chemin de fer veut bien leur faire la concession *par pur
respect humain*, et afin de leur laisser *une apparence* de
circulation et d'activité. (Voir nos citations page 110.)

Sur quoi M. Émile Pereire n'hésite pas à se lancer
personnellement et de sa plume dans l'arène :

Et pourquoi, s'écrie-t-il, cette campagne acharnée contre l'exploitation de nos canaux? d'où vient cet intérêt si grand pour le Laguedoc et pour la vallée de la Garonne dont sont animés nos adversaires? qui leur a donné mandat? est-ce le sentiment de leur intérêt? Au contraire, si l'on nous enlevait nos canaux, afin de les affranchir de tout péage, la Compagnie de la Méditerranée serait ruinée; en effet, que l'on transporte à Bordeaux, au prix de 7 fr. par tonne, les vins de Cette, de Béziers, de Carcassonne, de Narbonne, et cet immense trafic, joint aux autres produits du Languedoc, du Roussillon et de la Provence, qui a encombré ses gares en octobre et en novembre dernier, et qui remplit sa caisse, se dirigera sur Paris, non plus par Lyon, mais par Bordeaux, où il empruntera la ligne d'Orléans, ou la voie de mer jusqu'à Rouen; il y aurait, sous l'influence de ce détournement, une diminution de produit pour la compagnie de la Méditerranée de plus de 20 millions par an, c'est-à-dire la représentation d'un capital de 400 millions, car la compagnie de la Méditerranée n'éprouverait pas seulement la perte des produits détournés, mais en outre la réduction des tarifs sur les produits de ces contrées qu'elle parviendrait à conserver sur sa ligne.

Voilà pourtant comment, lorsque la passion s'en mêle, on administre les *intérêts de ses actionnaires*.

Et ceux du public? s'il vous plaît. Sans la séquestration des canaux consentie par l'État au profit des chemins de fer du Midi, le « trafic du Languedoc, du Roussillon et de la Provence sur Paris » économiserait chaque année, suivant l'auteur, 20 millions de frais de transport. Et voilà ce que ne veulent ni les administrateurs du Lyon, ni ceux du Midi.

M. Pereire, terrible dans sa logique, continue :

Le rachat des canaux devrait avoir pour objet la suppression du péage ; or, supprimer les péages, ce serait porter un coup désastreux, non-seulement à la compagnie du Midi, mais aussi à toutes les compagnies de chemins de fer ; car si l'on admettait en principe que lorsqu'une compagnie exploite deux voies de transport parallèles, il faut que l'État s'empare de l'une des deux pour la faire exploiter *sans péage*, afin d'entretenir une concurrence, on serait conduit logiquement à demander que l'État reprît :

A la compagnie de la Méditerranée, une des deux lignes ferrées qu'elle exploite, par la Bourgogne ou par le Bourbonnais ;

A la compagnie d'Orléans, l'une de ses deux lignes sur Tours, par Orléans ou Vendôme ; l'une de ses deux lignes sur Bordeaux, par Angoulême ou par Limoges ;

A la compagnie du Nord, l'une de ses deux lignes de Paris à la frontière de Belgique, par Amiens ou par Saint-Quentin ;

A la compagnie de l'Est, l'une de ses deux lignes sur la frontière rhénane, par Strasbourg ou par Mulhouse.

S'improvisant représentant de l'agriculture, du commerce et de l'industrie, M. E. Pereire dit encore :

Quand, en dehors de ces passions jalouses autant qu'inconséquentes, on examine avec calme, avec impartialité la question de l'exploitation de nos canaux, on reconnaît que *la gratuité du canal n'est pas nécessaire* pour le développement agricole, manufacturier et commercial des contrées du Midi.

Ce n'est pas ce qu'ont prétendu depuis les habitants des pays dépouillés de la jouissance des canaux par leur affermage à la compagnie des chemins de fer du Midi ; au contraire.

Pourquoi cet acharnement contre les canaux du Midi et de la Garonne, inféodés à la voie ferrée? M. Peut va nous faire toucher du doigt les motifs.

Tandis que les autres compagnies n'avaient, dans les voies d'eau qui leur étaient plus ou moins parallèles, que des lignes rivales incomplètes ou impuissantes, le Midi seul trouvait, dans celles contre lesquelles il devait lutter, une concurrence de la nature la plus grave et la plus redoutable. Ainsi :

Tandis que les voies navigables, *parallèles* aux autres réseaux, sauf celles du Nord, sont toutes *paralysées* par des lacunes ou des imperfections qui en gênent et en restreignent l'usage, celles qui font concurrence au Midi sont dans un état parfait et sans aucune solution de continuité.

L'Est est concurrencé par la Marne et le canal de la Marne au Rhin, mais l'innavigabilité de la Marne annulle les bons effets que pourrait produire le canal.

L'Ouest, sur la plus grande partie de son parcours, n'éprouve d'autre rivalité que celle de la voie de terre.

L'Orléans est concurrencé par la Loire et le système de canaux qui se rattache à cette rivière; mais ces canaux, construits à diverses époques et sans esprit d'unité, diffèrent entre eux d'écluses, de largeur, de profondeur, etc., et la Loire elle-même n'est pas navigable dans la plus grande partie de son cours.

Le Nord est concurrencé par des canaux généralement en bon état, mais, comme il va être dit plus loin, ces canaux trouvent dans le transport des houilles un aliment assez abondant pour suffire à leur activité, sans nuire à celle des voies ferrées parallèles.

La compagnie de Paris à la Méditerranée devait rencontrer à son énorme et dangereuse puissance un contrepoids ou modérateur dans la Haute-Seine, l'Yonne, les canaux de Bourgogne et du Rhône au Rhin, la Saône et le Rhône; mais l'état de la Haute-Seine laisse malheureusement beaucoup à désirer ; l'Yonne est même aujourd'hui dans un état voisin de l'état de nature ; la navigation de la Saône est interrompue à la hauteur de Lyon ; le Rhône exige encore des travaux importants, et la barre qui ferme ce fleuve à son entrée dans la mer oppose un obstacle infranchissable à la grande navigation maritime, paralysant ainsi cette grande et magnifique artère qui unit la Méditerranée à la mer du Nord et constitue l'une des plus importantes lignes navigables du monde.

C'est cet obstacle que le canal Saint-Louis a pour but de faire disparaître ; et c'est aussi pour cela que, depuis seize ans, les hommes qui sont à la tête de la compagnie de la Méditerranée ont fait tout ce qu'il leur était possible de faire *pour empêcher l'exécution de ce dernier travail, bien qu'il soit réclamé depuis longtemps*, avec les plus vives instances, *par vingt-deux Conseils généraux, vingt-quatre Chambres de commerce, dix Municipalités*, que toutes les études, toutes les enquêtes, toutes les épreuves administratives lui aient été constamment et unanimement favorables, et qu'il *ait fait l'objet de vingt-trois pétitions* adressées à l'empereur par autant de villes ou bourgs des bords du Rhône et de la Saône.

Vraiment c'est à regretter, devant de pareilles révélations, que les monopoleurs ne se disputent pas plus souvent, ou que leurs querelles n'aient pas plus de retentissement dans le pays. Nous lisons dans une pétition à l'empereur pour la défense du travail national :

Le *Journal des Débats*, dont le dévouement est acquis aux intérêts libre-échangistes, a été amené à reconnaître, dans ses numéros des 4 et 5 août 1858, qu'un établissement français, qui dépense chaque année, pour sa mise en activité, 29,700 francs de houille, ne dépenserait en Angleterre que 7,440 francs en rendant les mêmes produits, et que la création de cet établissement, évaluée

400,000 fr. pour les Anglais, nous revient à 600,000 fr., en raison de la différence du prix de la houille dans les deux pays. Toute la question de la levée des prohibitions se trouve dans le rapprochement de ces chiffres; elle se résume dans le prix du charbon des deux côtés.

La France est tributaire de l'Angleterre pour la majeure partie de ses charbons; cependant notre sol contient 250 mines de houille, riches et puissantes, qui suffiraient, et fort au delà, à notre consommation; mais les frais de transport par les canaux ne nous permettent pas d'exploiter notre richesse houillère; ces voies sont des propriétés particulières (pour la plupart), grevées d'intérêts, de frais, d'impositions, de droits, de péages ou autres qui augmentent la valeur de la houille hors de proportion avec son prix de revient en Angleterre.

La querelle des compagnies du Midi et de la Méditerranée est féconde en enseignements sur le sujet même des tribulations dénoncées par les pétitionnaires. Il ne faut pas que les chemins de fer rencontrent de concurrence. C'est pourquoi là où les canaux sont insuffisants, inexploitables, on les délaisse; là où ils seraient efficaces, on les livre au chemin de fer.

Ce qu'il en a coûté au pays pour s'enserrer dans les étreintes de ce poulpe immense, nous l'avons dit ailleurs. Citons encore ce fait, imputé par l'avocat du Midi à son adversaire :

Pour trois lignes représentant seulement 417 kilomètres, la compagnie de la Méditerranée n'a pas reçu moins de 120 millions de subvention de l'État, soit plus de 287,700 fr. par kilomètre! Et si l'on ne prenait, pour la comparer à celle de Cette à Marseille, que la ligne de Marseille à Toulon, on trouverait pour cette dernière une subvention qui dépasse 447,000 fr. par kilomètre.

Sur notre honneur et notre conscience, nous croyons que ces questions méritaient, au moins autant que le programme de l'Union libérale, d'être discutées dans la presse et à la tribune par les écrivains et les orateurs qui se piquent de porter quelque intérêt au pays, à la démocratie et à la révolution. (C'est le cas de dire qu'ici, *révolution* et *conservation*, c'est tout un.)

III

Si le gouvernement n'a pas toujours la clairvoyance des aliénations du domaine public qu'il consent, la haute banque, en revanche, sait à quoi s'en tenir sur les faveurs qu'elle sollicite. Mais, autre question, de l'ordre purement moral : la féodalité a-t-elle conscience de ses déprédations?

Nous ne le croyons pas. Nulle part, la morgue, l'insolence, la suffisance, l'admiration de soi-même ne sont poussées à un plus haut degré que chez elle. Il faut l'entendre faire son panégyrique.

Les temps que M. Oscar de Vallée a comparés, 1720 et 1857, ne se ressemblent point, dit Mirès. Les illusions éphémères introduites dans un pays qu'avaient ruiné la mauvaise administration comme aussi les malheurs de la monarchie, n'ont pas plus de rapport avec l'immense augmentation de richesse produite de nos jours par le développement du crédit et de l'industrie, que les fortunes des traitants et des agioteurs de la rue Quincampoix n'en eurent avec les fortunes acquises de nos jours par les hommes qui sont entrés dans l'industrie et *se sont dévoués* aux grands travaux d'utilité publique.

Parcourez la rue de Rivoli, achevée en si peu de mois; jetez les yeux sur la carte de nos chemins de fer, et voyez avec quelle activité ont été conduits les travaux depuis l'avénement de la politique impériale.

Franchissez par la pensée la distance qui nous sépare de Marseille. Là, des milliers d'ouvriers conquièrent le lit de la mer, créent des ports, fondent des usines et construisent une ville nouvelle.

Traversez la frontière du Midi ou la frontière du Nord; allez en Suisse, en Italie, en Hongrie; partout vous trouverez en exécution les travaux qui doivent relier tous les peuples par la facilité des communications, et détruire leur antagonisme traditionnel, en substituant partout le règne de la raison à celui des préjugés.

N'y a-t-il donc dans ces travaux ni élévation ni grandeur, et les hommes *roués à cette œuvre* ne méritent-ils aucune considération? (MIRÈS, *Constitutionnel* du 8 septembre 1857.)

Voilà qui est clair : ce sont les financiers qui ont tout fait : la nation, actionnaires, contribuables, clients, ouvriers, ne compte pas. Le béotisme populaire vient en aide à ces prétentions.

Les grandes compagnies se présentent d'abord sous un jour éminemment utilitaire : le bon marché. Jamais on n'a eu le linge, les tricots, les étoffes à meilleur compte. Une maison de banque, une succursale qui se crée dans un centre commercial y développe un mouvement d'affaires et des facilités de transactions inconnus jusqu'alors. Le vulgaire sait une chose : autrefois un voyage de soixante lieues demandait trente heures, coûtait une trentaine de francs, sans compter les frais de route; aujourd'hui on peut parcourir la même distance en huit heures, au prix de 14 francs, sans boire ni man-

ger. L'éclairage au gaz est moins cher et plus propre
que l'huile et le suif. Cela lui suffit. Il ne lui vient pas à
l'idée de s'enquérir si on ne pourrait point établir les
parcours à 2 centimes par kilomètre au lieu de 6, l'escompte à un huitième pour cent, le gaz à 5 centimes le
mètre cube au lieu de 30. Aussi, pendant qu'il n'y a
qu'anathèmes contre les usuriers isolés, le plus grand
nombre en est au lyrisme sur le compte des vastes entreprises. Les journalistes d'*opposition* les plus aimés ont
d'ailleurs popularisé ce thème, dont la propagation vaut
à ses auteurs des mille et mille francs de rente, tandis
que la thèse opposée, celle du désillusionnement et de la
réalité, ne conduit qu'à la prison.

Cependant, qu'est-ce que l'*usurier solitaire*, le trai-
tant de l'ancien régime, le fermier général de l'antique
royauté, le munitionnaire des armées du premier empire,
en comparaison des nababs saint-simoniens? Les premiers mettaient toute leur vie à édifier des fortunes de
quelques millions; c'est par cinquantaines et centaines de
millions que les seconds, en moins de dix ans, ont sup-
puté leur actif. Les merveilles de la force collective, du
groupement des producteurs, de la mécanique, en multipliant les moyens de travail, ont en même temps élargi
au décuple la base de préhension de l'agiotage, de la
spéculation parasite et de l'usure. Ainsi s'explique la
progression du paupérisme, croissant en raison même du
perfectionnement de l'outillage et de l'organisme industriel. Quand à tous ces moyens matériels s'ajoute la pression de l'État au profit de la féodalité, c'est à désespérer
la population travailleuse.

En vain objecte-t-on que les grandes Compagnies sont

l'exception dans notre économie; que le champ de l'initiative individuelle reste le plus vaste. Il suffit, pour que le servage devienne la loi commune, que les engins essentiels aient été appropriés.

On sait qu'on se sert de mercure dans le traitement des minerais d'or et d'argent, dit Michel Chevalier. Les mines de ce métal sont rares; on n'en connaît que deux qui donnent des produits un peu abondants: l'une est la mine d'Almaden, en Espagne; l'autre celle d'Idria, dans la Carniole. Des spéculateurs avisés se sont emparés de ces mines; ils font maintenant la loi aux producteurs de métaux précieux. Par suite de ce monopole, les frais d'extraction de l'argent ont augmenté, depuis peu d'années, de 10 fr. par kilog. Comme nous recevons chaque année 360,000 kilog. d'argent, la France paie à ce titre un tribut annuel de 3,600,000 francs.

La coalition des mines de la Loire, sous le règne de Louis-Philippe, a causé un scandale qui a fait crier jusqu'aux classiques défenseurs du *laissez-faire; le Dictionnaire d'économie politique* écrit à ce sujet :

La seule perspective des bénéfices que promettait l'accaparement des mines de la Loire, a pu faire monter, en quelques mois, des parts d'intérêt, qui représentaient à peine 200 fr., jusqu'à 1150 fr.; des fortunes considérables ont été fondées tout à coup par cette manœuvre.

Rien de plus simple, comme on voit : monopoliser la houille, c'est prélever le tribut sur toutes les industries qui se servent de houille; accaparer le mercure, c'est en même temps et par contre-coup s'annexer le produit des industries qui manipulent les métaux précieux. De même

la Banque, par son privilége, rançonne toute la circulation fiduciaire, et les chemins de fer imposent leurs tarifs
perturbateurs à tout ce qui voyage, hommes et colis. Il
n'existe point d'impôt d'État plus sûrement établi sur
l'ensemble de la production d'un pays.

Belle compensation, après cela, pour les libéraux, de
démontrer que deux épiciers, tributaires de la Banque,
des chemins de fer, des Messageries impériales, des
Transatlantiques et autres rongeurs, conservent toujours
le droit de se disputer 20,000 francs de clientèle dans
deux boutiques distantes de 25 mètres l'une de l'autre!

§ 2. — MYSTIFICATION ET DÉRISION DES POUVOIRS PUBLICS PAR LA FÉODALITÉ FINANCIÈRE.

Notre ridicule infatuation d'égalité se révolte contre
cette accumulation des témoignages de notre vassalité.

Qu'est-ce à dire? Les fortunes, si disproportionnées
soient-elles, ne constituent ni une classe ni une caste.
Heureux et malheureux ne jouissent-ils pas des mêmes
droits civils et politiques? N'avons-nous pas l'égalité devant le scrutin, devant la loi, devant la justice? Qu'est-ce
qu'un privilége borné à la satisfaction des appétits matériels?

Ainsi bavardent nos avocats libéraux, hâbleurs, menteurs, fauteurs de despotisme et de servitude.

Et d'abord, pourquoi ce dédain des intérêts matériels?
Il ne s'agit plus, comme nous l'avons dit, de *riches* et de
pauvres, mais de *richesse* et de *paupérisme*. Le système a donné sa mesure : mortalité de 21,000 enfants

sur 22,000 naissances à Lille en moins de sept ans; *un
indigent sur cinq*, sur *trois* habitants. Si la loi de répartition n'est pas rétablie sur sa base, c'est la mort du
pays, la consomption. La solution du problème est *sociale*, d'intérêt public, non privé, puisque nos multipli-
cateurs de forces et de produits n'aboutissent qu'à nous
enfoncer de plus en plus dans le gouffre de l'indigence.

La caste toutefois comprend la complexité du problème : elle sait qu'un peuple ne vit pas seulement de
pain, mais encore d'indépendance et de dignité; une nation digne dans sa misère, froidement dédaigneuse de ses
exploitants, est une menace, un danger pour toute aristocratie. Aussi, non contente de séquestrer à son profit le
produit collectif, ne néglige-t-elle rien pour broyer les
volontés, démoraliser les consciences, avilir les caractères. Il faut voir comme elle traite tout ce qui l'entoure,
l'État, ses actionnaires, ses clients, ses fournisseurs, ses
salariés.

Cette revue sommaire de l'action saint-simonienne
dans le domaine moral sera un repos pour les lecteurs
qui n'aiment pas les chiffres. Mais que les chauvins
d'égalité passent le chapitre s'ils tiennent à leurs illusions; car nous ne leur avons rien dit encore d'aussi
navrant.

IV

De toutes les collectivités qui peuvent avoir maille à
partir avec la féodalité industrielle, il n'en est point de
plus puissante, de mieux posée pour inspirer le respect

que le gouvernement. Ses complaisances d'ailleurs méritent bien quelque chose de plus que de la déférence. La caste le comprend; aussi est-elle prodigue d'*hosannas* quand le pouvoir consent à rester son humble serviteur. Mais si des hommes d'État osent un jour élever la voix en faveur du droit, rétablir les relations sur le pied de la justice et de l'égalité, il fait beau voir les déchainements.

En 1848, le gouvernement soumit à l'Assemblée nationale un projet de rachat des chemins de fer. Grande fut la rumeur dans les conseils des écumeurs. On se réunit, on délibéra, on protesta. Les boules-dogues montrèrent les dents; les aboyeurs crièrent à la spoliation, au viol. Catilina était aux portes.

Les actionnaires de la compagnie d'Orléans se sont réunis trois fois pendant l'année qui vient de finir. Dans la première assemblée, il s'agissait pour nous de rendre le compte annuel des opérations de la société. Dans la seconde, vous avez fortifié par votre vote *les protestations* dont le conseil avait pris l'initiative contre la mesure du séquestre. Dans la troisième, qui eut lieu sous le coup des vives appréhensions qu'avaient fait naître les projets de rachat, tous les possesseurs d'actions ont été appelés à concerter avec le conseil les moyens *d'assurer la défense de leur propriété.* Espérons que désormais les inquiétudes qui ont provoqué ces deux dernières réunions ne se renouvelleront plus. (Compte rendu de la compagnie d'Orléans en 1849.)

Il n'est sans doute pas un de vous, Messieurs, dit en 1848 le rapporteur de la Compagnie de Strasbourg, qui n'ait pris connaissance du projet de décret présenté le 17 mai, et de l'exposé des motifs qui l'accompagne. M. le ministre des finances cherche à établir trois points principaux :

1° Le droit et la nécessité de racheter les chemins de fer ;

2° La convenance de n'appliquer qu'une seule et même condition de rachat à tous les chemins, sans avoir égard à la différence de leur situation ;

3° La formule du rachat qui, suivant lui, doit avoir pour base le cours des actions et le cours de la rente.

L'esprit public s'est ému de ces *prétentions exorbitantes*, et l'opinion se soulève de toutes parts contre un projet de décret *qui déchire les contrats* (les compagnies de chemins de fer en ont déjà déchiré *huit cents*), et qui, *tout en s'emparant de la propriété*, refuse d'en constater contradictoirement la valeur.

Quelque puissant que soit le concours de l'opinion publique, c'est à vous, messieurs, à *défendre votre propriété*. En principe et en fait, c'est votre intérêt comme actionnaires et comme citoyens, et pour nous vos mandataires, c'est un devoir que nous accomplirons avec énergie.

Les compagnies concessionnaires et adjudicataires des lignes de fer, disent à leur tour les administrateurs des chemins de Bordeaux et de Nantes, croient de leur devoir de protester, comme elles protestent, contre la mesure qui serait prise par le gouvernement de faire passer les chemins de fer dans les mains de l'Etat, considérant cette mesure *comme un excès de pouvoir qui la rendrait nulle et de nul effet ;* se réservant de poursuivre cette nullité par toutes les voies de droit, en en appelant *à la justice du pays.* (Assemblée du 25 avril 1848.)

La foi des contrats ! mais c'est le premier article des Codes barbares et civilisés ; les sauvages de l'Orénoque, les noirs de la côte de Guinée, les insulaires de la Papouasie, les habitants de la terre de Feu, les Patagons, les Esquimaux respectent la parole jurée sans qu'aucune pénalité les y astreigne.

La foi des contrats ! on sait ce que cela veut dire en langage israélite. Le *Répertoire méthodique de la législation des chemins de fer*, publié par le ministère des Travaux publics, dit que « l'ensemble des lois, ordonnances, décrets et arrêtés relatifs à ces voies de communication s'élevait dans les premiers mois de 1864 à près de 800. »

Huit cents remaniements en vingt ans pour des concessions séculaires ! C'est *la foi des contrats* si chaque nouvelle modification amène de la hausse, de la prime, des confirmations, des extensions de priviléges. Avec son milliard et demi de subvention, d'ores et déjà consenti, avec ses 4 milliards d'obligations garanties en intérêt et amortissement, l'État peut bien être considéré comme propriétaire du réseau, où les actionnaires n'ont engagé qu'un milliard et demi. Mais il ne s'agit pas de rachat à prix coûtant ; ce qu'il faut, c'est de l'agiotage pour 2 milliards ; c'est de la garantie de dividende, telle que le jour où la caste aura assez des chemins, elle les repassera au gouvernement au quintuple et didécuple du prix de revient, comme elle a fait des canaux. La foi des contrats, c'est de faire payer *dix* ce qui vaut *un ;* la spoliation, c'est le remboursement simplement intégral, en capital et intérêts. Jamais injonctions des francs seigneurs à la royauté n'atteignirent ce degré d'arrogance.

Et les dix-sept millions comptés en trop, *par erreur,* dans la négociation des bons de délégation de la ville de Paris au Crédit foncier : que vous semble de la distraction ?

V

La juiverie va plus loin dans ses audaces ; elle fait aux pouvoirs publics des farces de Mascarille.

En 1865, la compagnie du Nord proposa au gouvernement un nouveau remaniement de sa concession, — toujours la foi des contrats. Il s'agissait de faire disparaître du cahier des charges la clause de partage, au delà d'un certain chiffre, entre la compagnie et l'État, des bénéfices de l'exploitation.

Il n'y a pas de motif équitable, disait le rapporteur en 1864, pour que la compagnie soit soumise au partage des bénéfices, tout subordonné qu'il soit à une surélévation très-considérable de nos recettes. Ce partage ne pourrait s'expliquer que par une participation effective de l'État aux charges de la compagnie ; il n'a pas de raison d'être en ce qui nous concerne, puisque le Trésor public n'est grevé, dans notre intérêt, d'aucune dépense, d'aucune éventualité de dépense.

Il est vrai que le réseau du Nord n'a pas eu besoin de subvention. Mais que deviendrait son trafic s'il était le seul établi en France, si les lignes de Lyon, d'Orléans, de l'Est, de l'Ouest ne le prolongeaient sur tous les points du pays et ne lui amenaient des transports à suivre jusqu'à la frontière ? La compagnie participe, et d'une façon très-effective, aux dotations si largement prodiguées ailleurs. La condition du partage est la conséquence de cette loi de solidarité hors de laquelle il n'est point de société possible. Jusque-là le rapporteur de la compagnie n'est que dépourvu de sens moral. Voici où commence l'outrage.

La compagnie, pour faire enlever cette clause de partage avec l'État, fit grand charlatanisme de son dévouement aux intérêts du commerce. Elle devait créer une quatrième classe de marchandises (marnes, cendres, fumiers, engrais, pierres, pavés, cailloux, sables, *charbon de terre, coke*), sur laquelle elle consentirait des réductions de tarifs extraordinaires, destinées à enrichir les contrées par elle desservies. Au lieu du prix de 10 centimes par tonne et kilomètre, elle accorderait : 8 centimes pour les distances de 1 à 100 kilomètres, 5 centimes de 101 à 300 kilomètres, 4 centimes au delà de 300 kilomètres.

C'est en 1865 que la compagnie du Nord proposait de transporter les houilles et le coke *au prix de 5 à 8 centimes* par tonne et kilomètre; or, nous avons déjà lu, dans une citation empruntée au rapport de 1856 (p. 126), que, *depuis 1852, elle appliquait le tarif de 3 centimes 1/3.*

La réduction à 4 centimes pour les distances *au delà de 300 kilomètres* est encore plus curieuse à relever; en effet, les points les plus extrêmes de la concession *n'étaient pas alors distants de 300 kilomètres;* nulle part il n'y avait de parcours de cette longueur.

On ne sait en vérité de quoi le plus s'étonner, ou de l'effronterie des écumeurs qui se permettent de faire à un gouvernement de semblables mystifications, ou de l'imbécillité des hommes d'État qui les subissent sans y rien voir. La proposition en effet, approuvée par le comité supérieur des chemins de fer, agréée par le ministre, discutée et votée par le Conseil d'État, qui y joignit un beau rapport approbateur, arriva jusqu'au Corps législatif, où il suffit d'un simple constat pour la faire-rejeter avec le mépris dû à ses auteurs.

VI

Dans toutes ses relations avec le pouvoir, c'est la finance qui fait la loi, quels que soient les arrêtés et cahiers des charges stipulés par les ministres. A cette fin, l'organisation de l'entreprise commence toujours par le gâchis. Qui pourrait définir la situation légale de chaque catégorie de participants aux chemins de fer : actionnaires, contribuables, obligataires, garants d'intérêts? Le même chaos a présidé à la trop célèbre Exposition universelle de 1867.

Abandonnerait-on l'affaire à l'industrie privée? c'était une solution; mais, comme l'observait M. Béhic dans son rapport du 21 février 1865, ce mode de procéder n'est pas dans nos traditions. Restait donc la construction par l'État ou par la ville de Paris, séparément ou en participation; car, comme dit le proverbe, il faut qu'une porte soit ouverte ou fermée. Eh bien, non; nos hommes d'État n'aiment pas les solutions franches. Les fonds furent faits, savoir : 6 millions par la ville de Paris, 6 millions par le Trésor, 8 millions par souscription publique. Quelle était la situation de ces souscripteurs pour 8 millions? Étaient-ce des prêteurs? étaient-ce des actionnaires? commanditaires, participants ou en nom collectif? Il eût été difficile de dire quelle était leur position légale; l'esprit français, peu juridique d'ailleurs, ne s'arrête pas à ces questions de légalité.

Quoi qu'il en soit, l'État gardait la direction absolue; il s'imposait à ses coparticipants (la ville de Paris et les particuliers), sans leur demander l'investiture du scrutin; si ces façons d'agir n'étaient pas absolument régulières, elles étaient du moins dictées par *le bon motif*, comme en témoigne le rapport de M. Béhic.

A Londres, dit-il en effet, la recette principale produite par les entrées a été complétée par divers prélèvements faits au profit de la compagnie sur les entrepreneurs de restaurants, de catalogues et de sept autres services de moindre importance. En 1862, par exemple, ces recettes accessoires se sont élevées à plus d'un million.

Je ne pense pas qu'en 1867, plus qu'en 1855, il convienne de recourir à ces moyens financiers ; ceux-ci ne rentrent guère dans nos traditions. *En organisant des monopoles, ils créent de mauvais services;* ils mécontentent par conséquent le public et nuisent à la principale recette. Ces sortes d'impôts pèsent d'ailleurs en partie sur les exposants ou sur leurs représentants habituels; et il semble peu judicieux de grever ainsi beaucoup de personnes qu'il importe d'attirer à ce grand concours, et qui s'imposent souvent, *par un pur sentiment de patriotisme*, les charges considérables qui en résultent.

La profession de foi économique de M. le ministre, résumée en ces quelques lignes, était on ne peut plus claire : l'industrie privée, visant aux grosses recettes, au produit le plus élevé possible, constituerait, par voie d'amodiation, des monopoles, et amènerait la cherté. L'État, au contraire, pur de toute visée de spéculation, livrant ses services *à prix de revient*, atténuerait les charges et créerait le bon marché.

Pour appliquer ce programme si simple, un décret du 1er février 1865 créa une commission spéciale et investit M. Le Play, conseiller d'État, du titre de commissaire général. M. Le Play avait trempé dans le saint-simonisme; sa nomination était d'un mauvais présage pour le programme ministériel : l'*Exposition à prix de revient*. Le saint-simonisme en effet, en matière de finance, professe qu'il faut pressurer le public à outrance afin d'obtenir le plus fort rendement possible; en administration, il répugne à l'ordre, à la comptabilité, à la précision; il préfère l'arbitraire, la grâce, le bon plaisir, la fantaisie, l'inspiration. Les intéressés aux fondations du Crédit mobilier en savent quelque chose.

Quand il s'agit de sociétés constituées pour cinquante et quatre-vingt-dix-neuf ans, les revendications peuvent rester longtemps à l'état latent, avant de prendre les proportions d'une clameur. Mais pour l'Exposition qui, née en 1865, devait prendre fin en 1867, il n'était pas possible de dissimuler longtemps le vice originel saint-simonien. Aussi, dès les premiers mois de l'année, ce fut un *tolle* général, en France et à l'étranger, contre la commission.

M. Béhic avait voulu conjurer les funestes effets des monopoles et faire l'Exposition *à prix de revient* ; l'honneur du pays, puisque l'État se mêlait de l'affaire, exigeait qu'il en fût ainsi. Il eût été inhospitalier d'attirer les étrangers dans un traquenard. La commission avait reçu mandat impératif à cet égard; on sait comment elle le remplit. Ses affermages, ses constitutions de priviléges soulevèrent l'indignation universelle, jusqu'au jour où, poussés jusqu'au burlesque, ils provoquèrent une hilarité pantagruélique. Il y eut concessions de photographie, de catalogue, de cafés, de restaurants, de concerts, de théâtres, de vestiaires, de water-closets. Cent procès plus ou moins ridicules se greffèrent sur ces monopoles. L'entrepreneur de catalogue défendit à tout libraire d'exposer et de vendre aucun livre, aucun dessin ayant trait à l'exposition; le fermier de l'affichage réclama 300,000 francs de dommages-intérêts à des Anglais qui avaient exposé sous vitrine leurs dessins de mécanique. Il fut défendu aux exposants de faire construire leurs montres par des ouvriers de leur choix, qui leur auraient demandé 80 francs du mètre courant, parce qu'un entrepreneur de menuiserie avait obtenu d'établir ces constructions au prix minimum de 350 francs le mètre, payables d'avance. Le couronnement de l'édifice fut le privilége des tables de café sans chaises et des chaises sans tables.

Dans un pays libre, les faits et gestes de la commission de l'Exposition auraient défrayé cent vaudevilles. La censure en France ne l'eût pas permis. M. Le Play et ses coadjuteurs en furent quittes pour rester, à l'étranger comme chez nous, l'objet de la risée publique. Le gouvernement n'a pas manqué de sentir tout le ridicule et l'odieux de sa position. Mais, nous l'avons dit, quand il se livre à des financiers, il n'est plus maître de rien.

VII

Les prétentions de la séquelle grandissent en raison de la tolérance et de la faiblesse des pouvoirs publics à son égard. L'outrecuidance de la juiverie dépasse tout ce que l'imagination pourrait inventer. Voilà qu'elle a osé enjoindre au gouvernement français de déclarer la guerre. Le fait est assez récent, et l'opinion n'est pas encore complétement remise de l'émotion jetée dans le pays par les écumeurs, au sujet d'une résolution, bien naturelle pourtant, du gouvernement belge.

Un loi, improvisée en quelques jours, défend aux compagnies de chemins de fer de Belgique de disposer de leurs réseaux avec l'étranger et de modifier les clauses de leurs concessions sans l'autorisation des pouvoirs indigènes.

C'est bien ainsi que les choses se passent chez nous : deux sociétés françaises contiguës ne peuvent pas même réunir leurs rails en une seule administration sans l'autorisation du ministre et du Conseil d'Etat. Quel outrage nos voisins nous ont-ils fait en s'appliquant nos principes et notre législation?

Et d'abord de quoi s'agit-il dans l'espèce qui a donné lieu à ce ridicule conflit? Notre compagnie de l'Est a affermé l'exploitation des chemins de fer du grand duché de Luxembourg. Les nababs des deux pays ont traité l'affaire entre eux, comme s'il n'y avait au monde d'autres puissance et convenance que leur volonté. Le gouvernement belge, justement froissé et inquiet, prend une

décision interdisant que de pareilles transformations s'o-
pèrent sur son territoire sans son assentiment. Voilà le
casus belli.

Là-dessus la bande des écumeurs de mettre flamberge
au vent. La Belgique a osé contrecarrer une combinaison
de financiers; ce n'est pas trop de sa radiation de la
carte d'Europe comme expiation. Les journaux du triumvirat, les truchements du Crédit mobilier, les innomma-
bles que nous avons désignés, mis au défi de justifier
de ressources avouables, embouchent la trompette guer-
rière. Saint-Bérain dirige la croisade. Qu'est-ce à dire !
le gouvernement français n'a pas encore rappelé de
Bruxelles son ambassadeur !...

L'opinion, surprise, ahurie par cette explosion belli-
queuse inattendue, à laquelle elle ne comprend rien,
flaire quelque sanglante mystification, quelque coup de
Bourse appuyé du fusil Chassepot. Et de fait, ce n'est
pas autre chose.

La Belgique eût-elle des motifs politiques, — et pourquoi n'en aurait-elle pas ? — n'a pas besoin de les mettre
en avant pour repousser avec horreur l'invasion de nos
financiers; il lui suffit de l'honnêteté et de l'instinct de
conservation. Elle n'a pas, comme nos actionnaires im-
béciles, jeté aux écumeurs deux milliards de primes et
de plus-values pour se donner des chemins de fer; elle a
fait du prix coûtant et du prix de revient.

Vraiment, elle est superbe de présomption, notre compagnie de l'Est, allant porter au delà de nos frontières,
surtout chez les Belges, l'ordre, la régularité, la richesse !
Sait-on à quelles conditions elle exploite en France? Cela
vaut la peine d'être dit :

1º Elle a reçu de l'État 200 millions de subvention absolument gratuite (190,652,153 francs à la fin de 1865); — 2º le Trésor lui garantit près d'un milliard d'emprunts (860 millions de capital et 40,033,000 francs d'annuités au 31 décembre 1865); — 3º elle applique les tarifs les plus élevés; — 4º elle n'a pu distribuer ses maigres dividendes de 33 francs par action qu'en prenant au budget, en vertu de la garantie précitée:

12,758,063 fr. en 1866;

11,734,284 fr. en 1867.

Et l'on s'étonne que la Belgique se barricade contre l'invasion de pareils administrateurs.

Ce n'est pas tout : notre chauvinisme ne permet pas que nous sachions ce qui se passe en bien et en mieux à la porte de chez nous; nous ignorons complétement les conditions de tarif et de trafic des Belges en matière de transports par voies ferrées. Nos Flamands, toutefois, mieux instruits par le fait d'un voisinage immédiat, voudraient qu'à l'encontre des Saint-Bérain et consorts, ce fût le système administratif belge qui envahit la France.

Les petits chemins de fer de la Belgique, dit le rapport de M. Plichon au conseil général du Nord, produisent une recette brute de 16,000 fr. par kilomètre, avec des tarifs *considérablement plus bas que les nôtres.*

Et encore :

Les 3,000 kilomètres de chemins de fer qui sillonnent la Belgique donnent une moyenne de plus de 25,000 fr. par kilomètre, avec des tarifs de marchandises de 25 p. 100 inférieurs à ceux des compagnies françaises, et des tarifs de voyageurs *réduits presque à l'absurde;* en effet, si ces

tarifs étaient appliqués au réseau du Nord, un voyageur
de Roubaix, Tourcoing ou Lille pour Paris paierait, en
1re classe, moins de 7 francs, et moins de 3 francs 50 en
3e classe.

Le trajet qui coûte en France 244 francs n'est payé en
Belgique que 43 francs.

Donc, la Belgique ne veut pas que nos Shylock français aillent instaurer chez elle des aggravations de taxes
de *vingt-cinq du cent* sur les marchandises et de *cinq
cents pour cent* sur les voyageurs. C'est pour cela que
Shylock et Saint-Bérain appellent la France aux armes.

Mais le fin mot de cette tragi-comédie?

En voici la première lettre.

La Compagnie du Guillaume-Luxembourg était constituée au capital de 50,000 actions, émises à 500 francs;
c'est le prix qu'ont payé MM. Prudhomme. Les titres
sont tombés un jour à 100, à 98, à 96. Ce jour-là, Shylock a racheté tout ce qu'il a pu; les 25 millions ne lui
en ont pas coûté 5.

Outre les actions, il existe encore 27,000 obligations
lancées à 425 francs, tombées plus tard à 100 francs,
auquel cours Shylock et Saint-Bérain en ont bourré leurs
portefeuilles, flairant ou couvant d'avance une combinaison.

Le traité de la compagnie de l'Est ne ramenât-il
que le prix de 250 francs sur les titres, ce serait un
boni de 11 millions et demi sur les cours auxquels a
acheté Shylock; si l'on regagnait le pair, le bénéfice
total irait à 25 millions. Déjà, sous l'influence de rumeurs
favorables, et grâce à un habile jeu de ficelles à propos

de ce traité, les actions étaient remontées à 200 francs environ. Que fallait-il pour parachever l'œuvre? Consommer la main-mise sur les chemins belges, *augmenter d'un quart* le tarif des marchandises et *quintupler* celui des voyageurs.

La Belgique refuse de se laisser faire. Et alors les Saint-Bérain, auxquels les douanes du timbre et du cautionnement ont livré l'opinion publique sans défense, enflent leur voix et s'écrient : La France est outragée; l'arrogance du Prussien est devenue intolérable; il faut venger l'insulte faite à notre drapeau!

Pauvre France! jadis soutien des faibles, protectrice des opprimés, toi qui faisais, vingt ans plus tôt, la révolution du mépris pour le seul honneur de la morale et de l'honnêteté, voilà donc à quelles excitations l'infâme juiverie et le saint-simonisme t'ont fait descendre!

Il s'agit de recommencer en Belgique une expédition mexicaine au profit des Jeckers du continent. Un milliard d'emprunt et cent mille hommes tués pour que Shylock gagne 20 millions, voilà ce que la diplomatie d'Israël a appelé le conflit franco-belge! Shylock jadis demandait une livre de la chair de son débiteur; il n'a pas dégénéré.

§ 3. — LA JUIVERIE ET SES POURVOYEURS DE CAPITAUX.

VIII

Lorsque la haute banque se permet de traiter aussi gaillardement les pouvoirs établis, même les plus dociles à ses injonctions, les plus prodigues de faveurs, qui respectera-t-elle? Ses pourvoyeurs de capitaux peut-être? Pauvres vaches à lait! Nous avons écrit un volume de leurs tribulations. Les porteurs actuels, qu'on ne l'oublie pas, n'ont jamais acheté de titres au pair. Ce sont eux qui ont payé aux écumeurs les huit milliards de la razzia saint-simonienne. Leurs revenus, eu égard aux prix d'achat et aux dépréciations croissantes, ne représentent pas 5 du 100. Mais nous n'insistons pas sur ce point de vue, étranger à notre chapitre. Revenons au côté *moral* des relations entre la féodalité et ses clients.

Le *Phare de la Loire* du 2 juin 1866 contenait, en forme de correspondance, les observations suivantes :

Nous profitons du moment où les compagnies, grandes et petites, paient tout à la fois les dividendes de leurs actions et les intérêts de leurs obligations, pour adresser humblement à qui de droit deux ou trois petites questions.

La loi frappe d'un impôt égal et proportionnel toutes les obligations au porteur; la plupart des obligations sont de mêmes coupures : — émises à 300 fr., remboursables à 500, productives d'un même intérêt, 10 fr. par an, 7 fr. 50 c. par semestre.

Chaque compagnie, en payant les porteurs de ses obligations, retient sur la somme l'impôt dont elle tient compte au Trésor. Rien de mieux. Mais comment se fait-il que, l'impôt étant le même, les compagnies n'opèrent point toutes la même retenue? Pourquoi la ligne de Paris-Lyon-Méditerranée, par exemple, retenant 22 centimes par titre, paie-t-elle 7 fr. 28 c. par coupon, tandis que les compagnies du Midi, des Ardennes, du Nord, de Rivoli, ne retiennent que 20 centimes et paient 7 fr. 30 c.? Pourquoi les compagnies d'Orléans, de l'Ouest et la Méditerranée elle-même, sur certaines obligations dont elle est chargée, font-elles une autre variante et paient-elles 7 fr. 29 c. par coupon, au lieu de 7 fr. 28 ou de 7 fr. 30 c.?

Encore une fois, l'impôt étant égal, pourquoi cette différence dans la perception?

En second lieu, quel emploi est-il fait des sommes produites par ces différences? A qui profitent-elles? Est-ce l'État qui perd? Sont-ce les actionnaires qui gagnent? Si l'État supporte une perte, pourquoi la supporte-t-il au préjudice des autres contribuables? Si l'excès de perception profite aux actionnaires, dans quel chapitre de leur comptabilité les compagnies qui en font le prélèvement en font-elles figurer le chiffre?

C'est une somme bien faible, dira-t-on, que 1 ou 2 centimes par coupon. Mais si le chiffre de la perception est minime, le nombre des obligations est grand; et si la quotité de l'impôt n'est vraiment que de 20 c. par coupon, voici ce que les compagnies de Paris-Lyon-Méditerranée, Ouest et Orléans, qui font payer 21 et même 22 centimes, perçoivent en trop :

Paris-Méditerranée, 2 cent. sur 3,600,000 obligations.	72,000 fr. » »
La même, 1 cent. sur 1,183,906 obligations	11,839 » »
L'Ouest, 1 cent. sur 1,856,000 obligations	18,560 » »
L'Orléans, 1 cent. sur 2,222,408 obligations	22,240 80
Total pour les trois Compagnies.	124,639 fr. 80

Ajoutez que cette perception ayant lieu deux fois par an, il faut doubler les sommes qui précèdent; en sorte que les trois compagnies ci-dessus prélèveraient, sur leurs porteurs d'obligations en 3 p. 100, un tribut annuel de 249,279 fr. 60 c.

Le principe du judaïsme, c'est qu'il faut avant tout affliger les citoyens dans leur fortune ou leurs moyens d'existence. On comprend cependant qu'ici la cupidité n'est pas le mobile principal; ce qui importe, c'est d'af-

firmer la caste et de refouler la plèbe. Il y a la loi et
l'impôt pour tous; mais à côté, il y a les règlements de
la bande, l'arbitraire des seigneurs, sans lequel le joug
ne pèserait pas d'un poids suffisant sur les épaules des
vilains.

IX

La position des actionnaires, les *associés* de l'entreprise, est cent fois pire encore que celle des prêteurs.
Les *statuts* excluent de l'assemblée générale les porteurs
de moins de vingt ou quarante actions. En revanche,
l'*usage* y fait introduire toutes sortes de gens en qualité
de claqueurs. Le célèbre procès relatif à la fusion des
Ports de Marseille avec l'Immobilière de Paris a étalé
cette plaie dans toute sa hideur. Des avocats, réputés
démocrates et républicains, ont osé faire l'apologie du
procédé. Dans l'affaire dite Crochard (22 décembre 1866
et 4 janvier 1867), M⁰ Senard n'a pas craint de dire :

On vous a reproduit les indignités avancées par Crochard dans l'affaire des Ports de Marseille; on vous a lu
quatre lignes seulement de l'arrêt de la Cour, celles dans
lesquelles la cour blâme des pratiques *qui jusqu'alors
étaient usitées dans un grand nombre de compagnies*, à
savoir que, pour des délibérations d'assemblées générales,
afin de n'avoir pas à les recommencer par suite de L'IN-
DIFFÉRENCE *de beaucoup d'actionnaires*, on répartissait des
actions dans les mains de représentants, *de gens qui n'en
étaient pas propriétaires*, et qui venaient voter en justi-
fiant de la possession des actions qu'ils tenaient des véritables propriétaires.

Traduisons en politique le principe Senard, et supposons pour un instant l'auteur revenu au ministère de l'intérieur, pendant une période électorale : « *Afin de n'avoir pas à recommencer les élections, par suite* DE L'INDIFFÉRENCE *de beaucoup d'électeurs*, le garde-champêtre rapatriera les enfants, les femmes, les bêtes au besoin, *tous êtres qui ne sont pas électeurs*, pour former le contingent minimum électoral. »

Ce procès et trois ou quatre autres analogues ont donné lieu à des indemnités qui méritent d'être relevées :

A M. Crochard..........................	200,000 fr.
A M. de Chaumont-Quitry...............	200,000
A M. Bouillon.........................	80,000
A M. B................................	87,275
A MM. Paulze, d'Houdetot, de Villars...	383,000
A M. Dubourget........................	572,000
Aux opposants de la fusion............	480,000
Remboursement de 521 actions volées.	300,000
Trois saisies sur un sieur Jolly, chef de claque...............................	3,000
Total.....	2,305,275 fr.

Un chapitre sur lequel les actionnaires n'ont jamais été admis à exercer le moindre contrôle, c'est celui des marchés à fournir et à construire.

La remise faite par l'entrepreneur général aux fondateurs de compagnies, disait en 1856 M. Deplanque, dans l'*Almanach de la Bourse*, va ordinairement à 10 pour 100 du capital à dépenser pour l'établissement d'un chemin de fer.

10 du 100 sur 8 *milliards* déjà engagés dans le réseau, c'est au juste 800 millions de pot de vin, le coût

de 3,500 kilomètres. Nous avons révélé depuis les marchés du Graissessac à Béziers, du Grand-Central, des mines d'Aubin, d'où il résulte que l'évaluation de M. Deplanque est de beaucoup au-dessous de la réalité.

X

Cependant tout le gaspillage ne passe pas en détournements; il y a les fantaisies, la gloriole, *les encouragements au génie.*

Cette insatiable vanité, qui occupe tant de place dans le caractère national, s'est montrée, là aussi, impérieuse, et le législateur a cédé ainsi que l'administration. Cet amour de la fausse grandeur, de la fausse distinction, jadis nous avait fait ouvrir des routes de cent pieds de large, qu'il fallut bien laisser impraticables. Quand donc il fut enfin décidé qu'on ferait des chemins de fer, on ne se posa pas la question de savoir combien la France y pouvait mettre, bon an mal an. On se dit fièrement que le peuple français devait avoir des chemins de fer dans tous les sens, et que, par leur style, les chemins de fer français devaient ne le céder à ceux d'aucune nation. La conséquence fut que l'on commença à la fois un grand nombre de lignes, et qu'on décréta législativement et administrativement un mode d'exécution tout à fait disproportionné avec la somme des capitaux disponibles : ce qui rendait abusive et impossible l'étendue des chemins de fer qu'on avait votés. Voilà pourquoi, avec une forte dépense, nous n'avons que des tronçons sans rapport avec la grandeur du territoire. Nous ne possédons guère les chemins de fer qu'en rêve, parce que c'est à enfanter des rêves que se réduit la puissance de la vanité.

A l'époque où M. Chevalier écrivait ces lignes, le coût kilométrique des chemins de fer était de 463,000 francs. Cependant il s'agissait du réseau le plus productif et le moins coûteux, des voies en plaine, ou parallèles aux vallées, sans tranchées ni remblais considérables. Que serait-ce des réseaux montagneux : de l'Orléans à travers la Creuse, la Corrèze, le haut Limousin ; de l'Est dans les Vosges ; du Midi dans les Pyrénées ; du Lyon dans les Hautes et Basses-Alpes ?

D'après les *Documents officiels* publiés par le ministère des travaux publics, le coût kilométrique était, à la fin de 1865, de :

449,004 francs sur l'ancien réseau,

431,929 francs sur le nouveau.

Il paraît démontré aujourd'hui qu'on aurait pu établir ces lignes au prix maximum de 200,000 francs ; les voies d'intérêt local en donnent tous les jours la preuve. Le chemin de fer de Vitré à Fougères, établi par M. Débauge, est revenu à 67,500 francs par kilomètre.

Ce sont là des combinaisons d'utilitaires et de calculateurs ; pas de monuments, pas d'éblouissements, pas de chefs-d'œuvre grandioses à faire décorer les ingénieurs et les architectes. Combien plus glorieuses sont les fantaisies : des viaducs de 15 millions contre 2 millions qu'aurait coûtés un remblai ; des tunnels qui s'effondrent après avoir valu le grand prix à leurs auteurs ; des travaux d'art dignes d'être reproduits dans les ouvrages et journaux illustrés. On ne marchande pas avec le génie, avec *l'aristocratie de l'intelligence*, palladium de l'aristocratie des écus, toujours odieusement roturière.

Non loin de la Loupe, sur la ligne de l'Ouest, la voie

franchit un ruisselet au moyen d'un magnifique pont biais, en granit d'Alençon, du coût de 45,000 francs; un ponceau droit, en matériaux du pays, eût coûté 2,000 francs et rendu le même service, avec moins de frais d'entretien. La gare de Chartres a été, avant la pose des combles, construite : 1° en pierres de taille et moellons; 2° en pierres de taille et briques; 3° en pierres de taille sans mélange.

XI

Rien ne coûte quand il s'agit d'extravagances. Un de ces illustres à qui les gouvernements et la finance ne marchandent rien, M. Claude Arnoux, devenu plus tard administrateur des Petites-Voitures et grand prix de mécanique de l'Institut, avait inventé un système de trains articulés, considérablement imité du brevet Dietz (1836), destinés à manœuvrer dans les courbes du plus petit rayon. Des galets, roulant obliquement le long de l'intérieur du rail, impriment au convoi *les ondulations du serpent*, selon l'expression des littératuriers : un joujou ruineux en frais de traction et en usure de matériel, payé 125,000 francs à l'inventeur par la compagnie. Si l'idée avait une valeur quelconque, c'était à la condition d'éviter des frais de tranchées et de tunnels, de remblais et de ponts. L'essai eût été à sa place dans les montagnes du Jura, des Cévennes, des Vosges, des Alpes et des Pyrénées : on avait l'embarras du choix.

Mais il s'agit bien d'utilité et d'économie; l'important,

c'était d'exécuter un tour de force, non pas au milieu d'une population campagnarde, inhabile à admirer ; l'essai fut tenté entre Paris et Sceaux, de façon à ne pas échapper aux appréciations de la capitale. Malgré la condamnation de l'expérience, la folie fut continuée plus tard de Bourg-la-Reine à Orsay, puis prolongée jusqu'à Limours. Concession de 80 ans, prorogée à 99 ans, capital de 3 millions, subvention par le Trésor de 2,905,000 francs, garantie d'intérêt sur 4 millions d'emprunt, reprise de la ligne en désarroi et mise en régie par l'Etat ; puis le tout, pour en finir, imposé à la compagnie d'Orléans.

Construit dans de bonnes conditions, *sans ondulations de serpent*, comme l'exigeait le terrain, ce tronçon aurait pu dès l'origine couvrir ses frais et devenir tête de ligne d'une section utile. A moins d'une dépense considérable pour la rectification des courbes, l'invention du grand prix de mécanique est et restera à perpétuité ce qu'elle était dès l'origine, un joujou ridicule, incommode, grossier, brutal, incompatible avec une exploitation sérieuse. Les actionnaires ont-ils jamais réfléchi aux conséquences de ces ruineuses fantaisies? et s'ils y songent un jour, que peuvent-ils pour les arrêter?

La ligne de Paris à Vincennes-Saint-Maur mérite de prendre place à côté de la précédente comme conception industrielle et trait de génie de nos ingénieurs. Elle embarque ses voyageurs à dix ou douze mètres au-dessus du sol ; elle passe en arcades, puis en remblai, sur le faubourg Saint-Antoine, pour aller s'enfoncer en une profonde tranchée avant d'arriver à Bel-Air. La chaussée, à raison de ces dispositions, ne comporte que juste deux voies; pas de gare possible pour les marchandises. Cependant, les promoteurs du tracé avaient eu l'idée sérieuse d'en faire le point de départ de la ligne de Mulhouse. Les 17 kilomètres exploités ont coûté 24 millions, soit 1,200,000 fr. par kilomètre, fournis partie par l'État, partie par les actionnaires de l'Est. Le plus clair du bénéfice est allé aux propriétés situées sur le parcours; les terrains ont décuplé de valeur. Admirable effet de la loi de répartition sous le régime judéo-saint-simonien.

La gare de l'Ouest, boulevard Montparnasse, à Paris, opère absolument dans les mêmes conditions que celle de Vincennes. Elle embarque à 10 mètres environ au-dessus du niveau de la rue.

Les voyageurs, pour peu qu'ils ne soient ni goutteux, ni paralytiques, ni poussifs, ni obèses, ni femmes enceintes, finissent par s'en tirer plus ou moins allègrement. Mais les colis, les marchandises de grande vitesse, il faut absolument les porter au niveau des rails; on a construit à cet effet des prismes quadrangulaires et des plates-formes élevant et descendant perpendiculairement les fardeaux, de vrais bijoux. Puis on a établi, pour les camions, des rampes qui permettent d'escalader la butte à moitié charge. Gaspillage de force et de frais, mais beaucoup de gloire pour les difficultés vaincues, créées à seule fin d'avoir le mérite de les vaincre : voilà qui s'appelle encourager le génie.

La merveille en ce genre est incontestablement le chemin de fer atmosphérique de Saint-Germain-en-Laye, ouvert le 14 avril 1847. L'idée d'employer comme moteur l'air atmosphérique, comprimé derrière un piston ou raréfié en avant, est aussi ancienne que la mécanique. Seulement il faut toujours une machine pour condenser ou absorber l'air. Dès lors, mieux valait, selon Stephenson et les praticiens, faire agir la force directement sur les organes moteurs, au lieu d'interposer un tiers élément, air ou eau. Une grande nation est toujours assez riche pour se payer un essai en petit d'un système quelconque, fût-il réprouvé par la théorie. Ainsi en avaient jugé les Anglais, en établissant la traction atmosphérique sur les tronçons de Dalkey, de Croydon et de Kingstown.

En 1844, MM. Isaac Pereire et Eugène Flachat furent délégués par l'administration de la ligne de Saint-Germain pour aller étudier sur place le nouveau moteur. Ils rapportèrent d'Irlande des études et des dessins tellement complets et minutieux qu'il n'y eut qu'à reproduire trait pour trait chez nous l'expérimentation d'outre-Manche. C'est ainsi que nos illustres du génie deviennent des créateurs, des innovateurs hors ligne.

A Saint-Germain, dit M. Armengaud, on a copié *exactement* le système irlandais; la soupape a été exécutée par MM. Chagot, de Paris, et Joly d'Argenteuil.

Nos députés s'empressèrent de voter 1,800,000 fr. pour essayer l'*innovation*; la ville de Saint-Germain consentit une subvention de 200,000 francs; la compagnie dépensa le double. Les machines de Chatou et du Pecq furent démolies avant d'avoir fonctionné et vendues à un ferrailleur de la rue de Lape. L'essai ne fut maintenu que sur la rampe de Saint-Germain, longue de

2 kilomètres, avec une pente de 3 centimètres et demi par mètre. Il fallait, pour entraîner à très-petite vitesse cinq wagons, deux machines aspirantes de la force de 200 chevaux chacune. Le plus curieux de l'histoire, c'est que, juste au moment où l'on votait en France les fonds de l'expérimentation, les Anglais démolissaient leur tronçon atmosphérique de Croydon comme trop onéreux. Il fallait 6 francs de dépense par kilomètre contre 2 que coûtaient les locomotives.

M. Perdonnet prononce en ces termes, dans sa troisième édition, l'oraison funèbre de cette ruineuse extravagance :

Le système atmosphérique, il y a quinze ou vingt ans, a menacé de détrôner les locomotives. Ses partisans étaient nombreux. Depuis longtemps on a reconnu que pour les lignes faiblement accidentées, dans les conditions ordinaires, ce système est *complétement* impraticable. On supposait que sur des pentes très-fortes, telles que celle établie entre le Pecq et Saint-Germain (3 centimètres 1/2), il fonctionnerait plus économiquement que les locomotives. Une expérience qui a duré *quatorze années* a démontré le contraire.

Les Anglais y avaient renoncé quatorze et dix-sept ans plus tôt, sans y mettre plus d'entêtement.

On vient de mettre fin à cette expérience, et les trains ne sont plus remorqués que par les locomotives. Il est vrai que le système péchait en plusieurs points : 1° le tube étant fixé au-dessus de la voie, il n'était pas possible de remonter plus de 62 tonnes à la fois : ce qui suffisait les jours de semaine, mais était insuffisant les dimanches et autres jours d'affluence, parce que les trains pesaient souvent alors 142 tonnes; il fallait dans ce cas les diviser; la machine fixe en remorquait une moitié, et *une locomotive ordinaire* l'autre moitié; 2° les machines fixes ne travaillant que pendant 6 minutes, à des intervalles assez éloignés, coûtaient fort cher eu égard à leur travail.

Mais ces défauts sont minimes si on les compare à celui d'avoir nécessité des frais d'établissement considérables.

Quant à ce qui est de la traction, on a comparé les frais par convoi et par kilomètre sur le chemin de Saint-Germain, le service se faisant avec des machines fixes ou avec des locomotives, et l'on a trouvé, dans le premier cas, 3 fr. 80 c. à 4 fr., et dans le second 1 fr. 32 c.

Les frais sont donc beaucoup moindres avec les locomotives qu'avec les machines fixes, et si l'on ajoute l'intérêt du capital engagé dans les deux cas, la différence devient énorme.

La machine de Saint-Germain, après quatorze ans d'expérimentation inutile, puisque les Anglais avaient renoncé au système atmosphérique avant qu'il eût fonctionné en France, alla rejoindre, rue de Lape, ses aînées de Chatou et du Pecq, ainsi que les tubes, les pistons et les soupapes. Une seule chose resta de la tentative : c'est que les deux importateurs devinrent, M. Isaac Péreire le premier financier, et M. Flachat le plus grand ingénieur du monde. Coût : 6 millions d'établissement, le triple en frais d'entretien et une dérision comme dernier mot.

Pour prix de ces extravagances, les actionnaires font à leurs nababs des listes civiles princières : un directeur touche 100,000 francs par an; un directeur des travaux, 50,000 francs; les ingénieurs de l'exploitation, chacun 30,000 francs, et les gardeuses de barrières, 10 francs par mois ; les gratifications doublent, triplent les gros traitements, et les caisses de prévoyance écornent les petits ; nous reviendrons sur cette autre variante de la loi de répartition.

§ 4. — LA HAUTE BANQUE ET LE PUBLIC-CLIENTÈLE.

XII

Ne quittons pas les chemins de fer en changeant de paragraphe ; ils sont toujours la mine inépuisable quand il s'agit de vexations et de violations du droit commun.

Le public dont nous allons raconter les tribulations *comme client* est, — ne l'oublions pas, — le même qui, *comme contribuable*, a fourni aux compagnies *un milliard et demi* de subvention (autant que les actionnaires) et garanti *quatre milliards d'emprunts*, sans compter ce que l'avenir lui réserve.

Le plus terrible élément de perturbation pour le commerce et l'industrie, c'est la façon dont les compagnies de chemins de fer appliquent les tarifs différentiels, dont nous avons parlé page 122, en envisageant la question sous un autre point de vue. De Calais à Creil, les denrées encombrantes payent 2 fr. 40 c. par tonne, parce qu'il y a la concurrence de la batellerie ; de Creil à Paris, où l'on n'a plus à redouter la navigation, la taxe se relève à 4 fr. 40 c. De même les compagnies du Midi, de Lyon, de l'Est, de l'Ouest, de l'Orléans, ont des tarifs hachurés par zones et contrées, variant de 50 à

100 p. 100, selon que la voie ferrée est en concurrence ou en monopole. Jamais on n'a vu pareil bouleversement du sens commun et de l'économie sociale : les chemins de fer, créés pour amener le bon marché des transports dans les pays qui n'avaient ni canaux ni rivières, concentrent justement là leurs exactions et leurs perceptions usuraires, réservant leurs détaxes en faveur des habitants des vallées, déjà avantagés depuis des siècles pour leurs moyens de communication.

Après les taxes arbitraires selon les distances viennent les traités de faveur, véritables majorats créés par des administrateurs infidèles au profit de certains favoris, parfois à leur 'énéfice propre au moyen de noms interposés. D'un procès plaidé en 1867, il résulte qu'un maître de forges de l'Est avait obtenu sur ses transports une détaxe de 7 fr. 73 c. par tonne : ce qui lui constituait sur ses concurrents un bénéfice annuel de 750,000 francs. Cet arbitraire a pour résultat de rétablir en France, sous une autre forme, les anciennes douanes provinciales, comme nous l'avons surabondamment établi au précédent chapitre (pages 114-138).

Quand les détaxes sont consenties à l'étranger, au détriment de la France, ce n'est pas moins que le crime de lèse-nation ; il y a plus que de la faiblesse de la part du gouvernement à ne pas réprimer de pareils forfaits. Il existe dans le Code pénal un article 417 qui avait visé ce genre d'attentat :

Quiconque, y est-il dit, dans la vue *de nuire à l'industrie française*, aura fait passer en pays étranger des directeurs, commis, ou des ouvriers d'un établissement, sera puni d'emprisonnement et d'amende.

Qu'est-ce, je vous le demande, que la peccadille ci-dessus relevée à côté des Compagnies taxant à 92 francs les matières premières qui restent en France, et à 80 fr. celles qui vont s'ouvrer à l'étranger ? De Dunkerque à Paris, les tissus anglais payent 22 francs de transport à la compagnie du Nord, tandis que les étoffes fabriquées à Tourcoing, Lille, Roubaix, payent 26 francs, bien que le parcours soit moindre. Il n'y a point d'expression pour qualifier un pareil régime.

Les calicots sont tarifés sur certaines lignes en quatrième classe. — Soit, dit la compagnie, je ne peux pas aller contre le cahier des charges ; j'appliquerai les prix de la quatrième-classe ; seulement je ne garantirai les ballots contre le *coup de crochet* du chargeur qu'à ceux qui payeront les prix de la troisième classe. On a vu ainsi des hommes de peine cribler de trous, dans les gares, les emballages apportés par *les mauvaises têtes*, c'est-à-dire par les fabricants qui voulaient s'en tenir au tarif légal de la quatrième classe.

Et cette vitesse, *cette supression des distances* dont la valetaille littéraire a fait tant de bruit, à la gloire des juifs et des ingénieurs, il faut voir ce qu'elles deviennent aux mains des compagnies. De Marseille à Paris, les chemins de fer prennent vingt jours pour le service de la petite vitesse ; de Paris à Rouen, six jours. Nous avons cité ailleurs un fait : de Corbie à Amiens, *quatre lieues*, quand la remise des marchandises a lieu *sept jours* après l'expédition, il n'y a pas lieu de réclamer d'indemnité ; c'est la mesure du délai légal. Sous Louis-Philippe, le roulage accéléré amenait les cotons en laine du Havre en Alsace dans un maximum de vingt jours, sous peine de retenue. Depuis les chemins de fer, le délai réglementaire va à trente-cinq jours.

Il y a toutefois moyen de s'entendre si l'on veut être servi plus vite : c'est de consentir à payer au-dessus du tarif.

Il reste acquis encore que les usiniers situés sur le parcours d'une voie navigable, pouvant effectuer *complétement* leurs transports par eau, — c'est une condition essentielle, — jouissent à la fois du bas prix et de la vitesse : à la faveur des positions géographiques s'ajoutent celles provenant de la coalition ennemie de la navigation. Toujours aux contrées pauvres les plus grosses taxes et les plus longs délais. C'est navrant.

<h1 style="text-align:center">XIII</h1>

Il n'est sortes de gueuseries que les compagnies n'inventent.

Les bulletins d'expédition portent tous en grosses lettres ces mots : SANS GARANTIE; le chemin de fer refuse de recevoir les marchandises de celui qui ne consent pas à lui donner quitus d'avance en cas de perte ou d'avarie. C'est la révolte ouverte contre la loi, qui dit en effet :

Le voiturier est garant de la perte des objets à transporter, hors les cas de force majeure. Il est garant des avaries autres que celles qui proviennent du vice propre de la chose ou de la force majeure. (Art. 103 du Code de commerce.)

Telle est la loi commune à tous les Français ; mais la loi des Juifs : *Sans garantie ni responsabilité, quoi qu'il arrive*, dit-elle ; et vous signerez, sinon je ne transporte pas ; et comme il n'y a pas d'autre voie que la mienne, je ruine le commerce et la fabrication des récalcitrants.

Citoyens, quand vous entendrez dire que dans une contrée réputée barbare, la population maltraite les juifs, n'en croyez pas un traître mot : ce sont tout simplement les honnêtes gens qui donnent la chasse aux coquins, aux usuriers, aux spoliateurs du travail ; la religion n'est pour rien dans cet acte de haute justice.

La voilà donc, notre juiverie nationale, renforcée du saint-simonisme ; non contents de lui avoir conféré en 1789 l'égalité civile et politique, nous lui avons livré le monopole de nos transports, avec subventions et garanties par milliards. Voilà un mince échantillon de ce qu'elle nous rend en échange. Nous le demandons à tout homme qui n'a pas perdu le sentiment de la dignité : est-il possible qu'une nation vive dans une abjection pareille, courbée sous l'insolence, l'arrogance, la férule et les exactions de ces hordes d'écumeurs, qui, sans invention, sans travail, sans génie, ont accaparé les plus vives sources de la richesse du pays ?

Cependant, disent la morale et le droit écrit, nul ne peut stipuler contre la loi ; toute convention conçue en dehors des conditions communes est nulle et de nul effet. Aussi les tribunaux, quand une revendication leur est soumise, n'hésitent-ils pas à briser ces stipulations d'iniquité, imposées par dol et contrainte. Mais il n'y a pas de sanction pénale, et c'est à recommencer chaque fois.

Tribunal de commerce de Caen, 10 septembre 1859 :

Les chemins de fer, qui ont le monopole des transports, ne peuvent, à l'aide d'une clause de non-garantie qu'ils imposent à l'expéditeur, se dégager de la responsabilité qui pèse sur eux comme commissionnaires de roulage, aux termes généraux de la loi commerciale.

Attendu que la clause de non-garantie exigée par les compagnies, qui exercent un privilége et un véritable monopole, ne peuvent obliger les expéditeurs que dans la mesure du juste et du raisonnable et suivant les cas qui peuvent se présenter ; que ces principes sont d'autant plus vrais, qu'à raison même du monopole exercé par la compagnie de l'Ouest, R. n'a pu donner *un libre consentement* à la clause de non-garantie *exigée de lui*, puisqu'il n'avait pas le choix d'un autre mode de transport.

Cour impériale de Paris, 22 août 1859 :

Les compagnies françaises qui entreprennent des voyages circulaires avec le concours de compagnies étrangères, sont responsables des pertes et vols de colis, même lorsque les effractions ont eu lieu à l'étranger, sur des lignes co-traitantes, pour ledit voyage circulaire, avec la compagnie française.

Tribunal de commerce de la Seine, 8 mai 1856 et 7 septembre 1859 :

Les chemins de fer qui se chargent du transport des bestiaux destinés à l'approvisionnement de Paris, sont responsables de dommages-intérêts envers les expéditeurs, lorsque les bestiaux ne sont pas arrivés en temps utile pour les jours de marché.

Ils ne peuvent invoquer les dispositions de tarifs spéciaux qui les affranchiraient de toute responsabilité à cet égard, *bien que ces tarifs aient reçu l'approbation de l'autorité*, s'ils ne sont pas relatés dans la lettre de voiture, qui seule fait la loi des parties en matière de transport de marchandises.

Il y a dans ce dernier paragraphe une légère censure des empiètements de l'administration ; un arrêt de la Cour impériale de Paris, du 6 janvier 1858, accentue d'une façon très-nette la jurisprudence en pareille matière :

L'autorité *judiciaire* a compétence, *à l'exclusion* de l'autorité *administrative*, pour la solution des difficultés et l'appréciation des modifications de tarifs par les compagnies, à propos des réclamations des expéditeurs.

Cour de cassation, 30 décembre 1857 :

De ce qu'une compagnie de chemin de fer n'est tenue, d'après ses réglements, d'expédier par la petite vitesse les marchandises et les bestiaux qu'elle se charge de transporter, que dans les deux jours de leur enregistrement, il ne s'ensuit pas qu'elle soit dispensée de tous dommages-intérêts pour retard dans l'arrivée des marchandises ou bestiaux expédiés, même dans ce délai, lorsqu'il existe entre la compagnie et l'expéditeur une convention *tacite* par laquelle la compagnie s'est engagée à faire partir les marchandises de façon à les faire arriver à temps au marché où elles doivent être mises en vente. Cette convention peut être prouvée par les présomptions et par tous les éléments de preuve. Les juges ont pu notamment la faire résulter d'une série d'expéditions antérieures, constituant à leurs yeux une longue pratique.

Cour impériale de Paris, 22 et 30 mars 1860 :

Les compagnies ne peuvent refuser de délivrer aux expéditeurs des lettres de voiture stipulant, à titre d'indemnité, en cas de retard dans l'arrivée des marchandises, la retenue du tiers du prix du transport.

Cour impériale de Paris, 7 et 14 décembre 1860 :

Le destinataire est fondé à refuser la livraison et le paiement du transport avant la vérification de l'état intérieur aussi bien qu'extérieur des colis. L'administration ne peut, sur ce refus, faire procéder par experts commis en justice, à la vérification et constatation de l'état des objets transportés.

Cour de cassation, 17 juillet 1861 :

Le destinataire d'un objet expédié n'est pas tenu d'user, pour le transport de la gare à son domicile, du camionnage organisé par la compagnie. Il peut, s'il le préfère, ou retirer lui-même l'objet en gare, ou le faire prendre par un mandataire de son choix, *encore que le bulletin d'expédition porte la mention :* A DOMICILE.

Cour impériale de Paris, 18 mai 1863 :

Lorsqu'un colis égaré par une compagnie n'est retrouvé que postérieurement à l'époque favorable pour utiliser la marchandise qu'il contenait, l'expéditeur peut refuser de le recevoir, même avec offre d'indemnité, et réclamer le prix intégral de la marchandise.

Cour impériale de Montpellier, 18 avril 1863 :

Les compagnies sont responsables de la perte des animaux dont le transport leur est confié, alors même que ces bestiaux ont été placés dans un wagon spécial, *aux risques et périls de l'expéditeur*, si le manque ou la disparition d'une partie des sujets transportés peut être présumée attribuable à la mauvaise disposition du wagon.

Tribunal de commerce de la Seine, 12 novembre 1863 :

Les compagnies sont responsables de la mort des chevaux qu'elles transportent, bien que ces chevaux aient été placés dans des wagons écuries par les employés de l'expéditeur, *et que le règlement adopté par l'administration les affranchisse de la responsabilité à raison des accidents survenus en cours de route*, lorsqu'il est d'ailleurs établi que le train qui les transportait a stationné longtemps sur la voie, et que les chevaux n'ont été l'objet d'aucune surveillance.

Tribunal de commerce de Rouen, 2 novembre 1863 :

Les compagnies sont responsables des avaries survenues en cours de transport, malgré la stipulation de *non garantie* imposée par elles aux expéditeurs.

Une autre clause du Code saint-simonien, inspirée du même esprit de cupidité et de despotisme, c'est celle qui se trouve imprimée sur les bulletins de bagages : « En cas de perte d'un colis, la Compagnie ne répond que de 150 francs pour une malle et de 50 francs pour un sac de voyage; elle ne répond que des objets enregistrés. » Toujours, à côté de la loi faite pour tous, viennent des règlements en dehors du droit commun. Nous n'avons pas besoin de dire que les tribunaux jaugent cette prétention à la même mesure que la précédente.

Tribunal civil de la Seine, 20 février 1856 :

Le voyageur dont la malle a été égarée, a droit de réclamer une indemnité équivalente à la perte qu'il a subie, sans qu'on puisse lui opposer le défaut de déclaration spéciale ; il ne peut dépendre de la compagnie de limiter par un réglement sa responsabilité à une somme déterminée.

Attendu qu'une clause qui limiterait la responsabilité de l'administration ne saurait lier les tiers, qui ont pu l'ignorer, et qui, d'ailleurs, n'ont pas été à même de lui donner une adhésion *libre et raisonnée*, forcés qu'ils sont de subir les exigences de la compagnie.

Tribunal civil de la Seine, 16 octobre 1857 :

Une compagnie est responsable de tout objet qui a été reçu des mains d'un voyageur par un de ses agents, lors même que cet objet n'a pas encore été enregistré. L'avertissement imprimé, aux termes duquel la compagnie déclare ne répondre que des objets enregistrés, *ne forme pas entre elle et le voyageur un contrat* dont l'administration soit en droit d'exciper.

Les compagnies de chemins de fer, dit à ce propos M. le substitut Descoutures, s'attribuent beaucoup de droits qui ne sont pas fondés. Parmi leurs prétentions se rencontre celle de n'être pas tenues de la perte des objets qui n'ont pas été enregistrés. Il faut qu'on le sache bien : *les bulletins imprimés sur lesquels cette prétention est énoncée ne lient pas le voyageur*. C'est la jurisprudence constante du tribunal, et nous tenons à la rappeler. Le seul principe vrai est celui-ci : la compagnie est responsable chaque fois qu'elle peut s'imputer une faute.

La Cour impériale de Paris, par arrêt du 24 no-

: vembre 1857, a condamné la compagnie d'Orléans à payer à un voyageur la somme de 5,700 francs pour perte d'une malle contenant 5,600 francs en or, d'après la déclaration du possesseur de la malle, le colis ayant été perdu ou volé dans un des omnibus de la Compagnie qui conduisent les voyageurs de la gare aux divers quartiers de la ville.

Cour impériale d'Angers, 20 janvier 1858 :

Les compagnies de chemins de fer, nonobstant toutes leurs déclarations et avis imprimés, sont responsables, en cas de perte, non-seulement des effets des voyageurs, mais encore des sommes d'argent renfermées dans les malles perdues, lorsque ces valeurs sont en proportion avec les besoins du voyage et la situation du voyageur. Ces sommes, étant considérées comme l'accessoire indispensable des bagages, ne sont pas assujetties à une déclaration spéciale et au paiement des droits établis pour le transport des matières d'or et d'argent.

Aussi bien les compagnies ne font-elles qu'un acte d'hypocrisie lorsqu'elles déclinent la responsabilité sous prétexte que les valeurs n'ont pas été déclarées et qu'elles n'ont pas payé le tarif spécial. L'administration en effet reçoit des sacs ou paquets ficelés, cachetés, pour la déclaration qu'on lui en fait, sans en vérifier le contenu ; elle taxe suivant le tarif et l'évaluation énoncée ; puis lorsqu'elle livre le colis, elle entend ne pas répondre de ce qu'il renferme. Toujours la loi judaïque à côté de la loi des honnêtes gens.

Dans l'affaire jugée par la Cour d'Angers, la réclamation portait sur 6,000 francs, qui ont été adjugés au demandeur. La Cour impériale de Bordeaux (12 et 24 mai 1858) s'est prononcée en principe dans le même sens ; elle a jugé seulement que la somme de 25,000 francs réclamée n'était plus dans les proportions de ce qu'on appelle l'accessoire naturel du bagage et du voyage.

Cour impériale de Rouen, 26-27 juillet 1858 :

La jurisprudence reconnaît d'une manière invariable que la responsabilité des entreprises de transport, en cas de perte de colis, doit s'étendre *à la valeur* RÉELLE des bagages transportés, malgré la prétention des compagnies de limiter leur responsabilité à un chiffre arbitrairement fixé par elles et inscrit sur le bulletin des bagages remis au voyageur ou expéditeur.

XIV

Il n'y a pas de transgression de la loi mieux constatée, plus énergiquement condamnée et flétrie. Qu'importe? La féodalité banquière ne subit le droit commun que forcée et contrainte. Elle se dit : En comptant les peureux, les niais, les ignorants, les aspirants, nous devons réussir une fois sur mille. La plupart des individus croiront d'abord que nos prescriptions sont, sinon la loi, du moins une annexe de notre monopole, une graciouseté, une exception, consentie et homologuée comme tant d'autres par le ministre des travaux publics. Ceux qui se douteront de la fraude n'oseront réclamer, soit incertitude du succès, soit dégoût. Un obstiné revendiquera? Plaise à lui! il verra ce qu'il en coûte pour obtenir justice contre nous : nous lui opposerons exception sur incompétence; nous épuiserons les moyens dilatoires; nous le traînerons pendant trois ans de défaut en opposition. Le gain de son procès lui coûtera dix fois la somme en litige. Que nous importe à nous, qui avons un contentieux organisé? Si l'administration est condamnée, ce sont les actionnaires qui payeront les frais; et si le dividende déchoit, les contribuables combleront le déficit.

Y eut-il jamais pacte d'iniquité plus révoltant? Est-il possible de trouver, dans l'espace et dans le temps, une nation plus ignominieusement spoliée, bernée, contaminée, souffletée, bafouée, que la nation française, si infatuée pourtant de ses prétentions égalitaires, qu'elle fait volontiers son deuil des libertés publiques?

XV

Si les compagnies appartenaient à la libre industrie, il n'y aurait pas lieu d'élever contre elles une protestation publique. Mais, investies d'un monopole avec subvention et garantie au budget, elles ne sont qu'un démembrement du domaine commun, et la complicité de leurs méfaits remonte à l'administration, qui tolère ou approuve. Pendant dix mois que j'ai eu l'honneur de rédiger un journal quotidien, ouvert aux réclamations de tous les blessés et molestés du privilége, ç'a été une clameur, une lamentation d'une tristesse incomparable. Cette enquête journalière au moyen de *faits divers*, les uns graves, les autres grotesques, tous odieux, commençait à secouer la torpeur du public. L'œuvre n'a pas été continuée, et ce n'est pas un livre qui la suppléera. Rappelons toutefois quelques anecdotes, en restant sur le terrain de la chronique, puisque nous avons promis de réserver ce chapitre aux lecteurs que les chiffres n'intéressent pas.

Le service de la banlieue de Paris, sur les lignes de l'Ouest et de Vincennes, n'a pas de troisièmes classes; son tarif du dimanche est de vingt-cinq à cent pour cent plus cher que celui de la semaine. C'est *au profit* de l'ouvrier, s'il faut en croire la fameuse maxime du *Constitutionnel* : *Plus une nation paye, plus elle est riche.*

En 1855, le jour de la fête des Loges, la ligne de Saint-Germain, qui a un tarif de 1 fr. 25 c. en semaine, 1 fr. 50 c. le dimanche, porta le prix des places à 1 fr. 60 c. au départ de Paris, 3 francs après minuit au départ de Saint-Germain. Nous ne disons pas qu'elle n'ait point fait la même chose les années suivantes; nous n'y étions pas, et nous ne certifions que ce dont nous sommes sûrs.

Le 22 septembre 1855, il y avait grande affluence à la gare d'Orléans pour le convoi de sept heures du matin. Un seul bureau était ouvert à la délivrance des billets; bien que la distribution eût commencé une demi-heure avant le départ, il était aisé de voir que l'employé n'y pourrait suffire. Les voyageurs s'allongeaient en longue queue comme les curieux aux portes des théâtres les jours de représentation gratuite. Le receveur ne chôma pas un instant. Conformément à sa consigne, il ferma le guichet à sept heures moins cinq. Une quinzaine de per-

sonnes, arrivées bien à temps, ne purent avoir de place.
— Vous prendrez le convoi de huit heures, leur dit-on.
Or ce convoi, étant direct, ne desservait pas toutes les
stations; puis il n'avait plus que des premières, à
80 p. 100 plus chères que les troisièmes. Colères et protestations, intervention du sergent de ville contre les
mécontents, arrestations. Nous étions venu conduire un
ami. Nous demandâmes à parler au chef de gare. Celui-ci
nous avoua que l'administration pouvait bien être dans
son tort, qu'il n'y pouvait rien, ajoutant qu'on ne devait
pas accuser les subalternes. Mais le supérieur, le responsable, où le trouve-t-on, s'il vous plaît ?

Voilà nettement accentuée la seconde face du système :
l'humiliation du public. Il faut apprendre au peuple
l'obéissance et lui prouver que les compagnies ne sont
pas à son service, mais lui au leur. Ainsi s'explique
encore le refus d'ouvrir les salles aux voyageurs arrivés
à l'avance. Par la pluie, la tempête, la neige ou les
ardeurs de la canicule, il faut rester dehors jusqu'à
l'heure règlementaire. Un milliard et demi de subvention
et 4 milliards de garantie ne donnent pas même droit
aux égards qu'en tous pays l'hospitalité assure gratuitement au premier venu.

Qui n'a éprouvé des avanies du genre de celle-ci ?

Un voyageur se présente à la gare de Blois, portant
sur ses bras un enfant parvenu à cet âge équivoque
classé entre la gratuité et la demi-place. Le receveur
accepte le bambin gratis. Notre homme fait enregistrer
ses bagages; il avait à payer de l'excédant.

A la salle d'attente, autre employé : — L'enfant doit
payer, allez chercher un second bulletin. — Le receveur

a jugé qu'il n'y avait pas lieu. — Moi, j'en juge autrement ; vous ne passerez pas... Point d'explications.

Le convoi entrait en gare. Que faire? s'exécuter. Le voyageur prend un second bulletin. Avec deux billets, il n'avait plus d'excédant de bagages ; il va au bureau réclamer le remboursement qui lui était dû. — Ce qui est écrit est écrit, vous réclamerez à l'arrivée.

Le contrôle de Paris se fait avant l'entrée en gare. Notre réclamant demande à garder ses deux bulletins afin d'obtenir son dégrèvement de bagages. — Impossible, dit le contrôleur ; seulement vous pourrez m'appeler en témoignage.

Réclamation à la gare. — C'est à l'administration centrale qu'il faut s'adresser, dans la Chaussée-d'Antin. Réponse de l'administration centrale : — Votre réclamation est parfaitement fondée ; seulement il faut prouver votre dire ; retournez à la gare (pourquoi pas à Blois?) et faites-vous délivrer certificat. Il y avait de quoi s'impatienter. — Tenez, dit enfin l'employé d'un air paterne, croyez-moi, laissez là l'affaire ; vous perdriez plus de temps qu'elle ne vaut. — Vol et outrage, c'est toujours le même système.

Des convois, ayant des places de trois classes au départ, sont relayés, trente lieues plus loin, par un train express qui n'a que des premières. Les voyageurs des secondes et des troisièmes sont obligés de rester à gober le marmot, trois et quatre heures, souvent au milieu de la nuit, en attendant le convoi omnibus.

Le 24 juin 1857, un voyageur comparaissait devant le tribunal correctionnel de Compiègne. Son crime était d'avoir refusé de montrer son billet aux contrôleurs en route. Obstination ridicule! dira-t-on.— Comment qualifier alors la citation au criminel pour une pareille niaiserie? L'inculpé pourtant avait un motif personnel de ne pas se dessaisir de son billet. Il lui était arrivé, peu de temps avant, une aventure qui prouve qu'en matière de billets de chemins de fer, mieux vaut tenir que montrer. Sur cette même ligne du Nord, à la station de Breteuil, un contrôleur était venu prendre les billets des voyageurs d'un même compartiment pour les pointer. Puis il les avait remis avec une telle confusion que l'inculpé de Compiègne, porteur d'un billet pour Amiens, en avait reçu un pour Ailly-sur-Noye; on l'avait obligé de payer le supplément de tarif entre ces deux stations. Il avait juré qu'on ne l'y prendrait plus; mais on ne brave pas impunément la loi des juifs.

Ceci nous remet en mémoire une autre exaction. Les compagnies affichent : En cas de perte du billet, le voyageur doit le plus long parcours, ne vint-il que de la dernière station. Dans les cas analogues, la justice admet toutes les preuves possibles, testimoniales ou écrites. Il y a cent manières d'établir son point de départ; le témoignage d'un hôte ou d'un ami, une facture, une note de restaurant. Les tribunaux admettraient toutes les preuves; mais la séquelle saint-simonienne voit dans son règlement un double profit : escroquerie d'un voyageur et humiliation d'un philistin. Il faut payer d'avance, sous réserve si l'on veut, sous peine d'être fourré au poste, conformément à la jurisprudence des commissaires de surveillance, de vieux troupiers pour la plupart, heureux d'importer dans la société civile les habitudes du caporalisme.

XVI

Un axiome du droit des honnêtes gens dit que la bonne foi est la base des contrats. Voici comment le principe est appliqué en matière de chemins de fer.

Le dimanche 9 décembre 1867, plusieurs voyageurs d'une même société (j'en faisais partie) allèrent de Paris à Fontainebleau, nantis de billets d'aller et retour en troisièmes, au prix de 4 fr. 50 c.

Ils repartirent de Fontainebleau à 9 heures 30 minutes ; le train ne contenant pas de troisièmes, on leur fit payer à chacun un supplément de 2 fr. 70 c. pour occuper des secondes.

Additionnons :

Payé au départ de Paris......................	4 fr.	50
Supplément de retour payé à Fontainebleau..	2	70
Total....................	7	20
Le prix des billets aller et retour en 2ᵉ est de.	6	20
Différence en plus............,....	1 fr.	»

D'où il résulte que pour s'être servis des troisièmes à l'aller, les personnes précitées, et tous les autres voyageurs placés dans le même cas, ont payé chacune 1 franc de plus que si elles avaient pris des secondes tout du long.

Quelque temps avant, les voyageurs dans ces mêmes conditions ne payaient que 85 centimes de supplément. J'eus la curiosité de creuser cette affaire, et voici à quoi aboutirent mes démarches.

M. le commissaire de surveillance de la gare de Paris me montra une grande affiche jaune, haute de 1 mètre, large de 60 à 80 centimètres environ. Après quelques minutes de recherches, nous trouvâmes ensemble une mention imprimée en caractères italiques microscopiques et conçue en ce sens :

(Voir le règlement déposé dans chaque gare.)

Ne riez pas de ce règlement *déposé*, qu'on n'affiche pas, qui ne se trouve ni au *Bulletin des lois* ni au *Moniteur*, qui reste à l'état clandestin, aux mains de chefs de gare qui en refusent parfois la communication (j'en parle par expérience). Car si vous vous trouvez en contravention avec lui, c'est à la police correctionnelle que vous aurez affaire : Amende pour sûr, prison quelquefois.

Grâce à la bienveillance de M. le commissaire de surveillance, — je dis *bienveillance*, parce qu'on ne reconnaît point de droit aux réclamants, — je pus lire et copier l'article du règlement. Voici les textes :

Tout voyageur occupant, sur sa demande, une place dans une classe supérieure à celle indiquée sur son billet d'aller et retour, ou qui, en cours de voyage, aura pris cette place, sera tenu :

1° ..... (*cas étranger au nôtre*) ;

2° Si le fait se produit seulement au retour, de payer le prix de la place qu'il occupe, suivant le tarif ordinaire, *déduction faite de la valeur du coupon de retour dont il est porteur.*

Soumettez maintenant la question à tout homme de

bonne foi et dites-lui d'arbitrer le départage; il vous fera le compte suivant :

Prix d'un billet de troisième, aller et retour.	4 fr. 50
Dont moitié..........................	2 25
Prix d'un billet d'aller et retour en secondes.	6 20
Dont moitié	3 10
Le voyageur qui, au retour, *est forcé* de prendre les secondes, ayant payé déjà, sur.............	3 fr. 10
Un demi-retour en troisièmes.	2 25
Doit rapporter.............	0 fr. 85

Son voyage lui a coûté en tout 5 fr. 35 c., 85 centimes de moins que s'il eût pris des secondes aller et retour. Rien de plus équitable, si l'on consulte la justice, le sens commun, *la bonne foi* enfin, *base des contrats*. Ainsi fut pratiqué et entendu le tarif à l'origine.

Mais en prenant la loupe, on arriva à un autre compte. Le tarif homologué, *déposé* dans chaque gare, mais jamais *affiché*, dit expressément qu'il faut payer suivant le *tarif* ORDINAIRE. Or :

Le prix *ordinaire* du parcours en secondes de Fontainebleau à Paris est de....................	4 fr. 95
A déduire le coupon de retour en troisièmes..	2 25
Reste à rapporter.............	2 fr. 70

Et voilà comment il est *légal* que, pour s'être servi des troisièmes en allant, des secondes en revenant, les voyageurs payent 7 fr. 20 c.; au lieu que s'ils avaient pris les secondes au départ et au retour, ils n'auraient payé que 6 fr. 20 c., soit 1 franc de moins. Il faut châtier l'idée d'épargne et d'économie.

De pareilles subtilités sont la honte de l'administration et l'outrage à l'honnêteté publique :

1° Parce que la bonne foi est la base des conventions (cette raison est péremptoire et devrait suffire);

2° Parce que toutes les consciences protestent contre de pareils procédés, sauf les cent trente-six consciences des cent trente-six podestats des chemins de fer français;

3° Parce qu'à la bonne foi des voyageurs, les Compagnies opposent des *surprises*, des *malices* (insoutenables en justi e), consignées dans un règlement qu'on n'affiche pas, qu'on ne promulgue ni au *Moniteur*, ni au *Bulletin des lois*, bien qu'il ait *force de loi* ;

4° Parce que le premier mouvement des voyageurs ainsi *surpris* est l'indignation, une indignation légitime;

5° Parce que l'indignation provoque chez tous, ouvriers, bourgeois, actionnaires même, des explosions d'injures;

6° Parce que les injures, mêmes excusables et spontanées, sont l'objet de procès verbaux et de condamnations;

7° Parce qu'enfin tout le monde fait remonter, avec un grand semblant de raison, jusqu'au gouvernement, la responsabilité de pareils actes.

<h1 style="text-align:center">XVII</h1>

Nous ne quitterons pas le chapitre des *tarifs homologués* sans en dire toute notre pensée, d'autant que la jurisprudence nous semble avoir jusqu'ici fait fausse route dans leur interprétation, d'autant surtout que le public ne sait pas le premier mot de la question. Afin de nous faire bien comprendre, nous concrèterons notre exposé en la forme d'un cas spécial qui n'a rien d'hypothétique, une poursuite à propos de billets d'aller et retour, *retour périmé*.

« Tout Français *est censé* connaitre la loi, » dit un axiome qu'il faut respecter, même en attendant que tous les Français sachent lire.

Sont assimilés à la loi :

1° Les arrêtés,

2° Les décrets,

3° Les ordonnances,

4° Depuis l'empire, les sénatus-consultes.

Aussi ces quatre variétés de législation sont-elles promulguées au *Moniteur* et au *Bulletin des lois*, A CE QUE NUL N'EN IGNORE.

Par une excessive faveur, on a créé au profit des Compagnies une cinquième catégorie, celle des *tarifs homologués*, ayant force de loi.

Quand un citoyen se refuse à payer une taxe qu'il considère comme une exaction, à propos de billets d'aller et retour, par exemple, retour périmé, le commissaire de surveillance de la gare dresse contre le récalcitrant un procès-verbal *en escroquerie* : rien que cela; il vise l'ordonnance du 15-21 novembre, article 63, § 1er, ainsi conçue :

Il est défendu d'entrer dans les voitures *sans avoir pris un billet.*

La sanction se trouve dans l'article 21 de la loi du 15-21 juillet 1845 : Amende de 16 fr. à 3,000 fr., et en cas de récidive, de trois jours à un mois de prison.

— Je n'ai pas contrevenu à l'ordonnance de 1846, dit le voyageur; je ne suis pas monté en wagon *sans billet*, à preuve que j'ai présenté mon coupon de retour.

— Mille pardons! répond le Monopole : votre billet étant périmé, c'est comme si vous n'en aviez pas.

— A quoi reconnaîtrai-je que mon coupon est périmé? réplique le patient.

— Cela, riposte le Privilége (quand il daigne répondre), cela est catalogué en une foule de tarifs. Ainsi nous avons :

1° Jours ouvrables : Les billets de retour ne sont valables que pour le jour où ils ont été délivrés, c'est-à-dire jusqu'à minuit. A minuit une minute, le coupon périmé ne vaut plus même son pesant de carton.

2° Dimanches : Les billets sont valables du samedi après midi au lundi avant midi.

3° Trains dits de plaisir : Selon l'importance des fêtes, les coupons de retour peuvent être acceptés jusqu'à huit, et quinze jours après leur délivrance, suivant les cas spécifiés.

4° Voyages circulaires, avec faculté d'arrêt : Il y a des passes pour un mois et plus.

5° Excursions internationales...

— Assez de distinctions, répond le patient ahuri. Tout cela est de la fantaisie tari*fiscale* et ne peut donner lieu à une poursuite en escroquerie. Citez-moi au tribunal de commerce si vous avez droit.

— Monsieur ne connaît pas sans doute l'article 44 de l'ordonnance de 1846, où il est dit :

Aucune taxe ne pourra être perçue par les compagnies qu'en vertu d'une *homologation* du ministre des travaux publics.

Homologation, cela veut dire que tout tarif homol   é
a force de loi; le violer, c'est enfreindre la loi mêm.
aussi la répression regarde-t-elle le procureur impérial,
non la partie civile.

Ainsi, outre la loi et ses similaires (arrêtés, décrets,
ordonnances, sénatus-consultes), les Français *sont cen-
sés* connaître *tous* les tarifs homologués, puisqu'ils ont
même effet que la loi. — Qu'ils ne s'effrayent pas de si
peu : cela les forcera d'apprendre à lire.

— Eh bien, Monopole exécrable, reprend le patient,
voilà ta condamnation. J'ai un coupon ; tu prétends qu'il
ne vaut rien, et ce n'est pas en vertu de l'ordonnance
de 1846, qui dit : *sans billet.* Je soutiens, moi, qu'il est
bon. Apporte-moi ton tarif homologué, ou plutôt, laisse-
moi partir ; je le chercherai moi-même au recueil officiel.

Il feuillette les tomes et les années du *Bulletin des
lois.* Rien ; aucune trace d'aucun tarif.

— Votre tarif homologué est, sinon apocryphe, du
moins clandestin ; et je serais condamné ou poursuivi
parce que je ne l'ai pas connu ! A moi le Code civil et les
vraies lois, c'est-à-dire les lois *promulguées !*

Le Code Napoléon dit, article 1er :

Les lois sont exécutoires dans tout le territoire français,
en vertu de la *promulgation* qui en est faite par l'empereur. — Elles seront exécutées dans chaque partie de
l'empire du moment où la promulgation en pourra être
connue.

Que faut-il entendre par le mot *promulgation ?* Ose-
rait-on élever encore des équivoques à ce sujet ? Impos-

sible : l'ordonnance du 27 novembre 1816 coupe court aux arguties par son article 1er.

A l'avenir, la promulgation des lois et de nos ordonnances résultera *de leur insertion au bulletin officiel.*

Art. 2. Elle sera réputée connue, conformément à l'art. 1er du Code civil, un jour après que le *Bulletin des lois* aura été reçu de l'imprimerie royale par notre ministre de la justice.

Vient encore le décret du 2-9 décembre 1852 qui règle les formules de promulgation, selon qu'il s'agit de sénatus-consultes, de lois ou de décrets.

Art. 1er. Les sénatus-consultes, les lois et décrets seront promulgués en la forme suivante. (Suivent les formules.)

Quand on réfléchit que tout Français est censé connaître la loi et les dispositions réglementaires qui y sont assimilées, on ne peut pas dire que le législateur ait exagéré le formalisme et les précautions quant à la publicité. On aurait plutôt le droit de se plaindre qu'il se soit arrêté au strict indispensable.

La publicité des journaux de toutes nuances, les discussions des Chambres ajoutent encore à la notoriété de la promulgation officielle quand il s'agit de lois. Mais quant aux tarifs homologués, tout se passe entre quelques plumitifs du ministère des travaux publics et une dizaine de gros bonnets des compagnies. Rien au *Moniteur,* rien au *Bulletin des lois.* Le ministre signe sans lire ni comprendre. A preuve qu'une ci-devant Excellence fut fort étonnée de se voir réclamer un jour une taxation ridiculement usuraire dont elle avait elle-même consacré l'homologation, sans avoir lu ni compris.

Les compagnies, une fois nanties du document, le cachent avec le plus grand soin. On ne le trouve affiché ni dans les gares, ni aux abords, ni en ville. Pour en avoir connaissance, il faut le demander aux chefs de gare, aux commissaires de surveillance, qui le tiennent sous clé et en refusent parfois communication.

Les compagnies, en revanche, sont prodigues de publicité pour telle disposition spéciale qui favorise leurs exactions, et dont l'approbation a été surprise le plus souvent à la vigilance de l'administration supérieure.

Quoi qu'il en soit, les affiches des compagnies, quand elles en font, ne constituent pas *une promulgation :* d'où nous sommes autorisés à conclure que les condamnations correctionnelles intervenues jusqu'ici pour violation de tarifs homologués étaient passibles de cassation Le courageux citoyen qui aura la patience de déférer le cas à la Cour suprême sera certain de faire changer la jurisprudence.

XVIII

Si du moins on pouvait croire sur parole les administrations et les commissaires de surveillance ! Eh bien, non ; il y a parfois falsification et mensonge. Voici à ce propos une histoire qui ne serait pas croyable si elle n'avait la notoriété des tribunaux.

En 1862, le jour de la mi-carême, deux voyageurs, Georges Duchêne et Gustave Lefrançais, partaient pour

Meaux par le convoi de neuf heures du matin, nantis chacun d'un billet d'aller et retour du coût de 4 fr., soit 20 centimes de réduction sur le tarif ordinaire. Ils revinrent dans la nuit, à quatre heures du matin, et présentèrent leurs coupons ; on leur répondit : Ils sont périmés, vous devez place entière. Un débat s'établit comme suit :

Prétention des voyageurs : Le tarif *ordinaire* de Paris à Meaux est de 2 fr. 10, et de Meaux à Paris 2 fr. 10 ; total 4 fr. 20. Le tarif aller et retour est de 4 fr., soit 20 centimes de réduction. Nous sommes déchus du bénéfice du tarif *réduit* (4 fr.), et nous devons le tarif *ordinaire* (4 fr. 20), c'est-à-dire qu'ayant déjà payé 4 fr., nous redevons 20 centimes.

Prétention de la Compagnie : Tout coupon périmé ne vaut plus rien ; vous devez 2 fr. 10.

Offrir un billet d'aller et retour dans de pareilles conditions, à supposer qu'elles soient légales, est toujours un acte immoral. C'est tendre un piége à la bonne foi du public, sous couleur d'une loterie où il y a chance de gagner 20 centimes ou de perdre 1 fr. 90 c.

Les voyageurs restèrent sur leur offre de quatre sous et laissèrent leur adresse. Les employés leur firent la gracieuseté de ne pas les f...ourrer au violon, attendu, dirent-ils, qu'ils n'étaient pas en force, les sergents de ville se trouvant absents à cette heure avancée de la nuit. La contrainte par corps reste, paraît-il, de droit spécial en faveur des compagnies, même et surtout lorsqu'elles réclament ce qui ne leur est pas dû. Dans la soirée, les récalcitrants reçurent la lettre suivante :

> Ministère de l'Agriculture, du Commerce et des
> Travaux publics. — Contrôle des chemins de
> fer de l'Est et des Ardennes. — Commissariat
> de Paris. — Objet : contravention à l'ordre de
> service du 14 novembre 1861, homologué par
> le ministre.

Paris, le 28 mars 1862.

Monsieur,

C'est à tort qu'arrivé ce matin de Meaux à Paris par le train nº 30, avec un billet de retour qui ne vous avait été délivré que pour la journée du 27 mars jusqu'au dernier train, vous vous êtes refusé à payer le prix du parcours de Paris à Meaux ou *vice versâ*, que vous veniez de faire par un train parti de Meaux et arrivé à Paris le 28, jour où votre billet de retour était légalement périmé.

Afin de vous éviter les désagréments d'un procès-verbal pour contravention à l'ordre de service du 14 novembre 1861, homologué par S. Exc. le ministre des travaux publics, auquel la compagnie des chemins de fer de l'Est est en droit de me requérir, je préfère, par une démarche de conciliation, vous engager à payer à la compagnie la somme de 2 fr. 10 c., prix de ce parcours en 3ᵉ classe ; obligé, bien malgré moi, que je serais, sur votre refus, d'obtempérer à la réquisition du chef de gare.

J'ai l'honneur, etc.

Le commissaire de surveillance administrative,

A. DE MONTEZON.

L'un des accusés (votre serviteur) se rendit au bureau de M. le commissaire. Il renouvela son offre de 20 centimes avec exposé de motifs à l'appui, comme il a été dit ci-dessus. Il demanda communication de l'ordre de ser-

vice. M. de Montezon lui répondit : Exiger que je justifie de mon dire, c'est m'outrager dans ma double qualité de fonctionnaire et d'honnête homme. Payez, ou
retirez-vous, sans quoi je serais obligé d'ajouter au procès-verbal : Outrage à un commissaire dans l'exercice
de ses fonctions. Il ajouta encore : Croyez que si j'avais
été à mon bureau lors de votre débarquement, je vous
aurais envoyés au violon jusqu'à ce que vous vous soyez
décidés à payer.

Renseignements complémentaires pris au contentieux,
au bureau du mouvement, à celui des réclamations, il fut
avéré que le cas était pendable. Nos entêtés n'en persis-
tèrent pas moins dans leur obstination et firent offre, par
lettre chargée, de payer chacun les 20 centimes dont ils
se reconnaissaient débiteurs. L'épitre resta sans réponse
et fut jointe au dossier criminel comme circonstance
aggravante ; le tout enfin fut transmis à M. le procureur
impérial près le tribunal de Paris.

L'affaire fut appelée le 1er mai devant la 6e chambre
de police correctionnelle, présidée par M. Salmon. Il
résulta des débats que ni chefs de gare, ni employés, ni
commissaire, pas même le ministère public, ne connais-
saient les éléments de la cause. Le cas était réglé, non
par l'ordre de service du 14 novembre 1861, mais par
un tarif homologué le 15 avril 1857, signifié à la Compagnie par ledit même M. de Montezon. Il y était formellement stipulé :

Les billets d'aller et retour ne sont valables que pour
les conditions auxquelles ils ont été délivrés. Tout voyageur porteur d'un billet de coupon aller et retour, et qui
se trouve placé dans une condition autre que celle prévue

par le tarif en vertu duquel le billet lui a été délivré, doit payer le tarif ordinaire, *déduction faite de la valeur argent du coupon qui existe entre ses mains.*

Ainsi la prétention des assignés était parfaitement fondée. Le tarif était obligatoire depuis cinq ans, et l'on avait condamné jusque-là ceux qui en avaient réclamé le bénéfice. MM. Duchêne et Lefrançais furent renvoyés des fins de la plainte; mais ni la Compagnie, ni le commissaire ne furent inquiétés, bien qu'ici il y eût eu de leur part tentative d'extorsion avec menaces d'arrestation et dénonciation calomnieuse en escroquerie. Ainsi marche la justice égale pour tous.

Au mois de juin, lors des modifications au service pour la saison d'été, la Compagnie demanda et obtint que le malencontreux tarif de 1857 fût retiré et remplacé par un autre qui sanctionnait ses prétentions. Quatre journaux, *le Droit, la Gazette de France, le Courrier du Dimanche, le Temps*, rendirent compte de l'affaire. Les autres n'en soufflèrent mot; car les journalistes, qui font bon an mal an pour 15 ou 20,000 fr. de publicité gratuite aux chemins de fer, obtiennent bien pour 8 ou 10,000 fr. de passes sur les divers réseaux : rémunération inégale qu'ils reçoivent comme un cadeau gracieux, tant les mœurs de valetaille ont pénétré notre public égalitaire.

Malgré une si mince publicité, la compagnie de l'Ouest, qui n'était pas en cause, prit l'alarme. Elle fit afficher à profusion dans ses gares l'avis suivant :

Plusieurs journaux ayant annoncé que le tribunal de la Seine avait décidé qu'un voyageur porteur d'un billet d'aller et retour périmé « devait bénéficier de l'argent par lui versé, et ne donner en surplus de son billet de retour que le complément de sa place, » l'administration des chemins de fer de l'Ouest a dernièrement informé le public, par un avis affiché dans toutes ses gares, que la question avait reçu une solution contraire. Suivant le jugement du tribunal de commerce du Havre, tout billet d'aller et retour qui n'est pas utilisé dans le délai fixé est nul, et le voyageur qui est possesseur d'un billet périmé doit payer le prix d'une place entière.

Ce jugement est d'ailleurs, ajoute l'avis, conforme à la décision ministérielle du 13 juin 1862, homologuant les conditions spéciales dans lesquelles sont délivrés les billets d'aller et retour, conditions que le voyageur ne peut modifier à son gré.

Depuis, tout est rentré dans l'ordre. Le ministre des travaux publics a remanié les taxes et les conditions au gré et sous la dictée des administrations; il a autorisé l'annulation, même des coupons de retour délivrés *sans réduction*, au prix du tarif ordinaire.

XIX

Voici qui est encore plus que grave que notre procès de quatre sous.

L'article 17 du cahier des charges du 6 avril 1855 obligeait la compagnie de l'Ouest à ne percevoir, entre Sillé-le-Guillaume et Fresnay, les frais de transport et les tarifs que pour 31 kilomètres, moitié de la distance réelle. Moyennant cette concession, l'État déchargeait la compagnie de l'obligation de construire un raccordement entre les deux points.

Malgré cette clause formelle, la compagnie se contenta de faire cette réduction pour les voyageurs et les tarifs généraux, toujours calculés sur les distances à vol d'oiseau. Mais elle continua d'appliquer, à raison de la distance réelle (62 kilomètres), les tarifs spéciaux.

Il est facile de comprendre l'énormité du chiffre ainsi perçu par la compagnie de l'Ouest au préjudice du commerce depuis l'année 1856 jusqu'au 2 juin 1864, toutes les marchandises d'un tonnage important, qui ont voyagé de Rennes à Cherbourg et *vice versâ*, ayant supporté la taxe de 31 kilomètres en trop.

Je dis jusqu'au 2 juin 1864, parce qu'à cette date seulement, et sur mes instances réitérées, la compagnie adressa à tous les chefs de gare une circulaire leur prescrivant de réduire effectivement dans l'application les 31 kilomètres dont le dégrèvement, quoique formellement prescrit par le cahier des charges, avait été considéré jusque-là comme lettre morte. (*Des accidents de chemins de fer*, par G. BISSON, mécanicien, publiés et annotés par M. le baron DE JANZÉ, député.)

Et l'on demande à quoi servent les commissaires de surveillance ! J'en ai rencontré un qui me disait : Il faut être solidement appuyé, quoique investi par l'État, pour échapper aux vengeances des états-majors de compagnies quand on veut remplir consciencieusement sa mission.

Autre fait plus grave encore que le précédent.

Lors des discussions soulevées en 1863 par la compagnie du Midi, à l'effet d'obtenir de l'État le chemin de fer direct de Cette à Marseille par le littoral, il fut reconnu que ce tracé raccourcissait la distance de 45 kilomètres

entre les deux points ; que dès lors, puisque le projet de
la compagnie du Midi était repoussé pour maintenir le
trafic à la ligne de Tarascon, il fallait au moins faire profiter le public de la réduction de parcours indiquée par la
compagnie du Midi. M. le ministre reconnut qu'il était de
toute justice d'imposer à la compagnie de Lyon l'obligation de ne percevoir, soit pour les voyageurs, soit pour
les marchandises, que le tarif calculé sur 160 kilomètres
au lieu de 205.

Une convention intervint entre M. le ministre des
travaux publics et la compagnie de Lyon-Méditerranée,
le 1er mai 1863, et fut annexée au décret du 11 juin
suivant. Cette convention dit, art. 5, § 3 :

« En ce qui concerne la ligne de Cette à Marseille, la
compagnie réduira à 160 kilomètres, pour les points extrêmes de la ligne, le nombre de kilomètres soumis au
tarif pour les voyageurs ainsi que pour les marchandises
à destination ou en provenance de Cette ou du réseau du
Midi. » (M. BORDE, ingénieur et membre du Conseil général des Bouches-du-Rhône.)

Il paraît qu'en 1865, date de la publication, le public n'avait pas encore été admis à jouir du bénéfice du
cahier des charges : ce qui portait le prélèvement illégal
à 4 fr. 69 c. par voyageur, et à 36 centimes en moyenne
par tonne de marchandise. Les choses doivent encore se
passer de même. Ah ! si l'administration supérieure dé-
ployait à réprimer ces fraudes autant d'énergie qu'à saisir les *Lanternes* ! Si les grands démocrates de la presse
consacraient à la révélation de ces turpitudes le dixième
de l'encre qu'ils ont versée sur les malheurs du petit
Mortara !

XX

La santé, la sécurité, l'existence des voyageurs sont traités comme leur bourse. Nombre de gens encore vivants ont vu les troisièmes classes d'Orléans et de Rouen avant 1848. C'était littéralement des tombereaux, à ciel ouvert, sans plafond; le plancher était percé de trous pour que l'eau pût s'écouler en cas d'averse. C'est là dedans qu'on entassait les parias de l'écu de cent sous pendant quatre ou cinq heures et par tous les temps, gelée, neige, grêle, averses, tempêtes; on n'y aurait pas mis des bestiaux. Il ne fallut pas moins que la Révolution de 1848 pour mettre fin à ce scandaleux mépris de la vie humaine. Un arrêté obligea de couvrir toutes les voitures. Que firent alors les Compagnies? Elles inventèrent de clore les fenêtres avec des rideaux de cuir glissant sur des tringles, toujours ballottés par le vent. Le cuir coûtait plus cher que le verre; mais le public était plus mal à l'aise : c'était une considération dirimante. Il fallut, comme pour les bourgeois de Falaise-en-Lanternois, qu'un nouvel arrêté imposât, en 1852, l'obligation de fermer les vasistas avec des vitres. (Voir page 147, dans la note, l'alinéa souligné, art. 8 du nouveau cahier des charges.)

Parlerons-nous des accidents? Ce serait la matière d'une encyclopédie. Nous nous contenterons d'en citer quelques-uns dans le prochain paragraphe.

XXI

Il ne faudrait pas croire, parce que nous avons donné aux compagnies des chemins de fer une extension d'amour, qu'elles soient seules coupables de prélèvements usurpateurs et de vexations envers le public. Le système se reproduit partout, avec les mêmes caractères et le même mépris de la nation.

En 1844, la commune de Montrouge avait traité avec une compagnie pour la fourniture du gaz à 40 centimes le mètre cube, sous condition que le jour où le prix baisserait dans la même zone de service, la commune jouirait de la réduction accordée aux localités voisines. Par suite de la fusion des sociétés en 1855, le prix du mètre cube de gaz fut réduit, pour Paris, de 40 à 30 centimes. La nouvelle Compagnie refusa de faire bénéficier la commune de Montrouge du rabais, sous prétexte qu'elle n'était pas comprise dans le cahier des charges imposé par M. le préfet. C'était avant l'annexion de la banlieue. Justement, à raison de cette circonstance, les communes suburbaines n'avaient pas encore à payer le droit d'octroi de 2 centimes par mètre; à 28 centimes, elles laissaient le même bénéfice que Paris à 30 centimes, et on voulait leur faire payer 40. Il fallut plaider. Le tribunal n'hésita pas un instant; il rejeta les prétentions de la compagnie et profita de l'occasion pour lui exprimer l'assurance de ses sentiments moins que distingués.

Les polices de la compagnie fourmillent d'abus, de vexations, de frais accessoires qui ne sont point autori-

sés par le décret de concession : privilége de branche-
ment, entretien et graissage de robinets, pose, plombage
et scellement du compteur, poinçonnage et soudage des
aiguilles, *payement d'avance* du gaz à consommer et
consignation à cet effet de 7 fr. par bec aux mains de
l'administration.

Puis, comme toujours, des lois à côté de la loi :

L'abonné renonce à opposer à la demande de paiement
toute réclamation sur la quotité des consommations cons-
tatées; en conséquence, le montant des factures sera toujours acquitté à présentation.

Il y a encore des usages qu'on ne mentionne pas
dans les polices, et dont le public se plaint quelquefois
tout bas.

Qui rédigera les cahiers et les doléances des serfs
de 1868?

Le monopole, envahissant de sa nature, s'aggrave encore d'une foule d'annexes qui lui adviennent fatalement.

La Banque de France, grâce au privilége qui lui a été
renouvelé, confirmé, étendu, n'a pas tardé à accaparer le
service des escomptes et celui des encaissements partout où elle a établi ses succursales. Or, il en est de ce
monopole comme de tous les autres; non-seulement il
coûte cher, mais encore il supprime une à une toutes les
garanties dont le législateur s'était plu à entourer les
opérations commerciales.

C'est ainsi qu'après avoir centralisé le service des encaissements dans Paris (ce qui pourrait avoir du bon),
la Banque s'est trouvée impuissante à les faire exécuter
par ses employés. En effet, surchargés de travail, les

garçons de recettes se trouvent dans l'impossibilité absolue de présenter EFFECTIVEMENT tous les billets qui leur sont remis. Pour le service des effets de commerce, tout comme pour celui des lettres, le concierge reçoit la visite, et cela suffit. Il faudra maintenant consigner le montant de ses traites chez son portier.

Le garçon de recette laisse ce fameux bulletin que tout Parisien connait, qui nécessite une infinité de courses, lesquelles, après avoir exténué le souscripteur d'un billet, l'obligent, souvent encore à subir la visite et les exigences d'un nouveau privilégié, l'huissier.

Ce bulletin porte : venir payer à la Banque de 2 heures à 3, ou de 3 heures à 4… demander M. ***, n° 00.

Cela va assez bien pour le jour même de la présentation ; à part le désagrément que cause toujours une perte de temps au milieu de la journée, et l'inconvénient non moins grave d'attendre une heure, et très-souvent deux heures, la rentrée d'un garçon ; on s'en va tranquille et certain d'échapper aux griffes de l'huissier.

Mais si le malheureux Parisien se rend le lendemain au guichet indiqué, il trouve là un employé qui le renvoie chez M. un tel, banquier ; le banquier le renvoie à son tour chez l'huissier. Heureux encore si, par suite de l'encombrement dans les bureaux de la Banque, il ne lui a pas été donné une indication inexacte ; dans ce cas, moins rare qu'on ne le suppose, après avoir couru de porte en porte, de bureau en bureau, il faudra encore, et pour comble, payer les 2 fr. réclamés par le clerc chargé de faire le protêt. Et tout cela dans l'hypothèse d'un seul effet à payer. S'il y en a plusieurs, il est impossible d'échapper au protêt.

XXII

L'envahissement du privilége et la restriction du droit commun s'étendent et se généralisent, pénétrant là où jamais on n'aurait craint ni seulement soupçonné leur intrusion possible : partout les communaux reculent devant l'appropriation et l'expropriation. Les acquéreurs, les acheteurs, les simples effrontés parfois, mettent la main sur certaines choses de jouissance commune, élèvent une barrière, dressent un tourniquet, et, sans autre droit que leur impudence, lèvent tribut sur le public, riche et pauvre.

Il existe dans le département du Puy-de-Dôme, à 40 kilomètres au sud de Clermont, un établissement de bains, très-renommé aujourd'hui, le Mont-Dore. Ce n'est point, comme beaucoup de stations balnéaires, un lieu de rendez-vous pour les désœuvrés; les dilettante, les gens qui ne savent où promener leur oisiveté; les personnes qui fréquentent le Mont-Dore sont des malades *pour de vrai*, selon le dicton populaire. Imposer, au profit d'un propriétaire, collectif ou individuel, un don gratuit de la nature, surtout lorsqu'il s'agit de maladies, de guérison et de santé, n'est pas moins qu'un sacrilége. On comprend que le fisc demande au citoyen valide, au travailleur, à l'être actif, en un mot, une part de son produit pour les frais généraux de la société; mais à l'impotent, au valétudinaire, au convalescent, à l'homme que son état maladif met à la charge des siens, réclamer des contributions, ce n'est pas moins qu'une erreur de comptabilité ; car c'est empêcher le travailleur, devenu à charge par la maladie, de redevenir actif, producteur d'utilité, secourable au besoin.

Entendons-nous bien : qu'un établissement se forme autour des sources salutaires afin d'offrir aux étrangers des soins, des procédés de bains perfectionnés, douches, inhalations, frictions, linge, chambres et lits de repos, salons de réunion, cabinets littéraires, le confortable enfin, rien de mieux : service pour service, et rien pour rien, c'est la loi sociale. Mais du pauvre qui ne réclame que le droit de boire aux sources et de s'y plonger, il ne peut être exigé de rétribution.

Ainsi en a-t-il été au Mont-Dore, de temps immémorial, jusqu'au 1er janvier 1861. Sous le régime féodal, alors que les sources étaient la propriété de quelque seigneur du pays, le droit du pauvre aux eaux naturelles n'a jamais été ni contesté ni prescrit.

En 1802, un sieur Lizet acheta les sources et demanda au préfet l'autorisation de percevoir indistinctement 75 centimes par bain et 15 centimes par litre d'eau. L'affaire fut instruite avec le plus grand soin, et il fut constaté :

Que le public avait joui dans tous les temps du droit de se baigner dans le bain de César et dans les cuves naturelles du Pavillon, et d'y puiser de l'eau *gratuitement.*

Conformément aux conclusions de l'enquête, un décret du 7 juillet 1809 déclara :

Que le sieur Lizet ne pourrait recevoir aucune rétribution des malades qui prendraient des bains dans les cuves naturelles et dans le bain de César, ni des personnes qui y puiseraient des eaux.

A quelque temps de là, sur l'avis conforme du conseil général du Puy-de-Dôme, les bains du Mont-Dore furent rachetés pour cause d'utilité publique. (Décret du 13 mars 1810.) Les experts chargés de procéder à l'estimation ne comprirent point dans leurs opérations :

Les bains pris, soit dans les cuves naturelles, soit dans le bain de César, non plus que les eaux puisées dans ces sources, par la raison que ces deux objets avaient toujours été *une jouissance gratuite et commune à tous*, et que le public avait été maintenu dans cette jouissance par le décret de 1809.

En 1822, la partie de l'établissement connue sous le nom de Piscines fut ouverte au public, et, pour la commodité du service, on y transporta les *bains gratuits*, sorte de servitude consacrée par l'usage et sanctionnée par décrets.

La conspiration contre le droit des pauvres ne se rebuta pas facilement : mais la gratuité triompha toujours, notamment encore par décret impérial du 8 mai 1813, par ordonnances royales du 23 décembre 1815 et du 29 août 1821. Le décret du 26 juin 1849 déclare, en termes exprès, que « les bains pris dans les deux grandes piscines sont gratuits *pour tous les malades indistinctement.* »

En 1855, l'établissement du Mont-Dore, depuis longtemps administré en régie, fut affermé au sieur B... L'article 3 du cahier des charges fixa les prix à percevoir pour l'administration des eaux. Il ne fut point fait mention des bains de Piscines, qui, comme par le passé, restèrent *gratuits*.

Enfin, au 1er janvier 1861, un nouveau tarif accorda au concessionnaire le droit de percevoir 20 centimes par bain de Piscines; en sorte qu'il n'existe plus de bains gratuits au Mont-Dore.

Entendons-nous bien encore ici : Les pauvres du département, qui adressent une demande au préfet du Puy-de-Dôme, obtiennent toujours la gratuité, *par permission spéciale et personnelle*. Le droit a été remplacé par le bon plaisir; et il y a des gens qui trouvent cela admirable, car, disent-ils : « La charité est bien au-dessus de la justice et du droit. » Les pauvres des départements voisins sont admis également, mais aux frais des fonds de secours votés par les conseils généraux

Ceci est peut-être moins grave que les empiétements de la féodalité financière et les tentatives des écumeurs; mais tout se tient et s'enchaîne; l'expropriation des pauvres en cette affaire rentre tout à fait dans les signes du temps.

§ 5. — LE JUDÉO-SAINT-SIMONISME ET LA PLÈBE SALARIÉE

XXIII

Nous entrons dans le septième cercle de l'enfer : *lasciate ogni speranza*. La population dont nous avons parlé jusqu'ici, contribuables, capitalistes et clients, n'est inféodée à la caste que par les intérêts. Celle dont il va être question dans ce paragraphe est asservie, non-seulement dans ses biens, mais encore dans sa personne, sa liberté, sa moralité, sa conscience.

En effet, s'il est une classe de citoyens qui excite à la fois l'envie de ceux qui ne la connaissent pas et la pitié de ceux qui l'ont vue de près, c'est celle des ouvriers et employés au service des grandes administrations. L'employé commence et termine son travail à heure fixe ; ses moments de loisir reviennent périodiquement ; il en peut disposer à sa guise, quinze jours et six mois à l'avance. Il ne connaît point les chômages, et son budget, fixé d'un bout à l'autre de l'année, lui permet d'agencer ses dépenses sans souci d'éventualités subversives ; il peut économiser sans craindre qu'une morte saison vienne l'obliger à dépenser pour le pot au feu la somme à laquelle il avait d'avance assigné un emploi. Il peut anticiper sur l'avenir, certain que les émoluments périodiques le mettront à même de solder ses emprunts. Sa part de responsabilité est minime en comparaison de l'industriel ; quelques retenues, une mise à pied ou toute autre peine disciplinaire sont l'unique châtiment d'une incurie accidentelle.

Quelle différence avec l'ouvrier, sans cesse assailli par le chômage et les contestations de salaires? Combien plus pénible est la situation du fabricant et du commerçant qui ont à prévoir les stagnations d'affaires, les tracasseries des clients, les mauvaises créances, les échéances critiques, les protêts, la faillite. Aussi sur mille citoyens vivant, à leurs risques et périls, de salaires et de profits, il n'y en a pas cinquante qui ne soient prêts à troquer leur position contre un emploi fixe, quand même les appointements en seraient au-dessous de la moyenne annuelle de leur gain. Cette maladie du fonctionnarisme n'est pas simplement un travers de l'esprit français, comme l'ont prétendu les vaudevillistes ; c'est l'indice d'un malaise profond qui se résume en deux mots : le manque de garantie, l'incertitude du lendemain.

Cependant c'est une triste condition, qui ne diffère pas sensiblement de la domesticité, que celle du fonctionnaire. Quel employé oserait jamais afficher une opinion différente de celle du patron ou du chef de service? Il suffit d'être suspect d'opposition pour se voir destituer? L'employé ne doit connaître ni parents ni amis quand on lui commande de frapper. Il doit être témoin et complice de tous les abus, de toutes les rapines, sans jamais avoir le droit d'exprimer un blâme. Le fonctionnaire qui n'a pas étouffé en lui tout sentiment de justice et d'honneur vit dans un véritable enfer ; on en voit parfois qui préfèrent sacrifier leur position, la vie de leur famille, plutôt que de rester dans un pareil état d'abjection morale. Mais ces Catons-là, on les compte. Le reste tâche de se mettre au niveau de la moralité commune et d'anéantir en soi toute espèce de volonté, suivant la recommandation des jésuites : *perinde ac baculus*. Nous ne parlons pas des surnumérariats, des visites et des petits cadeaux aux protecteurs, des femmes au point de vue de l'avancement, des compliments de bonne année aux chefs, des ovations de commande aux maîtres.

Si l'on rencontre encore dans les administrations des gens qui osent avoir une idée à eux et se permettre des observations, c'est que leur spécialité exige un savoir-faire qui ne s'improvise pas; on ne pourrait les remplacer sans gêner le service. On considère, non la personne, mais l'utilité qu'on en tire. Quant aux hommes de peine, manœuvres, gratte-papier, bureaucrates et autres, à qui suffisent vingt-quatre heures d'apprentissage, ils appartiennent au matériel plutôt qu'au personnel de la Compagnie. Or avec la mécanique et les grands ateliers, la part d'intelligence dépensée par le travailleur devient de moins en moins considérable. Pour un ouvrier, on compte vingt manœuvres. Chaque employé, en recevant sa nomination, se considère comme l'obligé de son protecteur; c'est une faveur de travailler.

Un publiciste, parlant des manufactures où l'on occupe les femmes, a dit :

Autrefois les patrons et les contre-maîtres entretenaient leurs maîtresses, aujourd'hui ils leur donnent de l'ouvrage.

Les riches patriciens de Rome nourrissaient à leurs frais de nombreux clients afin d'obtenir leurs suffrages dans les luttes du Forum. Les chefs de manufacture, les directeurs d'usines, les administrateurs de grandes compagnies disposent de véritables armées, qu'ils font manœuvrer à leur guise au scrutin ou ailleurs; car à cette population famélique, ils donnent du travail.

Cette décadence de la société n'a pas échappé aux plus optimistes.

La création des grandes entreprises, dit M. de Gérando, est un arrêt porté contre la petite fabrication dans les mêmes genres : elle fait périr les ateliers où le simple ouvrier travaillait pour son propre compte; elle cause une ruine momentanée, mais inévitable; elle met obstacle à l'emploi des petits capitaux.

Concentrant, dans la personne de leurs chefs, les principales opérations de l'intelligence, celles qui ont pour objet les calculs, la direction des travaux, les combinaisons du spéculateur, les grands établissements exigent de ces chefs une haute capacité intellectuelle, une plus grande culture, des études plus profondes. Par là, ils ouvrent aux lumières fécondantes de la science l'accès du champ de l'industrie; ils les y propagent, ils la dotent d'une part toute nouvelle et presque indéfinie de puissance intellectuelle. Mais en même temps ils restreignent, pour tous les agents relégués dans les rôles subordonnés, la part de coopération intellectuelle, *et remplacent pour ceux-ci la* PENSÉE *par l'*OBÉISSANCE.

La double tendance des grandes exploitations est donc à la fois *d'accroître le nombre des prolétaires et de les réduire à un emploi de pure exécution.* A mesure qu'elles s'élèvent sur une plus grande échelle, elles affaiblissent la classe moyenne, en réduisent l'importance et l'aisance; elles font naître dans l'empire de l'industrie *une sorte de féodalité nouvelle,* en groupant de vastes familles de travailleurs autour d'un chef, et liant leur destinée à ses établissements. (*De la Bienfaisance publique*).

Absorption de la petite industrie par la grande; suppression de la classe moyenne, qui va grossir les rangs du prolétariat; en haut quelques centaines de repus gaspillant des millions par centaines, en bas une nation entière exténuée de fatigue et de misère, manœuvrant au gré des chefs avec la précision d'une armée disciplinée : telle est la société que nous a faite le système féodal.

XXIV

Est-ce que nous mettons les choses au pire ? — Qu'on interroge les faits contemporains.

Plus subtils que les théologiens et les scolastiques, nous avons réalisé dans le domaine du travail la séparation du spirituel et du temporel, de l'idée et de la forme, de la théorie et de la pratique. Nous avons créé les écoles transcendantales de droit, de médecine, de pharmacie, des arts et métiers, des beaux-arts, peinture, sculpture, gravure, architecture, la Polytechnique, la Centrale, les Mines, les Ponts et Chaussées, la Normale, la Vétérinaire, la Forestière, sans préjudice des trois baccalauréats : autant de lits de Procuste, sur lesquels s'est jaugée, mesurée et moulée cette béate Médiocratie qui mène le monde. Les hautes fonctions sont réservées à la science pure, pure de toute pratique. Les mandarins du diplôme refoulent dans les bas étages les hommes de main et d'exécution, voués aux *œuvres serviles*, selon l'énergique et méprisante expression de l'Église.

Les citoyens du gouvernement provisoire de 1848 n'avaient pas trouvé le monopole suffisamment condensé. Ils avaient, ces grands révolutionnaires, imaginé la gratuité de l'École polytechnique et fondé l'école d'Administration.

L'École polytechnique gratuite, disaient-ils, c'était l'accès de l'enseignement supérieur, et, par suite, des hautes fonctions sociales aux prolétaires. Où donc avaient-ils vécu, ces réformateurs populaires ? On entre à l'École polytechnique à dix-huit ans, après huit ou dix années d'études préliminaires ; et le prolétaire, à dix-huit ans, doit savoir gagner son pain, et quelquefois celui de ses vieux parents.

L'école d'Administration, c'était pire encore. Dans les services publics, l'avancement peut être parfois donné *au mérite* ; avec l'innovation de nos démocrates, il n'appartenait plus qu'*au diplôme*. Les besogneux, forcés de travailler dès l'âge de quinze ans comme surnuméraires, voyaient leur carrière fermée ; quinze à dix-huit cents francs d'appointements devenaient leur bâton de maréchal. Les fils de famille, au contraire, éduqués, examinés, diplômés, prônés, appuyés, recommandés, débutaient à vingt-quatre ans par deux mille francs ; les hauts emplois devenaient leur propriété. Le *génie*, mot dont on est fort prodigue en France, ne peut vivre en sûreté qu'à la condition de se retrancher derrière les diplômes et de se claquemurer dans les certificats d'études spéciales. La concurrence du travail le glace d'épouvante. Aussi le travail est-il réduit à la portion congrue, quoi qu'il fasse et qu'il produise.

Il n'y a pas de progrès sans émulation, sans esprit d'initiative, et pas de grands inventeurs sans l'impulsion de la nécessité, dit M. de Janzé dans sa pétition au Sénat contre le monopole des ingénieurs. L'histoire des principales découvertes de notre siècle prouve que, sous le souffle de ces puissants mobiles, le génie peut se révéler à tout âge. C'est à de simples ouvriers, souvent à d'obscurs chercheurs que sont dues les plus belles inventions : la vapeur, l'hélice, la locomotive, l'éclairage au gaz, la télégraphie électrique, les chemins de fer. C'est l'étranger, enfin, qui vient de résoudre le problème de la pose du câble transatlantique.

Dans un pays où règne le suffrage universel nous rencontrons cette anomalie : un simple soldat peut devenir maréchal de France; mais un homme instruit, eût-il le génie de Brunnel, de Watt et de Stephenson, ne sera jamais ingénieur en chef des ponts et chaussées ou des mines; un employé de télégraphie, fût-il Hughes, Morse ou Caselli, ne deviendra jamais inspecteur général, s'il n'a passé sur les bancs de l'École polytechnique.

Tel est l'effet de notre organisation administrative, qu'il est, en France, aussi difficile de passer d'une classe dans une autre, qu'aux Indes de changer de caste.

Nous en voyons un exemple saisissant dans le corps des conducteurs des ponts et chaussées. Tenus dans un état constant d'infériorité par les ingénieurs, qui cependant ne sauraient se passer de leur expérience, ce que les conducteurs peuvent au plus espérer, c'est de profiter de la loi du 8 décembre 1850 pour conquérir le titre d'ingénieurs. Mais jusqu'à présent cette loi est restée une lettre morte. Est-ce à dire que depuis seize ans il ne se soit trouvé aucun conducteur capable d'en profiter? Non, les programmes d'admission ont été rédigés par des ingénieurs pour qui les connaissances théoriques ont seules quelque valeur; par des ingénieurs qui, considérant la pratique et l'expérience comme un *métier*, ont été dominés par la crainte de voir s'abaisser ce qu'ils appellent le *niveau intellectuel* de leur corps. Si l'on faisait subir des examens théoriques et pratiques à tous les ingénieurs, il est certain qu'ils ne seraient pas tous reçus conducteurs, ou, pour parler comme Beaumarchais : Aux capacités qu'ils exigent de leurs inférieurs, combien d'entre eux seraient capables d'être conducteurs?

Veut-on se faire une idée juste de la valeur des diplômes? Au praticien qui a coulé par milliers de mètres cubes le béton dans les piles de ponts et les pilotis, on impose de faire, dans un mortier de 5 décilitres, un ciment selon certaines formules sacramentelles, la plupart surannées et condamnées par l'expérience. S'il échoue, c'est fait de son avenir; il n'arrivera pas à l'ingéniat; on le renverra, en sous-ordre, continuer ses solides et utiles travaux sous la direction d'un pédant diplômé, ignorant de la pratique, aussi arrogant qu'incapable.

Le moindre ingénieur des mines, des ponts et chaussées, des constructions maritimes, des télégraphes et des tabacs coûte au moins à l'État et aux compagnies un million pour son apprentissage. Quand il sait à peu près son métier, on en fait un administrateur. Le poids du travail retombe en entier sur les piqueurs et conducteurs, rivés à la caste prolétaire.

C'est un fait constant, ainsi que le relève la pétition précitée, que nos polytechniciens sont purs de toutes les grandes inventions modernes. Ils vont chercher chez les Anglais et les Américains, toujours en avant sur les autres nations, des dessins, des outils, des machines, des procédés chimiques, même des erreurs après rétractation. La finance et les journaux les prônent; on ne prononce plus leurs noms sans ajouter : le célèbre, l'illustre, le doyen, l'incomparable; les voilà passés mandarins; et quand la coalition banquière, renseignée au juste sur leur gloire, a besoin de faire passer un coup d'État, elle prend un de ces enfants-prodiges, lui souffle des rapports, des exposés de motifs, et le bon public se dit avec conviction : Sur la garantie d'un pareil maître, il n'y a pas chance d'erreur.

Ce sont les ingénieurs qui ont inventé d'endiguer la Loire en travers et en long, de façon à relever le lit du fleuve et à faire pousser des saulaies là où, vingt ans avant, il y avait des profondeurs de trois à cinq mètres d'eau. Ce sont les ingénieurs qui conspirent l'abandon des rivières et des canaux au profit des chemins de fer, parce que la navigation ne prête pas au lyrisme. Ce sont les ingénieurs qui ont fait dédoubler le service de fabrication des poudres de guerre et de commerce, multiplier inutilement les manufactures de tabacs, afin de créer des emplois aux néophytes de la coterie. Ce sont les ingénieurs qui empêchent de chauffer à la vapeur les wagons ; qui maintiennent le frein à main contre les systèmes ayant pour moteurs la vapeur, l'automotion ou l'électricité. Tant que je serai directeur, disait un mandarin à un inventeur, je ne tolèrerai pas qu'on expérimente sur *ma* ligne d'autres innovations que les miennes.

Les plus ineptes conceptions, dès qu'elles émanent d'un membre de la caste, sont acceptées et payées au poids de l'or. Celles qui proviennent d'une autre origine sont unanimement repoussées, à moins qu'elles n'aient une importance telle qu'elles s'imposent, et dans ce cas on les vole purement et simplement. — Nous attendrons la déchéance, disent les nababs aux inventeurs. Le 11 janvier 1859, la Cour impériale condamnait la compagnie du Nord à 15,000 fr. de dommages-intérêts envers un inventeur dont elle avait pris gratis les procédés de graissage. La déchéance pour non exploitation pendant deux années, dit l'arrêt, ne peut être opposée par le contrefacteur, si l'inapplication provient du défaut de ressources pécuniaires, et surtout lorsqu'il s'agit d'une invention qui ne peut être mise en usage par le public, mais seulement par un nombre restreint d'industries.

26 février suivant, condamnation de la même Compagnie en 200,000 fr. de dommages-intérêts envers la succession Vaucher pour contrefaçon d'inventions brevetées (doublage métallique appliqué sur les surfaces frottantes).

Un autre détournement avait pris des proportions telles qu'une société en commandite s'organisa pour poursuivre les revendications.

XXV

Ainsi fonctionne la Médiocratie, la puissance nouvelle qui a détrôné toutes les autres.

Quand pourrons-nous nous débarrasser du *despotisme des capacités!* disait un jour le roi des Juifs, le plus grand d'entre les médiocrates. C'était à l'époque où s'instaurait le régime; il fallait bien des initiateurs, des professeurs dans toutes les branches du service. Certains ouvriers avaient l'effronterie d'afficher de l'indépendance! Aussi, dès que le machinisme fut monté, en fit-on table rase.

Un directeur, que nous pourrions nommer, informé que toute une classe d'employés du Nord se proposait de pétitionner contre une mesure dont elle était menacée, prévint ses subordonnés que, par ordre supérieur, quiconque se permettrait de rédiger, colporter ou signer une réclamation serait immédiatement destitué.

Les mécaniciens, gens de métier qu'on ne remplaçait pas alors aussi commodément que des graisseurs, conducteurs, aiguilleurs ou bureaucrates, se crurent assez indépendants pour passer outre à la menace administrative. Ils étaient unanimes ; c'était une force. Nouvel avis qu'on destituerait les premiers signataires, vu l'impossibilité de renvoyer tout le monde. Les pétitionnaires imaginèrent alors de tracer un cercle au bas de la réclamation et d'y disposer circulairement leurs signatures. Il n'y avait ni premier ni dernier ; impossible de sévir. L'administration se contenta de considérer la pétition comme non avenue et de passer outre aux observations des intéressés.

Il n'y a point d'employé de grande compagnie à qui dix ou vingt années d'un service irréprochable aient acquis le droit de mourir à sa tâche : un caprice d'administrateur suffit à briser sa position.

Les employés et ouvriers élevèrent, en 1848, quelques prétentions à des augmentations de salaires, à des atténuations de travail, à une participation dans l'organisation du service, même à une part dans les profits. Cette date est restée comme le cauchemar des administrations ; les rapports, après dix ans, parlaient encore avec horreur de l'époque où l'on était obligé de subir la *tyrannie du travail*. Comme on y a mis bon ordre depuis !

Les prescriptions les plus salutaires, les plus protectrices sont devenues depuis longtemps lettre morte aux mains des médiocrates. Autrefois on ne pouvait confier la conduite d'une locomotive qu'à un mécanicien de l'ajustage et du montage. La sécurité de la marche n'exige pas moins.

Aujourd'hui, dit M. Boutaud, les mécaniciens sont recrutés partout : des chapeliers, des maçons, des clercs de notaire, des terrassiers forment généralement les conducteurs de machines. Il est très-rare de trouver aujourd'hui, non-seulement des hommes instruits aux écoles du gouvernement, mais encore des ouvriers sortant des grands ateliers de construction. Aussi, un train de voyageurs reste-t-il en détresse, il faut attendre le secours de la gare voisine pour débarrasser la voie, les conducteurs n'ayant aucune connaissance du mécanisme de la machine.

Un grand nombre d'accidents sont le résultat du défaut de connaissances des conducteurs de machines. Pour donner une idée des graves inconvénients que présente le recrutement des mécaniciens ainsi qu'il a lieu aujourd'hui, nous prendrons un fait, et le plus singulier. Un chauffeur de nuit, autorisé à manœuvrer les machines, faisait une manœuvre à Tonnerre ; il ouvre son régulateur, ne peut ou ne sait plus le refermer, et va se promener sur le chemin d'Epineuil, où les roues de sa machine s'enfoncent dans les ornières jusqu'à l'essieu.

Qu'importe, se dit la Médiocratie ; plus l'employé est incapable, plus il est docile. Quant aux blessés et aux morts, les actionnaires payeront la casse, concurremment avec le Trésor, garant des *minima* de dividendes.

Et afin que le public ne prenne pas l'alarme au sujet de ces hécatombes humaines, le gouvernement s'est laissé persuader qu'au nom du salut public, il fallait dissimuler, à chaque catastrophe, le nombre des victimes. Il est défendu aux journaux de publier d'autres chiffres que ceux accusés par les auteurs et fauteurs de la boucherie. Veut-on un échantillon de la sincérité de ces états? Lors de l'accident du 9 septembre 1865, à la gare de Vaugirard, les tueurs accusèrent neuf morts et vingt-trois blessés; en tout *trente-deux* victimes. Quatre mois après, un avocat, plaidant contre une demande d'indemnité par une partie civile, disait : « L'affreux accident du 9 septembre a fait *soixante-dix* victimes; les tribunaux ne sont saisis que de deux réclamations; ce fait ne témoigne-t-il pas de la loyauté avec laquelle la Compagnie arbitre elle-même les réparations? »

Sur *soixante-dix* on avoue *trente-deux*, moins de moitié. Et voilà ce qu'on appelle protéger le public. Ah! la séquelle a raison; si le peuple connaissait par quelles combinaisons d'inepties et de cupidité, juifs et ingénieurs aboutissent à ces tueries historiques, il se révolterait pour tout de bon, et ce n'est pas sous le coup de ces émotions qu'il demanderait l'abolition de la peine de mort.

XXVI

Comment se fait-il que chaque fois qu'il évoque une affaire, le parquet ne rencontre pas d'autres coupables que d'infimes subalternes, estropiés le plus souvent dans la collision dont on les rend responsables? C'est que la terreur qui pèse sur les salariés rend muettes toutes les bouches.

A la suite des nombreux accidents qui ont signalé, dans l'été de 1855, l'exploitation des chemins de fer, M. le ministre des travaux publics ordonna une enquête. On accusait l'insuffisance du personnel, l'excès de travail imposé aux hommes de service. Le rapport ministériel s'empressa de déclarer que les compagnies étaient à ce point de vue à l'abri de tout reproche. Où M. le ministre avait-il pris ses renseignements! près des directeurs? ils ne pouvaient manquer de s'innocenter. près des employés eux-mêmes? La terreur traditionnelle aurait alors produit son effet; car il n'y a point de protection capable de défendre un subalterne contre la vindicte administrative.

Dès qu'un accident se produit, dit M. Emion, tous les employés semblent avoir perdu l'usage de la parole : en vain les cherche-t-on pour les interroger, se renseigner sur le malheur arrivé, sur les circonstances qui l'entourèrent, sur le nombre approximatif des victimes; chacun disparaît, ou s'il se trouve quelqu'un pour les besoins du service en face du public, il s'empresse de ne rien répondre.

M. Boutaud, sous-chef de gare à Montereau, a été révoqué après quinze années de services à la compagnie de Lyon, *parce qu'il avait fourni une note sur une collision à un commissaire de surveillance.* Dans deux affaires graves, le ministère public a pu reprocher à une compagnie d'avoir frappé de destitution ceux qui avaient été témoins à charge dans un procès antérieur. (*Des Accidents de chemins de fer.*)

Le gouvernement a des tendresses inexplicables envers les féodaux; quand il fait des enquêtes, sous le coup de la clameur publique, il choisit les témoignages; il n'accepte les déclarations que dûment signées et avouées, sans garantir le déposant contre la destitution. Il est de notoriété que les employés de grandes compagnies sont grevés de service, les petits surtout, conformément au principe que, moins on est payé, plus on travaille.

Un auteur écrit à ce propos :

Si les directions de chemins de fer favorisent les jeunes gens quant à l'admission, elles leur font souvent bien payer cette faveur par une surcharge de travaux. Il faut connaître l'intérieur de tous les services qui dépendent d'un chemin de fer pour savoir précisément jusqu'où va, sur ce point, l'exigence de certaines directions. J'ai à cet égard des données trop précises pour permettre de dire que je parle à l'aveugle ou à l'étourdie : cela va jusqu'à détruire, par l'excès du travail, la santé des plus vigoureux, et à dégoûter du service les plus zélés. Et cela sans la compensation, bien légitime pourtant, d'une paye égale au mal : ce qui se conçoit, puisque l'économie, qui veut qu'on fasse faire par un seul la besogne de deux ou trois, ne veut pas qu'on augmente un salaire insuffisant. Je crois remplir un double devoir en appelant aussi sur cet abus l'attention des hauts directeurs des compagnies. Ils feront bien d'aviser, car le découragement est grand parmi leurs employés les plus utiles. (*Des fusions*, par J. MARESCHAL.)

Nous avons relevé nous-mêmes, voilà quelques années, des états de service dont *les chiffres* ont peut-être vieilli, mais dont *les proportions* n'ont certainement pas changé.

Le conducteur d'un convoi de voyageurs ou de marchandises l'accompagne jusqu'à destination. Le train 103, entre Paris et Valenciennes, part à 11 heures 20 minutes du matin et arrive le lendemain à 5 heures 20, après un trajet de 18 heures. Le conducteur peut se reposer jusqu'à 3 heures du soir; et il ramène le train 106, qui met 17 heures 20 minutes à venir. Parti le 1ᵉʳ à 11 heures

20 minutes, il est de retour le 3 à 8 heures 20, après une absence de 45 heures, dont 35 et demie passées en route.

Au moins le conducteur peut dormir dans sa guérite ou son fourgon, bien que le règlement le lui défende; il n'en est pas de même du chauffeur et du mécanicien. Or ceux qui font le service des marchandises entre Paris et Saint-Quentin ont jusqu'à cinq nuits de suite à passer, comme le prouve l'état suivant :

Départ de Paris le 1er, à 9 heures du soir; arrivée à Saint-Quentin le 2, à 11 heures 30 minutes du matin; durée du trajet, 14 heures 30 minutes. — Départ de Saint-Quentin le 2, à 3 heures 20 du soir; arrivée à Paris, le 3, à 3 heures du matin; durée de la marche 11 heures 40 minutes.

Départ de Paris le 4, à 1 heure 30 minutes du matin; arrivée le même jour, à 2 heures 20 du soir; trajet, 12 heures 50 minutes. — Départ de Saint-Quentin le 4, à 8 heures 30 minutes du soir; arrivée à Paris le 5, à 7 heures 5 minutes du matin; voyage de 10 heures 35 minutes.

Départ de Paris pour Noyon, le 6, à 2 heures 45 minutes du matin; arrivée à Noyon à 9 heures 20; durée de la marche 6 heures 35. — Départ de Noyon à 12 heures 40 du soir; arrivée à Paris à 7 heures 25 minutes; trajet de 6 heures 35 minutes.

Du 1er, 9 heures du soir, au 6, 7 heures 25 minutes du soir, il s'est écoulé 118 heures, dont 63 passées en route. Mais aux termes du règlement, le chauffeur doit, à chaque voyage, nettoyer sa machine et faire ses tubes; c'est l'affaire de 3 heures. Le mécanicien doit être au dépôt une heure avant le départ ; l'un et l'autre, à leur arrivée, ont à remiser la machine, faire les garnitures et autres travaux accessoires ; en sorte qu'il faut compter, comme durée de travail, 12 heures en plus au mécanicien et 24 au chauffeur pour les six voyages ; ce qui fait, sur les 118 heures, à l'un 75, à l'autre 87 heures de travail contre 43 et 31 de repos, repos toujours pris sur le jour, puisque chaque nuit est passée en voyage.

J'ai entendu un mécanicien dire qu'il avait donné sa démission, parce que dans le mois de février notamment (son dernier), il avait passé vingt-cinq nuits sur sa loco- motive. Je ne me souviens plus si l'année était bis- sextile.

Un autre, qui était resté six nuits de suite en service, ayant demandé qu'on le remplaçât pour la septième, il lui fut répondu que ce n'était pas possible, à moins qu'il ne se fit porter malade par le médecin. — Je ne suis malade que de fatigue, dit-il ; je n'ai pas besoin d'autre traitement que d'un peu de repos. Il refusa de prendre son service à 2 heures 45 minutes du matin. Le fait fut considéré comme acte de rébellion et frappé d'une mise à pied de deux jours.

Les ordonnateurs restent inviolables, bien que les exécutants ne puissent contredire aux ordres de service. On a toujours expliqué les catastrophes par un fait parti- culier, isolé, sans se demander si la cause n'était pas organique.

Lors de l'accident de Boves, en 1864, le mécanicien avait refusé de partir avec sa locomotive, déclarant qu'elle était hors de service sans de fortes réparations ; un zélé s'était offert à sa place. Au poteau 121, l'essieu de la machine se cassa dans une manœuvre d'aiguille ; le train resta en détresse sur les deux voies, de façon à être pris en écharpe à la remonte comme à la descente : ce qui ne manqua pas d'arriver.

A la gare d'Apilly (Nord), il n'y a qu'un employé, qui est à la fois chef de gare, aiguilleur, garde-barrière, chargé du service télégraphique et homme d'équipe pour manœuvrer les wagons. (*Des Accidents de chemins de fer.*)

A-t-on bien lu la condamnation de ce pauvre aiguilleur du chemin de fer du Nord, qui a été cause à peu près seul de l'accident du 5 septembre dernier? On sait que deux trains se sont rencontrés à l'entrée de la gare, sous le pont Saint-Ange, et que dix-sept personnes ont été blessées.

Ce malheureux, nommé Blainer, a été condamné à six mois de prison et à 50 francs d'amende. Il fallait bien le frapper, puisqu'il était « coupable »; mais la condamnation, qui passe moralement sur sa tête pour aller atteindre la compagnie, a été singulièrement atténuée par la défense du manouvrier.

Cette défense a été brève, mais grave et bonne à méditer :

« Sur mes huit heures de travail, sans discontinuer, a dit l'aiguilleur, *j'ai une moyenne de* QUARANTE-CINQ MOUVEMENTS D'AIGUILLES *à opérer par heure.* J'ai toujours été bon ouvrier. La compagnie maintenant vient de me priver de mon emploi. J'ai vu mon erreur tout de suite. J'ai exposé ma vie pour la réparer. On ne sait pas enfin ce qu'est notre état! »

Non, en vérité, on ne sait pas ce que c'est; pas assez, du moins!

Quarante-cinq mouvements d'aiguilles par heure en une seule main!... c'est-à-dire le mouvement d'un lourd levier à donner presque une fois par minute, avec la nécessité souvent de faire peser la main sur ce levier pendant tout le passage du train; c'est-à-dire la nécessité de courir en travers de la voie d'un point à un autre pour passer de l'aiguille n° 1 à l'aiguille n° 3, de l'aiguille n° 4 à l'aiguille n° 7... aiguilles s'étendant sur un réseau d'autant plus large qu'elles sont plus nombreuses !

Blainer avait ouvert l'aiguille pour « garer » le train de marchandises de la Chapelle. Il avait oublié de la refermer pour l'entrée en gare de l'express de Calais. Mais à peine saisissait-il son erreur, qu'il courait au milieu des voies, au risque de se se faire broyer, qu'il criait, appelait, réussissait à faire tourner le disque indicateur qui pose automatiquement un pétard sur la voie. Bref, l'express prévenu a « renversé sa vapeur, » non pas à temps, mais de manière à recevoir un coup de tampon moins rude !

Ce drame de dix secondes nous prouve que Blainer n'était ni sans énergie, ni sans cœur, ni sans présence d'esprit, mais qu'ayant quarante-cinq coups de levier à donner *par heure*, il avait « une fois » oublié la quatre-vingt-dixième partie de son travail... refermer le levier ! (*Presse*, du 23 novembre 1866.)

Il y a trois classes de garde-barrières :
La 1ʳᵉ classe a 80 fr. par mois ;
La 2ᵉ — 75 fr. ;
La 3ᵉ — 70 fr.

Une somme de 5 francs est retenue pour la location de la maison, plus 3 du cent pour la caisse de retraite.

Pendant que les garde-barrières travaillent à leurs cantonnements, les femmes gardent les barrières et font les signaux ; elles reçoivent une indemnité de 10 francs par mois.

Ajoutons que les garde-barrières sont obligés de faire le service de cantonniers-surveillants. Nous voyons dans le procès de la Fouillouse qu'un des gardes de la voie principale, accusé de n'avoir pas fait un signal d'arrêt, était en même temps aiguilleur sur un embranchement. Le service ainsi organisé ne peut être un bon service, et la multiplicité des fonctions de ces agents mal rétribués amène plus d'un accident.

Dans le même procès de la Fouillouse, une des femmes garde-barrières, accusée de n'avoir pas fait les signaux d'arrêt, répond : Je n'ai pas vu à quelle heure le train était passé; *je n'ai pas de pendule*, et ce n'est pas avec 10 fr. d'appointements que je peux m'en procurer une. Et son avocat la défend en disant que la compagnie devrait au moins lui fournir l'outillage nécessaire pour qu'elle pût s'acquitter des fonctions qui lui sont confiées. (M. BORDE.)

Voici un article du règlement des mécaniciens et conducteurs du Nord qui confirme de tous points les cumuls incompatibles déjà relevés :

Il est formellement recommandé aux mécaniciens de siffler pour faire serrer les freins, lorsqu'ils voient un signal d'arrêt. Sans cette précaution, les agents préposés à la surveillance de la voie ne peuvent se rendre compte si les signaux ont été vus, et sont exposés par là à une incertitude fâcheuse. Les aiguilleurs des bifurcations, par exemple, quand ils n'entendent pas siffler aux freins à l'approche d'un disque tourné à l'arrêt, s'inquiètent de voir les trains ou machines continuer leur marche; car ils ne peuvent apprécier le plus ou moins de ralentissement. Alors, dans la crainte que le disque n'ait pas été aperçu, ils font les signaux à bras, *et portent ainsi toute leur attention sur un seul point*, lorsque, *par la nature de leurs fonctions, ils ont à surveiller* PLUSIEURS DIRECTIONS A LA FOIS.

XXVII

Un règlement défend aux mécaniciens de marcher à plus d'un certain nombre d'atmosphères; mais en même temps il leur enjoint d'arriver à l'heure, sous peine d'amende. Rien de plus sage : la sécurité publique n'a qu'à applaudir. Mais la sécurité publique sait-elle que ces deux prescriptions sont parfois inconciliables; que la vieille machine doit monter à dix atmosphères pour rendre le même service que la neuve à huit; que les rails, selon qu'ils sont secs ou mouillés, donnent plus ou moins de tirage, et que, pour arriver à l'heure, il n'y a point de mécanicien qui ne soit obligé de temps à autre d'enfreindre le règlement relatif au nombre d'atmosphères, en calant les soupapes?

L'observation de ce règlement tient au bon état d'entretien des machines et du matériel; et de ce côté les administrations sont loin d'être irréprochables. Pour ne citer qu'un tout petit exemple, un de nos amis a fait, avec une même machine, 36,000 kilomètres avant d'obtenir qu'on remît au tour les bandages de ses roues, qui étaient devenus littéralement à facettes.

A propos de l'accident des *Mouches*, du 7 septembre 1867, un correspondant de Lyon nous écrivait :

La journée des hommes d'équipage commence à 6 heures et demie du matin, et se prolonge jusqu'à 10 heures et demie du soir; le dimanche quelquefois jusqu'à minuit, toujours jusqu'à 11 heures. Les patrons mariniers souffrent et n'osent se plaindre. A qui iraient-ils demander leur pain? Les chauffeurs-mécaniciens, qui peuvent travailler ailleurs que sur les bateaux, ont été plus hardis; ils ont osé demander, vers mai ou juin, non pas une augmentation de salaire, mais une rémunération basée sur le nombre d'heures de travail. La compagnie s'est montrée fort irritée d'une pareille témérité; tous ceux qui n'ont pas renié la supplique collective ont été mis à la porte sans pitié. Par qui les a-t-on remplacés? Il serait intéressant que la justice s'informât où les chauffeurs actuels de la compagnie des *Mouches* ont fait leur apprentissage de mécaniciens.

J'ai connu personnellement Marcel D..., mécanicien au chemin de fer du Nord, condamné, en 1865, à trois années de prison pour l'accident de Pierrefitte. Il n'avait pas vu un signal d'arrêt, à quatre heures et demie du soir, par un temps brumeux des plus courtes journées d'hiver; et il était tombé sur un train en retard, indûment arrêté en gare à Pierrefitte. Or, plusieurs années avant, Marcel avait été victime d'un accident qui avai. failli lui coûter la vie. En passant à toute vapeur sous un pont, il avait reçu au front le choc d'une bouteille qu'un farceur de campagne, histoire de faire une malice, lui avait lancée du haut de la passerelle. Il était tombé évanoui, le crâne fendu. Il fut quelque temps entre la vie et la mort, et il n'entra en convalescence qu'au bout de six mois. Il lui resta au front une cicatrice grosse comme une corde de contre-basse et longue d'un décimètre. Lorsqu'il revint à la Compagnie demander du travail, on lui offrit de reprendre son service. Il répondit qu'il ne voyait plus d'un œil, et que de son autre œil, le bon, il n'était pas toujours lucide; *il lui passait des brouillards*, selon son expression ; il restait des minutes sans rien voir ; il n'était donc plus apte à conduire les trains, et demandait un emploi sédentaire. On lui répondit : « Ou votre service, ou la destitution ! » Il n'y avait pas à hésiter : Marcel reprit sa locomotive.

On a discuté si le disque d'arrêt de Pierrefitte était ou non allumé ; ce n'était pas la peine, après l'état où nous venons de dire que se trouvait Marcel. Le malheureux est mort à Sainte-Pélagie, d'ennui et de désespoir de se voir enfermé pour trois ans, avec la certitude de n'être plus occupé nulle part à l'expiration de sa peine. La vindicte publique a-t-elle lieu d'être satisfaite de ce résultat ? N'y avait-il pas plus coupable que Marcel dans cette affaire, et les rigueurs de la justice n'auraient-elles pas quelque peu frappé à faux ?

L'année 1855 a été spécialement signalée par d'épouvantables sinistres. Je me suis permis alors, profitant de certaines relations, d'établir une petite information. Il m'a été impossible de la publier à l'époque, la haute indépendance des journalistes envers les administrations m'ayant fermé tout moyen de publicité. Il a bien été fait une enquête officielle, mais aux enquêtes officielles n'est pas entendu qui veut. Puis ce moyen d'instruction d'une affaire me paraît fondamentalement vicieux, et je n'ai même pas offert mes documents à la commission. En voici un que j'extrais entre plusieurs.

En 1855, le mouvement à la gare du Nord de Paris était de 104 trains par jour (service d'été). Malgré cela, il est possible de garantir la sécurité, si l'on n'a que des trains réguliers ; mais que la fantaisie s'en mêle, et l'on en verra de belles.

Il y a des gens à qui les convois directs, express, postaux ne peuvent suffire : il leur faut des trains spéciaux. De ce nombre sont MM. les administrateurs; ils ne peuvent voyager confondus, même avec le *vulgum pecus* de l'aristocratie.

Le 11 août 1855, un convoi spécial, emportant MM. J. de Rothschild, Petiet, Delebecque, Picard et autres membres de l'état-major, se dirigeait à toute vapeur de Paris sur Boulogne. Suivant l'usage, le télégraphe électrique prévint dans toutes les stations qu'on eût à faire garer les convois du service régulier. Retard pour tout le monde, sans préjudice des éléments d'accidents, voilà qui s'appelle administrer. A 5 heures 56 minutes du soir, un train affecté au ballastage partait de la station d'Ailly, poteau 128; il s'arrêta au poteau 131, afin d'effectuer son déchargement. N'étant point averti du convoi extraordinaire et ne se fiant qu'au service régulier, le conducteur, qui avait tout le temps de faire sa besogne et de se remettre en marche, négligea d'aller à mille mètres en arrière placer un signal d'arrêt.

A 6 heures 34 minutes, le train spécial passait à Ailly; le convoi de ballast avait une avance de 38 minutes sur lui; le chef de gare jugea l'espace suffisant et ne fit pas de signal d'arrêt. Quelques minutes après, la locomotive remorquant le wagon de MM. les administrateurs arrivait sur les tombereaux de ballast. Heureusement, le mécanicien avait aperçu l'obstacle et commencé de ralentir. MM. les administrateurs en furent quittes pour un choc; mais trois hommes de service furent tués, et deux grièvement blessés.

On fit aux morts des funérailles de première classe;

on traita des indemnités de gré à gré; il fut attribué à chaque veuve une rente de 200 fr. par an jusqu'à la majorité de leurs enfants, plus un livret de caisse d'épargne de 1,000 fr. On accorda à chacun des blessés 4,300 fr. une fois payés. L'affaire coûta environ 35,000 fr. à la compagnie, non compris les dégâts causés au matériel. Nous disons *à la compagnie*, aux actionnaires, non aux administrateurs.

Les tribunaux évoquèrent l'affaire. Les victimes naturellement désignées étaient le chef de station et le conducteur du train de ballast. Le crime était flagrant. Le premier criminel avait négligé de faire arrêter le train spécial, comptant sur la suffisance de 38 minutes d'intervalle; le second avait négligé d'envoyer à 1 kilomètre en arrière indiquer que la voie n'était pas libre, parce qu'il ne comptait pas sur le passage d'un convoi extraordinaire. Ils furent condamnés, l'un à un an, l'autre à trois mois de prison.

Eh bien, je doute que la vindicte publique ici encore se déclare satisfaite. La haute fantaisie de MM. les administrateurs valait bien aussi quelques années de prison et quelques dix mille francs d'amende. Réserver toutes les sévérités contre les subalternes, c'est agir comme le chien qui mord le bâton, au lieu de sauter sur la main qui le manœuvre.

M. Michel Chevalier, grand panégyriste de la finance, bavardant à tort et à travers sur la matière, a dit quelque part :

Le chemin de fer, ou, pour parler plus généralement, la vapeur, dont il est la plus surprenante application, est, dans l'économie intérieure des sociétés et dans celle du monde, l'agent efficace d'une double révolution, vers laquelle la pente de l'histoire, ou, pour mieux parler, l'irrésistible génie qu'a mis en nous la Providence, nous mène depuis l'origine des temps. Premièrement, dans l'intérieur de chaque État, la condition des hommes tend à s'égaliser. Secondement, entre les États et les races, les dissentiments s'effacent, les hostilités s'apaisent, les intérêts s'harmonisent. Ce double mouvement est l'effet d'une cause unique, la puissance qu'acquiert journellement le sentiment de la fraternité parmi les hommes ; et puis il réagit sur cette fraternité pour la renforcer. Or ici, comment se présente le chemin de fer ?

Autrefois, quand un seigneur voyageait, il était, avec sa suite, à cheval, en grand appareil de force. L'artisan qui se déplaçait cheminait à pied, au milieu des fondrières ou par des sentiers escarpés, tout seul, quand il n'avait pu trouver quelques-uns de ses pareils qui eussent par hasard la même route à faire. Plus tard, le même seigneur et l'homme opulent du tiers-état, qui s'était, à beaucoup d'égards, assimilé à lui, allaient en poste. Le paysan ou le compagnon continuait d'aller à pied, ou tout au plus il s'élevait jusqu'à la patache. Aujourd'hui tous vont sur le chemin de fer, par le même convoi, dans des voitures qui se tiennent. Le petit bourgeois est souvent dans le même compartiment que le duc et pair, là où il subsiste encore des ducs et pairs. *Personne n'éclabousse son voisin.* Tout le monde obéit docilement au conducteur du convoi ; nul n'a d'ordre à lui donner. Là aussi le droit commun s'est substitué au privilége.

Le privilége a donné sa réplique ; il serait superflu de la commenter.

XXVIII

Les anecdotes que nous avons semées à travers ce récit ne sont pas de ces dernières années, et pour cause.
C'est que, depuis, le mutisme a prévalu sur tous les
points, avec l'élimination du *despotisme des capacités.*
Ce n'est plus dans l'industrie, dans les chantiers, dans
les ateliers, que la Médiocratie va recruter son personnel ; c'est dans les fruits secs *de notre brave armée* (style
consacré). Le *vieux troupier* envahit tout.

Par vieux troupier, nous n'entendons pas le malheureux qui, à son corps défendant, a subi le sort de son
numéro ; celui-là s'empresse de revenir à ses outils ou à
sa charrue sitôt son temps fini ; nous comprenons seulement le soldat par amour, celui qui, ayant manqué sa
position civile, s'est engagé ; ou tel autre qui, ayant
désappris le travail, a renouvelé bail d'un second congé.
Au bout de dix ou quinze ans, fatigués de la vie de
caserne, désespérant de l'épaulette, ces braves demandent à redevenir péquins. Mais à quoi les occuper ?
Les grandes Compagnies, heureusement pour eux, se
sont trouvées là. Dès qu'il s'agissait de remplacer l'aptitude par l'obéissance, le savoir par l'uniforme, la division
du travail par la souplesse des caractères, la Médiocratie
ne pouvait trouver mieux. Aussi bien les protections se
concentrent-elles de préférence sur cette élite de déclassés ; on va jusqu'aux Tuileries chercher des recommandations pour une place de cantonnier. On a fourré jusque
dans les ateliers de réparation de vieux soldats qui n'ont

jamais touché une lime ni un marteau. La lettre de présentation remplace l'apprentissage. Tout cela n'est pas croyable, et cependant tout cela est vrai, rigoureusement vrai.

Les intelligents de la fondation avaient un sentiment profond de leur servitude; ils faisaient sur leurs exergues des plaisanteries pleines d'amertume. Ceux de Paris à Lyon traduisaient leurs initiales PL, par *pas libre*; quand la fusion ajouta à l'exploitation le réseau de la Méditerranée, ils interprétèrent PLM par *plaignez les malheureux*; ceux d'Orléans à Bordeaux lisaient dans les lettres OB les initiales d'*obéissance*. Le vieux troupier, à l'encontre, est fier de sa livrée; il se fâcherait si on en faisait matière à calembourg.

La docilité des servants étant en raison directe de leur inexpérience, de leur incapacité, on comprend que la caste rencontre dans ces recrues des dévouements de boule-dogues; c'est ainsi qu'on a vu un coup de tampon devenir un moyen d'avancement, le mécanicien, ou mieux, *le machiniste*, ayant accepté de couvrir l'ingénieur, à qui incombait toute la culpabilité.

Par l'effet d'une réaction naturelle, le vieux troupier apporte, dans ses relations avec le public, ces allures arrogantes du sergent instructeur, cette morgue du caporalisme auxquelles heureusement le public ne s'habitue pas.

Avant d'être embauché, l'aspirant au servage doit subir la visite à cul nu, comme à la révision; puis il doit produire un extrait de son dossier judiciaire. On l'avertit que son entrée dans l'administration implique de sa part adhésion à tous les *règlements*.

XXIX

Les *règlements !* voilà un chapitre qui va nous donner mieux qu'aucun autre la mesure de notre dépression morale et de notre servitude. Après les coups d'État que la féodalité s'est permis contre le public et contre la loi (voir les §§ précédents), on peut s'attendre qu'en ce qui concerne le personnel, l'arbitraire ne connait plus de bornes. Il y a peut-être à l'heure qu'il est deux millions de citoyens actifs, électeurs, éligibles, pour qui il n'existe, ni Code civil, ni Code de procédure, ni Code de commerce : rien que les lois octroyées de la Médiocratie, sans contrôle, ni du Conseil d'État, ni du Sénat, ni du Corps législatif; chaque pacha s'improvise, *proprio motu*, législateur.

Laissant de côté les ridicules prescriptions sur la longueur de la barbe et la coupe des cheveux, nous lisons dans un règlement de la compagnie du Nord, article 57 :

Les mécaniciens ou chauffeurs qui voudraient quitter le service de la compagnie devront en prévenir *par écrit* les ingénieurs de la traction.

Art. 58. Les mécaniciens restent soumis à l'action de l'autorité (*judiciaire*) pour le cas de coalition ou pour les accidents résultant de leur imprévoyance ou de leur négligence. Les peines qu'ils pourront subir pour l'une ou l'autre cause *ne se confondront pas avec celles* INFLIGÉES PAR LA COMPAGNIE.

Voilà donc un double Code pénal pour toute une catégorie de citoyens.

Règlement des conducteurs de trains, avril 1867 :

Art. 44. Chaque conducteur est tenu de fournir un cautionnement de 1,200 fr. Le cautionnement demeure affecté par privilége au payement des sommes dont le titulaire peut être constitué débiteur, *soit par une décision du Comité de direction*, soit par un arrêt judiciaire.

Encore un double Code pénal.

Le Comité de direction est *seul juge* des cas où la responsabilité est encourue, et détermine l'importance des indemnités auxquelles elle peut donner lieu, *sans recours possible contre ses décisions*.

Suppression du Code de procédure.
Voici un exemple d'exécution sommaire rapporté par M. Borde.
Un employé comptable de Nemours ayant omis de faire suivre comme débours une somme de 15 fr., son chef direct lui appliqua 2 fr. d'amende, l'agent général 5 fr., et M. le directeur général 200 fr. — Sur l'observation qu'on lui fit, que cet agent ne gagnait que 116 fr. par mois, qu'il avait une femme et deux enfants, il répondit : On retiendra 50 fr. par mois jusqu'à parfait payement.
Nous en appelons à tous les honnêtes gens, et nous demandons pour qui le bagne est fait, si ce n'est pour de tels actes. Comparée à l'omission de l'employé et jaugée aux proportions de son code, l'exaction de M. le directeur général mériterait vingt ans de travaux forcés.

Art. 45. Pour aider, dans certaines circonstances, les

conducteurs à supporter une partie des pertes et indemnités qui seraient mises à leur charge, il est constitué entre eux (par ordre, non spontanément) un fonds d'assurance mutuelle composé au moyen d'un versement de 100 fr. par chacun d'eux.

C'est-à-dire que le cautionnement est porté à 1,300 fr.

Il est administré par le Comité de direction.

C'est-à-dire d'office et sans la participation des assurés.

Toutes les fois qu'un conducteur est rendu responsable d'une perte ou d'une avarie quelconque, *le Comité de direction décide* si l'indemnité est laissée complétement à sa charge, ou bien si elle est supportée en partie par lui, en partie par le fonds d'assurance; *il décide* enfin si la compagnie elle-même prend à sa charge une fraction de l'indemnité.

Suppression des tribunaux civils et consulaires, seuls compétents pour arbitrer la part de responsabilité de chacun. Le règlement comporte 102 articles du même goût, un sixième en nombre du Code de commerce. Chaque classe d'employés a de même sa législation spéciale, quelque chose d'aussi étendu que les 2281 articles du Code civil, sans approbation des pouvoirs publics, sans homologation, sans promulgation.

Les grandes industries se sont modelées sur les grandes compagnies. Nous trouvons, dans un règlement de manufacture de Rouen :

```
Amendes de 10 centimes..........    5 cas
   —     de 10 à 15 c............    1 —
   —     de 10 à 20 c............    2 —
   —     de 10 à 40 c.. .........   10 —
   —     de 25 centimes..........    1 —
   —     de 15 à 50 c............    1 —
   —     d'une partie de la journée..    3 —
   —     de toute la journée.......    6 —
                                   ─────────
        Total des cas d'amende..   29 cas
```

Sans préjudice des retenues équivalentes au dégât, les seules légitimes ;

Sans préjudice de dispositions telles que les suivantes, complétement étrangères au droit commun :

Un cinquième seulement dés ouvriers de même espèce par chaque atelier aura droit à sa quinzaine en même temps. — Nul ouvrier ne peut partir sans faire de quinzaine. — Tout ouvrier succombant dans sa prétention devant l'autorité compétente, sera tenu d'acquitter, avant la remise de son livret, le montant des frais occasionnés par le jugement, faute de quoi le livret sera chargé.

Cette dernière prescription est en révolte formelle contre la loi, qui interdit, sur le livret, toute mention favorable ou défavorable.

Dans un règlement d'atelier d'ouvrières, même ville, nous trouvons cinq cas d'amende à 10 centimes, qui peuvent se renouveler plusieurs fois dans la journée. Quelques-unes doivent, à la fin de la semaine, se trouver en retour, surtout si l'on tient compte de certaines prescriptions draconiennes (pour des femmes), telles que celle-ci :

Il est défendu de parler inutilement, c'est-à-dire de choses étrangères au travail.

On objectera peut-être que c'est le seul moyen de *tenir* son monde. Cependant nous avons là un autre règlement où il n'est question ni d'amendes ni de dérogations au droit commun : rien que la remise ou la reprise du livret, quand on n'est pas content l'un de l'autre, et la responsabilité en cas de dégât ou de males façons.

Une disposition injurie   que nous avons lue ailleurs: l'ouvrier qui emporte des matières premières à ouvrer chez lui n'est pas admis à contrôler les pesées, bien qu'il soit responsable du manquant.

L'histoire des troubles de Roubaix a mis à jour le règlement suivant :

Art. 17. — Est passible d'une amende de 3 francs :

1° L'ouvrier qui fumera dans l'établissement ou rentrera avec une pipe mal éteinte.

2° Celui qui touchera aux courroies ou au mécanisme des métiers.

3° Celui qui, conduisant deux métiers, s'absentera un jour entier, même pour cause de maladie, s'il ne présente pas un certificat du médecin. — L'amende sera réduite à 2 francs, si l'ouvrier ne conduit qu'un métier.

Art. 18. — Est passible d'une amende de 50 centimes :

1° L'ouvrier qui allumera lui-même son bec de gaz.

2° Celui qui introduira un étranger.

3° Celui qui nettoiera ou graissera son métier pendant la marche.

4° Celui dont le métier sera reconnu mal nettoyé à la visite en détail.

5° Celui qui introduira ou boira des liqueurs dans l'atelier.

6° Celui qui coupera sa pièce avant les marques indiquées.

Art. 19. — Est passible d'une amende de 25 centimes :

1° L'ouvrier qui laissera traîner du déchet hors de son sac ou par terre.

2° Celui qui se lavera, se coiffera ou cirera ses souliers à son métier avant le dernier quart d'heure qui précède la sortie.

3° Celui qui se trouvera sans permission sur un point où son travail ne l'appelle pas.

4° Celui qui, à la visite journalière des bacs et baguettes, sera convaincu de malpropreté.

Art. 20. — Celui à qui il manquera un fuseau, ou buot sur la planchette, payera 5 centimes par fuseau ou buot manquant.

Comme on en peut juger, le Code pénal n'est rien en comparaison de ses innombrables annexes; et de même que tout Français est censé connaître la loi, de même « tout ouvrier, par le fait de son entrée dans l'établissement, est censé connaître et accepter le règlement. »

Il n'est pas bon que le patron mette la main, sous forme d'amende ou autrement, sur le salaire de l'ouvrier. Cela n'est ni légitime ni légal. Nul n'a le droit, même pour raison constatée d'indemnité et de réparation légitime, de se payer de ses mains, d'imposer des pénalités et d'exécuter des condamnations.

XXX

La grève de Roubaix soulevait une question bien autrement grave que celle des règlements; nous en dirons un mot par épisode, en passant, puisque aussi bien le congrès ouvrier de Bruxelles, en septembre 1868, a repris le problème. Il s'agissait pour les manufacturiers de faire conduire deux chariots par un seul fileur, réforme qui, de l'aveu des patrons, mettait *immédiatement* en disponibilité mille ouvriers environ. Les fabricants répandirent à profusion, pendant l'effervescence, une instruction économique des plus sensées.

Il est vrai, disaient-ils, que cette mesure va supprimer *momentanément* mille ouvriers. Mais comme les commissions reviendront aussitôt que les prix de vente des tissus seront abaissés, qu'en résultera-t-il? Il faudra monter 4,000 métiers de plus, et par conséquent occuper 2,000 ouvriers. Tout compte fait, la fabrique de Roubaix occupera, dans ces nouvelles conditions, mille ouvriers de plus qu'aujourd'hui.

Il ne fallait pas attendre l'émeute pour parler ce langage. Le moment est mal choisi d'initier le peuple, dans le moment du danger, à l'étude de l'économie sociale. Il ne faut pas que la perspective d'avoir, dans un an ou deux, 4,000 métiers de plus à conduire, soit présentée au prolétaire comme l'indemnité d'une année ou deux de chômage ou de famine; il ne faut pas que le calme stoïque du savant, déclarant que la société n'y peut rien, contraste trop avec les angoisses d'une population famélique : ce serait presque de l'ironie. Il y a quelque chose à faire, c'est incontestable. — Quoi? — Nous allons en raisonner au point de vue le plus pratique.

Il n'y a pas besoin de forcer les analogies pour trouver une grande ressemblance entre l'abolition d'un monopole et l'invention mécanique qui supprime momentanément des bras : dans les deux cas, il y a *déplacement de positions acquises*, réduction de frais et certitude de

surproduction prochaine, c'est-à-dire souffrances individuelles momentanées et profit pour la collectivité.

Le gouvernement impérial a rendu libre la profession
de courtier de commerce, et l'on a indemnisé les anciens
titulaires. La ville de Paris a racheté, au prix de quarante-sept annuités de 360,000 francs chacune, le privilége des Petites-Voitures ; mais elle n'a indemnisé ni les
bouchers ni les boulangers. L'État n'a donc pas de principes arrêtés sur la question d'indemnité ; il semble,
d'après ces précédents, qu'on doive indemniser les gros
et laisser les petits aux risques de leur situation. A ce
titre, l'ouvrier ne peut compter sur la chance d'une indemnité.

D'ailleurs, ce n'est pas là qu'est la solution. Que servi-
rait la machine si l'économie qu'elle apporte devait passer en secours et subventions aux déclassés? Mieux vaudrait garder l'ancien outillage, car il est plus moral de
payer aux travailleurs un salaire que de leur donner des
secours. Est-ce à dire qu'il faille abandonner par milliers aux mauvaises suggestions de la faim les ouvriers
dont un outil perfectionné brise les moyens d'existence?
Nullement. Dans une société engrenée par un si puissant
lien de solidarité, il y a une solution pour tous les problèmes.

Lorsqu'une industrie est complétement et à jamais
déclassée, comme les postes, les diligences, le roulage
à la suite des chemins de fer, le problème est bien
simple ; il est certain qu'une seule de nos grandes lignes
occupe un plus nombreux personnel que toute l'industrie des transports il y a trente ans. Si, au lieu de recruter les employés par voie de favoritisme et d'arbitraire,

on eût créé au profit des déclassés un droit de préférence, le chemin de fer n'aurait pas mis vingt ans à se populariser en France; il existe encore des contrées où on le considère comme un fléau; et c'est la première appréciation du travailleur dont il brise l'outil sans compensation *immédiate*.

Le cas des ouvriers de Roubaix est un peu différent. L'instruction économique publiée par les patrons n'avançait pas une vaine promesse. Sous un an, les mille ouvriers déclassés seront rappelés, et il faudra de plus faire des apprentis. Les patrons eux-mêmes ont intérêt à garder cette population sous la main. Or, les grandes villes, les départements ont toujours, dans un rayon de quelques lieues, de grands travaux publics à entreprendre, travaux indispensables, mais qui n'affectent pas le caractère de l'urgence.

Qu'y avait-il à faire? Les patrons de Roubaix avaient déterminé à heure fixe, et longtemps d'avance, le jour où l'application des deux métiers à conduire par un seul homme jetterait au moins mille ouvriers sur le pavé. Pourquoi n'avoir pas fait coïncider avec le même jour l'ouverture d'un chantier de terrassements? des chemins vicinaux à construire, des routes à rectifier, des côtes à baisser, des ports à creuser, des chemins de fer d'intérêt local à créer, est-ce que le travail manque?

Si la municipalité de Roubaix s'est crue en droit de décliner toute responsabilité envers les patrons, elle n'en peut dire autant avec les ouvriers. On a dépensé en répression, mouvements de troupes, jugements, emprisonnements, des fonds qui, judicieusement employés, auraient fait vivre les déclassés, supprimé le chômage, laissé des travaux utiles, et empêché jusqu'à l'idée d'une protestation. A mesure que les commandes auraient permis de créer de nouveaux métiers, les ouvriers seraient rentrés à la manufacture.

Que les administrateurs communaux ou départementaux chargent à outrance les émeutiers en les rendant responsables de tout ; ils ne se justifient pas complétement de leur négligence devant l'opinion. Le sabre, la baïonnette et la charge de cavalerie sont un triste moyen de faire de l'ordre ; on n'y doit recourir que quand on a épuisé tous les moyens. Et ici on n'a tenté d'aucun.

Aux bonnes paroles qui lui étaient adressées par le préfet, dit le *Progrès du Nord*, la foule a répondu :

Ce que nous voulons, c'est DU TRAVAIL.

Voilà toute la moralité de cette malheureuse histoire : *du travail !* On ne jette pas impunément mille ouvriers sur le pavé à jour fixe. Il y a là autre chose que le droit de coalition.

XXXI

L'épisode terminé, revenons à nos règlements.

Le plus beau que nous ayons jamais vu était intitulé : *Code pénal des cantonniers ;* il était signé du préfet et de l'ingénieur du département de la Vienne.

La grève mémorable des cochers de Paris a révélé dans les administrations privées des mœurs sans précédents. Le salaire normal était de 3 francs par jour ; mais une série de retenues pour habillement, frais de palefreniers, gardiens, lavage, assurance, prélevait 1 fr. 70 ; restait net 1 fr. 30 c., sans préjudice des amendes. Les cochers ne pouvaient vivre sans faire de temps à autre *sauter une course ;* l'administration le savait ; et elle faisait entrer cet élément de recette dans ses supputations. Malheur aux maladroits qui se laisseraient prendre ! Le détournement par consentement tacite, c'est le sublime du genre. Les grévistes en conviennent en ces termes, dans une lettre rendue publique :

4° Les cochers n'ont jamais nié que, selon l'expression de M. Ducoux, ils ne *détournaient* pas de la recette une somme suffisante pour compléter leur journée, avec la somme si minime qui leur reste après tous frais faits. Et c'est le plus grand motif qui les a fait mettre en grève ; ils veulent travailler sans être obligés de *détourner* ce que M. Ducoux leur reproche.

L'administration supputait encore, dans la recette, le *pour-boire,* devenu ainsi presque obligatoire pour le voyageur, déjà surtaxé de 33 p. 100.

Ainsi la Compagnie d'Anzin, « qui réalise à peu près chaque année en dividende son capital primitif, » selon le témoignage de M. Foucart, imputait-elle au salaire ce qu'elle appelle *ses bienfaits.*

La pension de 7 à 10 sous par jour, accordée autrefois à 50 ans d'âge, après 40 ans de travaux au service de la Compagnie, c'est-à-dire dans des conditions presque impossibles à remplir, ne serait plus, dit-on, donnée, qu'à un âge plus avancé. Il n'est pas jusqu'au loyer des habitations que la société met au service de ses ouvriers, qui n'ait été augmenté ; on a mis à la charge des ouvriers des réparations qui étaient autrefois à celle de la compagnie.

Même procédé au chemin de fer d'Orléans.

Dès l'année 1845, dit M. Maurice Valette, la compagnie avait associé ses agents à une participation dans ses bénéfices. Après l'acquittement des charges et la distribution de 8 p. 100 aux actionnaires, il devait être fait, sur l'excédant des produits nets, un prélèvement de 15 du cent en faveur des employés. Cette allocation avait pour but de compléter, de parfaire le chiffre des traitements fixes, dont il était impossible de méconnaître l'exiguité, l'insuffisance. Ce noble élan eut les meilleurs résultats. Le prélèvement produisit, sur l'exercice de 1853, 1,966,430 fr. 10 c , soit 40 fr. 96 c. p. 100 des traitements fixes. Malheureusement on se repentit de tant de générosité.

En effet, la répartition, d'un côté, descendit, en 1865, à 14 fr. 40 c. p. 100 ; d'autre part, la compagnie, en faisant miroiter aux employés, aux nouveaux surtout, la perspective de cette gratification, réduisait au-dessous de toute vraisemblance le chiffre des *appointements fixes ;* comme la compagnie des petites voitures, qui rognait de plus en plus la journée du cocher, par la raison que le bourgeois donnait le pourboire. Le dernier mot de la progression eût été, comme dans certains restaurants, cafés, établissements de bains, de *vendre* le droit de travailler dans la maison.

Pourquoi cette décroissance progressive de la part faite aux employés, quand les recettes de la compagnie suivaient au contraire une progression ascendante des plus marquées?

Quelque chose de plus choquant encore, c'est l'immixtion des administrations dans l'emploi que les salariés doivent faire de leur argent. Sur les prétendues bonifications, qui ne sont aujourd'hui qu'un appoint insuffisant au traitement fixe, la direction verse d'*office* à la caisse des retraites une part du *revenant-bon* à chaque employé. Le grand malheur, dira-t-on, de forcer des salariés à se faire des rentes!

Eh! justement, la rente *forcée* est plus qu'un malheur: c'est une dérision. En 1853, la compagnie, sur 40 fr. 96, portait 13 fr. 65 c. à la caisse des retraites, et remettait en espèces 27 fr. 31 c. En 1865, sur 14 fr. 40 c., elle retient 10 francs et ne laisse que 4 fr. 40 c. en disponible. Un ordre du jour a donné l'algarade à tous les employés parce qu'ils négligeaient la question de la rente.

C'est à des prodigues percevant de 800 à 2,000 francs par an qu'on ose tenir un pareil langage. Ils n'ont pas trouvé moyen de réduire leurs dépenses pour songer à leurs vieux jours. Ils ont cru ne devoir rien ajouter aux versements faits d'office pour leur compte! On est astreint à se serrer le ventre toute la vie en prévision d'une retraite à laquelle on arrive le plus tard possible, quand on y arrive! Et c'est ce qu'on appelle être administré... L'épargne est un superflu, un luxe qu'on n'a pas le droit d'imposer à l'homme qui manque souvent du nécessaire.

Ainsi parle l'auteur, auquel nous regrettons de ne pouvoir emprunter toutes ses révélations. Nous laissons de côté celles qui sont spéciales aux chemins de fer et à la compagnie d'Orléans, pour nous attacher surtout à celles qui ont un caractère collectif.

Un chef-dœuvre, entre mille, de la moralité du protectorat :

Un employé ayant demandé à retirer une petite somme de la caisse d'épargne, se fondant sur ce qu'un récent accouchement de sa femme lui créait des besoins auxquels il ne pouvait se soustraire, la réponse fut des plus singulières. Son chef de division, se souvenant qu'un pareil incident s'était déjà produit l'année d'avant, lui riposta par une fin de non-recevoir, ajoutant qu'il ne voyait aucune raison bien plausible pour que pareille chose ne se reproduisît pas tous les ans.

Les employés, réduits dans leurs appointements fixes et leur participation, au moment où la cherté de la vie s'aggravait d'un tiers au moins, osèrent pétitionner auprès de leurs seigneurs et maîtres.

Depuis quelque temps, dit un journal en 1867, les révocations se succèdent d'une façon singulière dans les compagnies de chemins de fer; celle d'Orléans surtout (c'est de là qu'est partie la première pétition) destitue et remplace ses employés avec une rapidité sans exemple jusqu'ici. Et qui sont, je parle du plus grand nombre, ces employés qu'on jette dehors? Vous le devinez bien : ce sont ceux qui ont signé la fameuse pétition de l'an passé. Ces malheureux, pour avoir osé se plaindre et élever la voix pour exposer les douleurs de leur situation, semblent être devenus les lépreux et les maudits de l'administration.

Ainsi, voilà des hommes, des maris, des pères de famille sur le pavé, sans ressources. Je ne parle pas d'économies : avec quels appointements les auraient-ils faites?

Que vont-ils devenir et comment dîneront demain leurs petits enfants? Où aller? Que faire? — Dans les autres compagnies, n'est-ce pas? exercer le *métier* qu'ils ont appris. Dieu merci! il n'est pas qu'une compagnie en France, et un employé peut espérer que, sortant du Nord, il entrera au Midi, ou à l'Est, ou à l'Ouest, pourvu qu'il sache son état et qu'il rende des services.

Eh bien! non. On dirait qu'une ligue tacite s'est formée. Les compagnies se sont entendues, elles se sont signalé les *meneurs*, — des *meneurs*, pauvres gens! — et il est admis en principe qu'un employé révoqué d'une administration n'entrera pas dans une autre. — Que voulez-vous qu'il fasse, cet homme, alors? Qu'il mendie? ou qu'il meure?

Comment en serait-il autrement? Ils ne sont que cent trente-six, les souverains de nos chemins de fer, ceux qui disposent de l'outil comme de leur propriété ; ceux qui font des lois contre la loi, contre le public et contre les salariés ; ceux enfin qui arbitrent au gré de leurs caprices et de leurs rancunes le sort de trois cent mille familles d'employés. Depuis que le despotisme des capacités a fait place à la livrée, que la consigne a remplacé le talent, la Médiocratie a beau jeu.

Les conseils d'administration font grand charlatanisme de leurs caisses de retraites et de secours. Qu'ils osent donc mettre en parallèle le *nombre* de leurs retraités et le *chiffre* des retenues effectuées. Au Nord, le prélèvement, obligatoire pour les employés à l'année, est de 3 p. 100. Pour jouir de la retraite, il faut être âgé d'au moins cinquante ans et avoir passé vingt-cinq ans au service de la compagnie. Celui qui aurait été trente ans dans les chemins de fer, dix ans à l'Ouest, dix ans à l'Est, dix ans à l'Orléans, n'a droit à rien, bien qu'ayant payé partout. On a toujours soin de chasser, sous un prétexte quelconque, l'employé qui approche de l'époque règlementaire. Les élus, quand il s'en trouve, touchent de 30 à 150 francs de rente annuelle, sous condition qu'ils quittent le service; car s'ils préfèrent continuer à vivre de salaires, les 30 francs de revenu leur sont supprimés.

Les ouvriers de la fondation, les capables, se sont retirés pleins de dégoût et de découragement; ils sont allés sur tous les points du continent porter l'initiative de leur expérience et de leur savoir. Beaucoup sont morts à la tâche; d'autres sont revenus, perclus de douleurs, éclopés de blessures, criblés d'infirmités. Que les princes du railway osent nous dire où se paye la retraite des survivants!

Rien ne se fait dans les compagnies que pour la pose, la réclame et le macairisme. Voici une lettre qui crible à jour ces procédés de charlatans :

Paris, le 3 avril 1867.

Depuis dix-huit mois, des milliers d'ouvriers sont employés au Champ-de-Mars à la construction du Palais de l'Exposition universelle. Des accidents excessivement graves, dont il serait difficile de dire le nombre, sont survenus. Moi-même j'ai eu une jambe fracturée (j'appartenais à la maison Gouin et Cie.)

Pendant ces dix-huit mois, le service médical a été confié à un seul médecin, que l'on avait eu soin de prendre loin du siége des travaux, afin sans doute qu'il fût moins à même de soigner les blessés. Ce médecin, forcé d'opter entre sa clientèle particulière et le service dont il s'était chargé, ne venait au Champ-de-Mars qu'une heure par jour, et les ouvriers qui n'avaient pas la prévoyance de se blesser pendant qu'il était présent, étaient mis sur un brancard et transportés à l'hospice sans avoir reçu de soins sur place.

Personne cependant ne peut nier l'importance extrême des soins immédiats donnés aux blessés. Serais-je estropié et incapable désormais de reprendre mon état si ma fracture avait été pansée de suite?

Lors de mon accident, je réclamai en vain l'assistance d'un médecin du voisinage ; je ne pus obtenir qu'on allât m'en chercher un, et ma fracture ne fut pansée que le *troisième jour*, à la visite du chirurgien en chef de l'hôpital.

Combien d'autres blessés se sont trouvés dans ma triste situation, et que les soins immédiats d'un médecin auraient singulièrement soulagés !

Maintenant que les travaux sont terminés, que les accidents sont nuls, on organise fastueusement le service médical de l'établissement; rien n'y manque ; pas même des professeurs de la Faculté. Lorsque quelque belle visiteuse ou de hauts personnages, incommodés par la chaleur, viendront réclamer des soins médicaux à peu près insignifiants, on ne leur dira pas que des centaines d'ouvriers, gravement blessés, presque mourants, ont été transportés sans soins immédiats à l'hospice, et le monde sera émerveillé de la manière splendide dont on fait les choses chez nous.

Je suis infirme, beaucoup de mes camarades sont dans le même état, et l'on nous dispute pied à pied, non-seulement tout secours quotidien, mais encore une misérable indemnité.

La commission impériale daignera-t-elle savoir que les merveilles qu'elle étale aux yeux du monde coûtent la vie ou la santé à un grand nombre d'ouvriers, et pensera-t-elle qu'une minime portion des sommes fabuleuses qu'elle va recevoir, serait bien employée si elle servait à procurer à ces invalides une existence honorable que le travail ne peut plus leur donner?

Pierre-Joseph BUVRY,
Passage de l'Alma, 26, Gros-Caillou.

XXXII

Les gueuseries des directeurs d'anonymats ont fait école. Les chefs de l'industrie restée relativement libre demandent à patauger en eau trouble, à l'exemple des seigneurs d'Israël et d'Enfantin. Les entrepreneurs de peinture de Paris ont eu une réunion dans le courant d'avril 1867. Voici un des griefs capitaux dont ils ont demandé le redressement. La préfecture de la Seine publie tous les ans une moyenne des prix (main d'œuvre et matériaux) des travaux du bâtiment. Quand nous disons une *moyenne*, c'est une erreur; il faut lire un *maximum*; les tarifs en effet ne sont qu'une simple fixation de mise à prix, sur laquelle les adjudicataires et entrepreneurs consentent des rabais de 15 à 35 du cent.

Quoi qu'il en soit, la publication de ces tarifs sert de base à toutes les expertises; l'individu le plus étranger aux travaux de la bâtisse peut se rendre compte par lui-même, et tout entrepreneur qui fait de la surtaxe est sûr d'être réprimé. Grand scandale parmi les spéculateurs en affaires! Les patrons peintres ont profité de leur réunion pour rédiger une pétition à l'empereur en vue *d'interdire* à la ville de Paris la publication de ses prix de série. Qu'on leur livre le client inexpérimenté à merci, qu'on fasse la nuit autour de lui, qu'on éteigne toutes les lumières capables de lui faire voir clair ; que les entrepreneurs de peinture, réunis en syndicat, solidaires pour l'étranglement des pratiques, soient choisis comme experts, en cas de contestation, à l'exclusion des architectes. Telle est leur conclusion.

L'enrégimentation des ouvriers par les grandes compagnies s'est également étendue à toutes sortes de professions. Les arts et métiers, la menuiserie, la serrurerie, la charpente, la cordonnerie, l'ébénisterie, se transforment chaque jour en manufactures. On n'apprend plus de métier, mais seulement un dixième, un vingtième de profession. Le *travail aux pièces*, seul moral, seule base du *prix vrai* des choses, rétrograde devant les *heures de présence*, l'entrée à la cloche, les repas à heure fixe, les amendes et les mises à pied. La population ouvrière s'acclimate à ce régime énervant ; elle tourne au lazzarone ; elle s'applaudit d'en faire le moins possible, tout en restant cloîtrée, claustrée, verrouillée pendant la durée réglementaire. Des loustics, sous prétexte d'égalité et de fraternité, trouvent que c'est là un système démocratique, l'heure de présence passant le niveau sur les forts, les faibles et les moyens. C'est le dernier mot de la servitude volontaire et le plus grave symptôme de la dépression morale. C'est surtout notre décadence comme nation productive ; car le prix marchand de toute chose, au lieu d'avoir pour base la moyenne du temps employé par l'ouvrier, balance faite du fort et du faible, ne repose plus que sur l'arbitraire. Les interventions d'État, par concessions de monopoles, subventions et garanties, achèvent de détruire jusqu'aux derniers éléments de la responsabilité. A quoi bon s'ingénier, chercher, combiner, en un mot *travailler*, puisque le soleil tourne d'un mouvement égal pour tout le monde et que le Trésor public est là pour combler les vides creusés par la paresse, l'ineptie et la fraude?

Sous l'empire de ces transformations, le monde producteur est entré dans une sorte de quiétisme précédant la léthargie et la mort. La paix, l'ordre public ne sont plus troublés, comme au temps où il fallait subir le despotisme des capacités. Que voulez-vous que réclame ou revendique un mortaiseur, un aléseur, un ébaucheur, un finisseur, un faiseur de tenons, de goujons ou de chevilles? Qu'attendre de ces pauvres vieux troupiers, piliers de caserne et de cabarets, qu'une haute protection a improvisés forgerons, ajusteurs, monteurs, chauffeurs, mécaniciens, chefs d'équipe au service de quelque railway?

La bourgeoisie, qui ne soupçonne pas la profondeur de l'abîme où la conduit cette décadence, s'applaudit de ce calme matériel, qui n'a de supérieur que celui des nécropoles. Aussi les premières grèves, après la loi du 25 mai 1864, ont-elles produit sur le monde des satisfaits l'effet d'une torche sur une nichée de frelons. Le journal des *Débats*, moniteur du laissez-faire, organe officiel de l'hypocrisie libérâtre en économie, n'hésita pas à déposer tout son bagage charlatanesque et à requérir l'emploi de la force; l'*Univers*, revenu à l'existence pour dénoncer, cria à la Révolution sociale; l'*Union* déclara que, guerre pour guerre, mieux valait précipiter les Français sur les Allemands dans une conflagration quelconque, avec ou sans motifs, que de laisser, à la faveur de la paix, les prolétaires produire leurs revendications.

Dans le cénacle de M. Jules Simon, on répandait sur la grève des tailleurs des histoires où le burlesque le disputait à l'odieux ; la peur fait accepter les calomnies les plus insensées. Dans les couloirs du Corps législatif, on parlait très-haut de demander le retrait de la loi sur les coalitions. Il semblait qu'on fût revenu aux plus mauvais jours des excitations haineuses du *Constitutionnel* contre les ouvriers et les socialistes.

Enfin, le républicain Jules Favre, *couronnant l'œuvre*, s'empressait de dénoncer à la tribune « *des réunions d'autant plus dangereuses qu'elles sont publiques.* »

Le seul obstacle à l'universalisation du régime médiocratique, c'est qu'il existe encore parmi les hommes mûrs, de quarante ans et au-dessus, des citoyens qui ont vu et pratiqué un autre mode de produire et de vivre, des capacités réfractaires, pleines de colère contre cette apothéose de la médiocrité, de l'incapacité, de la nullité. C'est là le seul ferment de dissidence. Quand cette génération sera éteinte, tout sera fini : ce sera le système de l'Égypte et de l'Orient imposé à la France et aux pays qui gravitent dans son orbite.

A ces symptômes de décadence s'en joignent d'autres : toutes les manifestations de l'esprit humain accusent une rétrogradation inouïe. Voyez la poésie populaire, *les Petits Agneaux, les Bottes à Bastien, le Pied qui remue, Zim-là-là*, et cent autres inepties aussi étrangères à la prosodie et à la langue qu'au sens commun. Consultez la statistique ; vous y constaterez la stagnation de la population, l'augmentation de la bâtardise, l'envahissement de la prostitution. Auscultez les mœurs d'après le théâtre. Autrefois les femmes célèbres se nommaient mesdames de Staël, de Girardin, Guizot; elles s'appellent aujourd'hui Rigolboche, Turlurette et Cora Pearl.

La bêtise humaine inconsciente, la faquinerie conspirent avec la corruption. Les ouvriers dévots à l'Orphéon concentrent leur activité sur une médaille à conquérir, une revanche à prendre, faisant ainsi d'une distraction le tout de leurs loisirs. Ceux qui ont la prétention de penser et de prévoir s'accrochent à des broutilles, une augmentation de cinq sous par jour, l'abolition de l'article 1781. Les forts en politique prétendent que le tout des libertés publiques, c'est de faire arriver à la chambre, contre les Peyruc du gouvernement, les Dufaure d'opposition : Dufaure, le ministre de l'intérieur du 13 juin 1849, fauteur du pillage des imprimeries Proux et Boulé, devenu libéral par la grâce d'une coalition d'*arriveurs* (un mot nouveau fait à la taille de la Médiocratie, *ambitieux*, *intrigants*, paraissant trop grandioses pour un si petit monde). Les pontifes de la sensiblerie, les coureurs de popularité accaparent l'attention à propos de l'abolition de la peine de mort, comme si, sous le coup des étreintes qui nous jugulent, rien n'était plus urgent que de sauver la tête d'un Avinain, d'un Lapommeraye, d'un Dumollard. Le saint-simonisme sentimental, convaincu que le régime judaïque n'a chance de s'implanter qu'au milieu de la démoralisation universelle, inaugure les réunions publiques par des cours de pornocratie, sous prétexte d'émancipation des femmes.

C'est à l'aide de ces exutoires qu'on masque l'intensité du mal. C'est en faisant de ces balivernes le *summum*, le résumé de la Révolution et de la justice, le tout des revendications légitimes, qu'on étouffe, chez la minorité de la population restée active, jusqu'au sentiment des dangers réels.

XXXIII

De combien avons-nous rétrogradé sur le régime antérieur à 89? car il n'y a plus de forfanteries égalitaires à étaler. Les lois de castes et de priviléges ne laissent aucune place à l'illusion. Nous sommes en plein servage.

Autrefois, la *dîme* ou *dixme* prélevait, comme son nom l'indique, jusqu'au dixième des produits du travail ; c'était le maximum de la prélibation privilégiée ; encore la faculté de s'acquitter en nature apportait-elle une atténuation à la rigueur de la taxe. Aujourd'hui le capital de la Banque ne travaille pas à moins de douze à vingt du cent ; les compagnies de chemins de fer riches supputent également par douze et vingt du cent, c'est-à-dire par cinquième, le double de la dîme ; le Crédit foncier table sur vingt-cinq du cent, le quart ; le Gaz sur vingt-sept à vingt-huit du cent, deux fois et demie la dîme.

Autrefois encore, le droit de propriété était nettement distinct de l'impôt d'État ; il n'entrait dans le prélèvement et la répartition ni confusion ni cumul. Actuellement, le public, taillable et corvéable sans merci ni miséricorde, commence par suer, sous forme de *contribution* PUBLIQUE, les milliards à l'aide desquels se constitue le domaine des modernes féodaux; puis il paye, à titre de *droits* PERSONNELS, les douze ou vingt-huit du cent dont la caste compose ses dividendes.

Autrefois toujours, le dîmeur suivait les chances de l'exploitation, prenant plus dans les années plantureuses, se contentant de moins dans les années de famine. Il participait en un mot à la bonne et à la mauvaise fortune du tenancier, du corvéable. Nos barons contemporains ont changé tout cela : il leur faut un minimum de revenu annuel, quelles que soient les chances. L'intempérie des saisons, la gelée, la grêle, la pluie, les inondations ont stérilisé et paralysé le travail. Les récoltes seront maigres; Jacques Bonhomme se serrera le ventre; il n'aura que peu ou point de produits à échanger. Qu'importe? Le dividende est inviolable; ce que Jacques Bonhomme ne pourra fournir en trafic aux féodaux, il le payera en contributions; il parfera sur son labeur le contingent dont la male chance et le chômage ont grevé le revenu. Il payera pour l'honneur, la gloire et l'inviolabilité de la rente, sans recevoir en échange aucun service; car ainsi le veut la foi des contrats.

Hue donc! travaille et turbine, pauvre Jacques Bonhomme, sous le poids du jour et de la chaleur, car on t'a lié par des traités, et bien que tu n'aies rien accepté ni signé, toi seul n'as pas le droit de faillir à tes engagements.

Nous le redisons encore : jamais, à aucune époque, dans aucun pays, on n'a vu d'exemple d'une pareille économie politique.

Cependant il est de principe et de commandement chez nos pasteurs de peuples, démophiles, démagogues, démocrates, qu'on ne doit point éclairer ces misères ni mettre à nu ces plaies. C'est trahir la patrie et la liberté que d'attirer l'attention sur les horreurs de ce régime; c'est dévoyer les bons esprits des hauteurs de la politique transcendantale, que de fixer leur attention sur *d'ignobles intérêts matériels*. O cafards! votre spiritualisme commence d'être percé à jour; vous avez tous trempé dans les concussions de Mammon; voilà le secret de votre hypocrite ascétisme.

La démocratie française est allée chercher ses inspirateurs, ses directeurs, dans l'avocasserie et la presse: l'avocasserie, la seule corporation qui soit encore régie par les règlements et jurandes du moyen âge; la presse, monopole d'État depuis 1852 jusqu'à l'abolition de l'autorisation préalable, monopole, à toute époque, de la finance aux gros cautionnements, aux gros capitaux, aux gros pots de vin. N'avons-nous pas vu Jules Favre, défenseur de la vierge de la Salette à Grenoble, arracher des mains de la police correctionnelle l'entrepreneur du Graissessac à Béziers; Crémieux, enlever à Douai l'acquittement de Mirès; Victor Lefranc et Senard, couvrir de leur rhétorique les déportements des fondateurs du Mobilier; Marie, écrire des mémoires en faveur des cupides de la loterie mexicaine; Émile Ollivier, accepter un mandat *salarié* d'un souverain étranger, le vice-roi d'Égypte, crime de haute trahison pour un député français, d'après les principes de 92? Les barons financiers et les directeurs de grandes compagnies sont seuls dispensateurs des *causes grasses*; vraiment nos démocrates du barreau et de la politique ont le flair de Figaro, la dissimulation de Tartufe et la science de Basile.

Et nos grands écrivains du journalisme, combien en compte-t-on qui n'aient pas prostitué leurs réclames aux quatre-vingt-dix valeurs défuntes, aux maquignonnages des fondateurs de commandite, enrichis de la somme des ruines qu'ils ont entassées autour d'eux?

Est-il besoin de mettre en relief la profondeur de ces trahisons? En quoi l'empire industriel diffère-t-il de l'empire politique? Il a suffi au tiers-parti, peu sympathique, de lever un coin du voile qui couvrait les manigances protégées par le pacte de mutisme libéral, pour primer en une session les premiers ténors de la prétendue démocratie.

Ah! si la publicité de la presse et de la tribune avait mené de front la revendication des libertés et la dénonciation de l'inféodation financière, nous ne serions pas écrasés aujourd'hui sous le poids, nous ne dirons pas du despotisme, mais de notre *dépression morale*. Combien sont-ils, ces platoniques amoureux d'un ordre politique idéal, dans lequel on ne tient pas compte des intérêts matériels? Deux ou trois cent mille électeurs peut-être, affranchis par la rente des soucis quotidiens de la vie animale. Quant aux paysans, aux ouvriers illettrés, ignorants, que voulez-vous qu'ils se passionnent pour la liberté de la presse et le droit de réunion, si vous ne placez pas à la portée de leur intelligence et de leur main le programme, le plan des réformes qui les intéressent le plus? La vie politique a décru chez nous de plus de moitié depuis 1851 : pourquoi? C'est que de 1848 au coup d'État, socialisme et politique ont marché de pair, tandis que depuis, l'économie a été refoulée comme indiscrète et dangereuse.

Ce n'est pas seulement sur le monde électoral que frappe la féodalité; c'est sur les adolescents, sur les femmes; les femmes, détestables conseillères dans les époques de mutisme et de compression, toujours effarées, toujours tremblantes dès que le fils, le frère ou le mari parlent de protester, de revendiquer au nom du droit et de la justice. Est-il assez navrant, ce tableau de notre affaissement moral, de cette servitude, devenue volontaire à force de résignation? Comment espérer de tendre jamais le ressort, à propos de libertés idéelles, chez un peuple qui n'a pas seulement su défendre son pécule, son foyer, sa dignité, contre les envahissements d'une caste n'ayant que son audace pour tout droit? La revendication socialiste est-elle vraiment aussi matérialiste que le prétendent nos démagogues?

J'admirerai tant qu'on voudra l'héroïsme *des treize* et des organisateurs quelconques de réunions électorales, au bout desquelles ils voient leur nom sortir du scrutin, avec excommunication des réfractaires. Mais il fallait en même temps former des syndicats pour protéger l'actionnaire contre ses administrateurs, le public contre ses monopoleurs, le salarié contre ses exploitants. Il fallait dénoncer avec la même âpreté les violations de cahiers des charges et les violations de domicile, les coups d'État de la Banque et l'arbitraire de la police, les illégalités de tarifs et celles de l'impôt. S'il existe encore un moyen de galvaniser cette nation, c'est à la condition de réunir en un seul faisceau les cahiers de doléances du travailleur et du citoyen.

L'avocasserie et le journalisme veulent-ils encore tenir la tête du mouvement en ce sens ? ils y perdront et les causes grasses et les réclames dorées ; mais ils y gagneront en honorabilité et dignité. Que s'ils préfèrent continuer d'écumer les profits de l'empire industriel, à bas les masques ! ils sont et demeurent les plus fermes suppôts de l'empire politique. *Quod Deus conjunxit, homo non separet.* L'économie sociale d'un peuple est tout simplement la traduction matérielle en faits et actes de la pensée abstraite immanente dans sa politique.

CONCLUSION

§er. — Résumé de l'idée de ce livre.

Nous nous sommes appliqué à mettre, autant que possible, de l'ordre et de la méthode dans le récit des nombreux faits qui forment le fond de ce ivre et sa justification. Cependant, afin de donner encore plus de relief à notre thèse, nous en ferons ici, en quelques pages, le résumé synthétique. On ne doit pas craindre de se répéter quand il s'agit de populariser des questions auxquelles le public mord difficilement, si intéressé qu'il soit à les approfondir.

I

Ancien régime économique. — Les apologistes du système concurrentiel inauguré en 1789 n'ont pas manqué; il n'y a que l'embarras du choix quand on veut reproduire leurs déclarations et déclamations enthousiastes.

En effet, depuis Royer-Collard, « la démocratie coule à pleins bords »; c'est connu et convenu. Depuis 1830, « chaque soldat porte dans sa giberne le bâton de maréchal de France ». Depuis la déclaration des *immortels principes*, « tous les citoyens sont égaux devant la loi, devant l'impôt, devant la justice ». Ou encore : « Chacun peut aspirer aux plus hautes fonctions politiques et sociales; aucune loi de caste ne ferme la barrière. »

« Ce qu'Alexandre-le-Grand, à son lit de mort, disait à ses successeurs, nous vous le répétons à tous : Au plus digne ! » Ainsi s'exprimait un ministre de l'instruction publique, grand maître de l'Université, dans un discours de distribution des prix, au grand concours de 1839.

« Dans l'agriculture, l'industrie, le commerce, les sciences, les arts, les lettres, il n'y a plus de professions fermées, s'écriaient les économistes officiels. Le prolétaire ne doit accuser de sa détresse que sa propre incurie, sa négligence, son imprévoyance, son gaspillage. L'ouvrier rangé, sobre, économe, arrive toujours au patronat, à la fortune. A preuve : les trois quarts des électeurs censitaires ne savent pas seulement lire. » Là-dessus le baron Charles Dupin démontrait, chiffres en main, au moyen d'un budget méticuleux où figuraient jusqu'aux allumettes chimiques, que le tourneur de roue à trente sous par jour pouvait vivre, payer son terme, élever sa famille et mettre à la caisse d'épargne.

De là est venu le fameux axiome, cher à nos millionnaires contemporains, que la richesse va toujours à l'intelligence, à l'ordre, au travail, au génie, quoi qu'en ait pu dire Giboyer.

Le fait est qu'à une certaine époque, pourvu qu'on

eût reçu de la civilisation ou de la Providence des parents aisés, point regardants quant à l'instruction et aux frais qu'elle entraine, on pouvait devenir bachelier ès-lettres, ès-sciences, licencié, docteur, agrégé, officier, et prétendre à toutes les fonctions et professions pour lesquelles on exige le diplôme.

A part les offices ministériels d'huissier, d'avoué, de notaire, d'agent de change, de courtier de commerce et d'assurances maritimes, d'interprète-conducteur de navire, de commissaire-priseur; à part le professorat, la médecine, la pharmacie, le barreau, l'ingéniat, réservés aux lauréats des écoles spéciales; à part certains monopoles urbains, tels que la boucherie, la boulangerie, la vidange, les pompes funèbres, les théâtres; à part les monopoles d'État : télégraphie, postes, tabacs, poudres et salpêtres; à part quelques industries soumises à la formalité de la concession, comme l'imprimerie, la librairie, les usines hydrauliques, les mines, minières et carrières, et cent autres brouilles de même sorte, le Français était vraiment, et à juste titre, fier de son autonomie, de ses libertés, de son organisation économique égalitaire. Il pouvait faire, en qualité de producteur, tout ce qui lui plaisait, excepté ce que lui interdisait la loi ou la modicité de sa fortune.

Les économistes du temps, qui s'intitulaient à bon droit *l'école libérale*, développaient dans leurs cours, dans les revues et dans les livres, les bienfaits de ce régime et les avantages qu'il comporte. Pour être juste, il faut dire que chaque fois qu'ils se heurtaient à un monopole, ils en déblatéraient avec une conviction sincère et une verve intarissable. Ils avaient surtout des emportements de révolutionnaires contre la douane et les impôts indirects.

Pourquoi avons-nous changé tout cela?

II

INVASION DES MONOPOLES. — Les maigres priviléges que nous avons énumérés au paragraphe précédent, la plupart injustifiables, sans raison morale ni sociale d'exister, n'étaient qu'un atome dans l'ensemble de la production du pays. Mais, ce qui est plus grave, ils formaient enclave dans le droit commun; ils opéraient comme ferment de dissolution et de putréfaction. Une fois la porte ouverte aux exceptions, la loi n'est plus en sûreté.

Cependant, on aurait tort de croire qu'un gouvernement absolu, même en se basant sur des précédents, aurait été capable de transformer, dans un intérêt d'utopie ou de politique, l'économie sociale d'une nation, s'il n'avait trouvé, au moins dans une branche importante et dominante des services industriels, les raisons supérieures de cette métamorphose. Ce sont les chemins de fer qui ont fourni le prétexte.

En effet, en matière de banque, de crédit foncier ou mobilier, de navigation, de gaz, de voitures, de distributions d'eau, de docks, la liberté a ses partisans, aussi fondés en principe qu'en pratique. La nécessité de la centralisation et du monopole n'est pas moins contestée que contestable. Ce n'est plus la même chose quand il s'agit de chemins de fer. Là le plus libéral n'oserait soutenir qu'une fois la voie construite, le premier venu puisse à sa guise lancer sur les rails ses locomotives et ses wagons. La sécurité publique exige une réglementation qui va forcément jusqu'à l'octroi d'un privilége. Or une fois le monopole reconnu nécessaire, la question du plus ou du moins rentre dans le domaine de l'appréciation des pouvoirs publics. Le régime concurrentiel avait pesé sur les concessions du règne de Louis-Philippe, au point que les cinq mille premiers kilomètres de voie ferrée avaient été répartis entre une quarantaine de compagnies. L'Ouest actuel, par exemple, comprend huit anciennes sociétés : 1° Paris à Saint-Germain ; 2° Paris à Versailles (rive droite) ; 3° Paris à Versailles (rive gauche) ; 4° Paris à Rouen ; 5° Rouen au Havre ; 6° embranchements de Dieppe et Fécamp ; 7° Paris à Chartres (ou Ouest proprement dit) ; 8° Paris à Caen et Cherbourg.

On avait exagéré le morcellement au point de rendre onéreuses, par l'insolidarité et la multiplicité des frais généraux, les exploitations. L'empire, centralisateur politique par excellence, apporta son principe dans l'économie sociale et ramena tout le réseau à six compagnies.

Avec les chemins de fer apparait une autre idée : celle de *service public*. Commençons par concréter et exposer d'une façon lucide ce qu'il faut entendre par ces mots. Nous prendrons un exemple bien connu, la poste aux lettres.

A Paris, le transport d'un pli sous enveloppe coûte : 10 centimes par l'administration postale, et 2 centimes par les entreprises de distributions d'imprimés. On peut donc compter qu'à la poste, il y a 2 centimes pour le service rendu et 8 centimes ou quatre cinquièmes pour impôt. Taxe usuraire, exorbitante ! dirait l'école libérale ; que le fisc abandonne la place et qu'il laisse agir l'industrie libre : le consommateur y gagnera quatre cinquièmes d'économie.

Un moment, reprend l'administration : il est vrai que je lève 8 centimes d'impôt sur 10 que payent les habitants de Paris pour correspondre entre eux ; mais, par contre, il y a, dans la Creuse, la Lozère, la Haute-Loire, l'Indre, les Hautes et Basses-Alpes, la Corse, des facteurs que je paye 700 et 900 francs par an, et qui ne produisent pas 100 francs de recette annuelle. J'établis une compensation. Sans cela, telle lettre que je taxe 20 centimes et qui me coûte 10 francs de port ne pourrait circuler, ni à un prix ni à un autre.

Ici l'idée de service public est saisissante : il importe que telle commune, qui n'échange pas dix correspondances par semaine, soit desservie comme la grande ville qui en expédie cinquante mille par jour.

De la poste, service des correspondances, au chemin de fer, service des voyageurs et des marchandises, l'assimilation n'a rien de forcé. L'analogie disait que la ligne du Nord, par exemple, laissant du produit net, devait subventionner les lignes de Bretagne, des Cévennes et des Landes, insuffisantes à se défrayer comme trafic.

Nous avons expliqué comment, au lieu de suivre cette pratique, le gouvernement avait procédé par voie de concessions centenaires, de subventions s'élevant à 1 milliard et demi, de garanties portant sur 4 milliards en capital et 184 millions en revenus annuels.

Ce n'est pas tout, le gouvernement s'est dit, poursuivant ses analogies : La Banque de France aussi est un service public. Au temps des banques départementales, émettant chacune leur papier personnel, tel billet de 1,000 francs, par suite des oscillations du change, pouvait valoir 1,001 francs à Lyon, 999 fr. 50 à Rouen et 998 francs à Marseille. L'unité des billets à vue, au porteur, vraie monnaie de papier, est le corollaire, le complément naturel de l'unité de monnaie métallique, de l'unité des poids et mesures. Il faut donc investir un seul et unique établissement du privilége de fabriquer le papier monnaie.

Si nous voulons fonder une institution sérieuse, efficace de Crédit foncier, il importe de même que les obligations hypothécaires circulent uniformément et au même prix d'un bout à l'autre de la France. Si nous laissons faire l'initiative individuelle, tantôt la zone du Nord primera celle du Sud, tantôt les circonscriptions de l'Est seront en défaveur, et celles de l'Ouest à la hausse. Le principe de solidarité veut qu'il n'y ait qu'une sorte de titres : d'où la nécessité de monopoliser le Crédit foncier.

On a poursuivi ainsi à perte de vue les analogies. On a prouvé qu'avec la liberté des usines à gaz, des quartiers payeraient 20 et d'autres 30 centimes le mètre cube : ce qui équivaudrait à un droit de douanes de 10 centimes entre deux rues contiguës. A propos des services maritimes, il n'a pas été difficile de démontrer que la colonie de la Réunion avait autant de droits à la sollicitude de la métropole que celle du Sénégal, et qu'il fallait compenser, au moyen de subventions, la différence des parcours à suivre par les paquebots destinés au service de nos établissements coloniaux, qu'ils fussent situés en deçà ou au delà du Cap, dans le Pacifique ou dans l'Atlantique.

III

L'OLIGARCHIE FINANCIÈRE. — Ces considérations, qu'on ne s'y trompe pas, n'ont rien de spécieux ; sans elles, il n'est despotisme politique qui eût pu imposer à la France une transformation économique aussi radicale que celle dont nous avons décrit les effets subversifs au cours de ce livre. D'où viennent alors les mécomptes ?

Ils viennent, dit le principe coopératif, de ce que les SERVICES PUBLICS, au lieu d'être matière à *produit net*, doivent s'exploiter à *prix de revient*. Or, on sait comment a procédé l'économie politique du 2 décembre : subventions à outrance, garanties de revenus, d'intérêts et de dividendes, aliénation du domaine public sans autre réserve qu'un cahier des charges insuffisant, que les concessionnaires traitent à la Cambronne ; constitution d'une oligarchie dont on pourrait dénommer tous les membres, car leur nombre n'atteint pas deux cents ; concentration enfin, aux mains de cette élite financière, de toutes les grandes industries du pays.

Si nous avons pu qualifier de broutilles les priviléges antérieurs à 1852, les nouveaux méritent, en revanche, d'être taxés d'accaparement.

La Banque de France, par exemple, ayant seule droit de battre monnaie dans tout l'empire, pas un échange n'échappe à sa griffe. Les producteurs en relation directe avec elle sont les mieux traités. Les autres, livrés aux marchands de troisième signature, ont de plus un subrécot à payer. Entre ces derniers, il y a concurrence : l'un prend demi, l'autre un, l'autre un et quart pour cent de commission. Le taux de l'escompte à la Banque a été en moyenne, depuis le renouvellement du privilége, de 5 p. 100, c'est-à-dire qu'il y a monopole pour *cinq francs* et concurrence au delà pour *vingt-cinq centimes;* les cinq francs réglementaires restant, sacrés comme l'impôt, acquis au monopole.

De même tout colis et toute personne condamnés aux voyages doivent tribut au chemin de fer; le prix se compose : 1° des *frais de transport,* service réellement rendu ; 2° du *péage,* prélèvement ne représentant aucun travail et destiné à composer le *produit net* ou dividende. Lorsque le trafic des lignes ne suffit pas à donner un minimum de revenu, les contribuables parfont la différence sur l'impôt. Dans l'industrie des transports, il y a encore concurrence entre les coucous, les pataches, les camions, les charrettes, les tombereaux qui prolongent sur terre la voie ferrée; c'est-à-dire que le monopole des chemins de fer, comme celui de la Banque, accapare pour *cent* et laisse la concurrence se disputer sur *un.*

De même encore, de tous les procédés d'éclairage usités chez les citoyens, les compagnies de gaz ont monopolisé le plus usuel et le plus productif.

Ainsi a procédé et s'est constituée l'inféodation.

Pourtant, objectera-t-on, c'est bien la masse du public qui a fourni, par actions de 500 francs et obligations de 300 francs, les milliards englobés dans les sociétés mono-

poleuses. Comment concilier ce fait avec le mot d'oligarchie?

C'est ce que nous avons expliqué dans une publication
antérieure, à laquelle nous nous permettrons de reprendre
quelques alinéas.

Il y a, au point de vue que nous traitons, trois catégories
de citoyens bien distinctes, quant à leurs moyens d'existence : — l'une vit exclusivement de travail, de salaires;
— l'autre vit, partie de travail, partie de revenus; — une
troisième vit spécialement de la rente. La première ne
connaît le revenu que pour le payer tout le long de l'aune;
la seconde reçoit d'une main et paye de l'autre; la troisième reçoit plus qu'elle ne paye.

Les dix-neuf vingtièmes des porteurs de titres sont des
gens de labeur, ouvriers, industriels, commerçants, cultivateurs, qui se sont fait une petite épargne, *rentiers pour
DIX, producteurs pour MILLE.* Si le monde financier se me-
nait par la majorité des intérêts et des suffrages, cette population ne tarderait pas à comprendre qu'en élevant le
taux de l'intérêt, les tarifs de transport, les primes d'assurances, elle se crée sans contredit des augmentations de
dividendes; mais elle verrait qu'en même temps elle grève
d'autant sa production, sa main-d'œuvre, ses frais généraux; qu'elle puise dans sa caisse (compte de fabrication)
pour remettre dans sa caisse (compte de profits).

En un mot :

L'immense majorité, qui ne possède ni titres ni actions,
paye sans compensation;

Une portion considérable de rentiers, — de beaucoup
la plus considérable, — ne reçoit pas en dividendes ce
qu'elle a payé en primes, et reste en déficit;

Quelques-uns sont en balance;

Et les profits vont à un petit nombre de privilégiés.

Cette monstrueuse opposition d'intérêts entre les gros et
les petits porteurs d'actions d'une même entreprise amène-

rait infailliblement tôt ou tard un conflit, si la féodalité n'avait pris ses précautions pour empêcher la *vile multitude* de troubler l'ordre établi. L'assemblée générale des actionnaires de la Banque de France se compose des deux cents plus forts intéressés ; mêmes conditions au Crédit foncier et au Mobilier ; dans les compagnies de chemins de fer, il faut être porteur de 40 actions pour assister à l'assemblée générale.

Les places d'administrateurs sont également protégées contre l'envahissement de la plèbe. Les statuts imposent à chacun le dépôt de cinquante, cent actions, plus ou moins, en garantie de leur gestion.

En général, les statuts sont faits de façon qu'un actionnaire ne puisse prendre part aux délibérations de l'assemblée s'il n'a engagé au moins 25,000 francs dans l'entreprise. A la compagnie du Nord, on n'est admis, dans l'état actuel des cours, que si l'on représente un avoir d'au moins 45,000 francs ; à la Banque, il faut représenter plus de 100,000 francs.

Tandis que les honnêtes gens sont exclus des assemblées générales, pour cause de fortune insuffisante, et des conseils d'administration, parce qu'ils n'ont pas 100 ou 200,000 francs à consolider, les saint-simoniens et les juifs se livrent à des accaparements incroyables à force d'énormité ; on en a vu gouverner vingt compagnies différentes, 3 milliards et demi de capital, 10,000 kilomètres de chemins de fer et 100,000 employés de tous grades. En un mot, les 20 milliards de valeurs mobilières sont à la discrétion de 200 nababs, qui n'y ont pas engagé 200 millions. L'antiquité ne fournit pas d'exemple d'oligarchie aussi concentrée.

IV

LE SALARIAT. — Si les petits actionnaires, associés, co-participants de l'entreprise, sont ainsi refoulés et rabroués par les états-majors, que sera-ce des salariés? Le salariat gagne tous les jours en étendue; le champ des professions indépendantes se rétrécit sans cesse devant les envahissements du monopole. Où sont les graves antiennes du *Bonhomme Richard* et de *Simon de Nantua* sur les *bons* ouvriers, ayant une *bonne* conduite, faisant de *bonnes* épargnes, afin d'arriver à un *bon* établissement?

Que voulez-vous qu'il fasse de ses économies, le *bon* employé de la Banque? Dans quel établissement contingent à son métier, à son savoir-faire peut-il engager ses épargnes? Monter une succursale à son compte? La loi le lui défend, sous peine d'amende, de prison et de confiscation, jusqu'en 1897.

Et l'employé de la Compagnie du gaz, eût-il épargné des mille et des cents, fût-il un inventeur, un perfectionneur, force lui est de rester rivé au salariat jusqu'en 1905, si encore le privilége n'est pas renouvelé d'ici là.

En vain le cocher d'omnibus de Paris aurait entassé sou à sou le capital nécessaire à l'achat d'une voiture et de son attelage; s'il s'avise de lancer un véhicule à son compte sur le macadam de M. Haussmann, bon véhicule, bien payé de ses bonnes épargnes, le premier sergent de ville venu sautera à la bride de ses chevaux et le conduira à la fourrière. Puis, M. le préfet de police, plein de bienveillance, lui montrera le cahier de concession de la compagnie. — Repassez en l'an de grâce 1910, lui dira-t-il d'un ton paterne ; si d'ici là mes successeurs n'ont pas renouvelé le privilége, alors vous aurez le droit de voiturer à votre compte.

Soyez, si vous pouvez, directeur d'une compagnie de chemin de fer à 100,000 francs de fixe et 200,000 francs de gratification par an, ou bien cantonnier à 700 francs, ou encore femme de garde-barrière à 10 francs par mois. Quels que soient votre titre, vos émoluments, votre épargne, votre conduite, vous ne vous établirez jamais à votre compte dans cette partie-là. Tel est le sort, dans cette spécialité, de 200,000 chefs de famille au moins.

Depuis 1852 enfin, l'aggravation, l'augmentation et la concentration des monopoles ont parqué dans le salariat à perpétuité, sans égard à la conduite bonne ou mauvaise, *deux millions* au moins de travailleurs, sans préjudice de ce que réserve l'avenir.

Non-seulement les serfs du salariat sont par millions interdits de la faculté d'arriver à un établissement, mais, de plus, ils sont régis par un ensemble de règlements, auquel n'ont concouru, ni le Conseil d'État, ni le Sénat, ni le Corps législatif, ni aucun pouvoir public. Ils ne sont justiciables ni du jury, ni des tribunaux civils, ni de la magistrature consulaire. Le comité de direction, le patron, le contre-maître, le bon plaisir, la grâce, les rancunes, la haine, les représailles : voilà la loi et les prophètes. Il n'existe rien de pire en Russie, en Turquie, en Égypte ni dans l'Inde et autres pays réputés barbares. Les nègres réduits en esclavage avaient encore leur *Code noir*; nos salariés des grandes compagnies ne relèvent que du bon plaisir.

C'est à n'oser envisager l'avenir. Se figure-t-on ce que serait la France après quatre-vingt-dix-neuf ans d'un pareil régime?

§ 2. — TRANSITION ET TRANSACTION.

V

Le diagnostic, pour des lecteurs éclairés, devrait suffire à indiquer le remède. Mais, d'une part, nous sommes en face d'un public ignorant comme l'enfant à sa première dentition; d'autre part, le problème s'enchevêtre à la fois, et des complications naturelles d'un régime économique où l'individualité s'efface devant l'extension de la solidarité, et de la confusion imaginée à dessein par l'intrigue, la cupidité et la rapine. Les solutions de 1789 étaient d'ordre simpliste : il suffisait d'un décret pour abolir les maîtrises, les main-mortes, les droits seigneuriaux, les propriétés ecclésiastiques et conventuelles. Il n'y avait rien à mettre à la place. Allez donc, par imitation, légiférer sur le groupement des forces, la division du travail, l'échange, le taux de la commandite!

Nous voyons deux issues à notre régime de servitude : l'une immédiate, préparatoire et provisoire; l'autre définitive et dirimante.

Immédiatement, ce serait à l'administration publique de préparer les voies, en forçant les Compagnies de respecter leurs cahiers des charges, en leur défendant de légiférer contre leurs salariés, contre leurs actionnaires, contre le public, en dehors du droit commun. A cette fin, il faudrait attacher une pénalité à toute infraction, pénalité frappant, non *sur le fonds social*, mais *sur le délinquant*.

Faute par le pouvoir d'entrer dans cette voie et de forcer la Médiocratie au respect de la loi, les chambres de commerce, les chambres d'agriculture, le corps des notables, les chambres consultatives des arts et manufactures, les grands industriels, de leur initiative propre, devraient former des syndicats pour poursuivre devant les tribunaux toutes les dérogations au droit commun dont nous avons donné un mince aperçu. Encouragé par l'exemple, le prolétariat trouverait bien moyen de suivre le mouvement. Les Compagnies, nanties d'un contentieux si largement doté fût-il, reculeraient devant des exactions dont la répression serait poursuivie par un autre contentieux, inépuisable quant aux moyens et aux ressources. Il faudrait ajouter à cette organisation, constituée pour *la légitime défense*, un vaste système de publicité départementale et centrale.

La magistrature, qui ne vit et n'a de raison d'être que par le respect de la loi, a donné la mesure de ce qu'on peut attendre d'elle en ce sens, bien qu'elle n'ait rencontré aucun appui dans la presse jusqu'à présent. Il faudrait mettre plus souvent à profit ses excellentes dispositions.

Le mode de revendication que nous proposons peut arriver à sa constitution légale avec la nouvelle législation sur les Sociétés, titre de la Coopération.

Si le pays en masse commençait une protestation dans le sens que nous venons d'indiquer, il serait bientôt mis au courant de la solution définitive : l'éviction radicale du saint-simonisme, de la juiverie et de la médiocratie; pour peu qu'un journal seulement y vînt aider, ce serait l'affaire de quelques années.

Il n'y a point de réformes durables, capables de porter leurs fruits, si le consentement universel ne les approuve et ne les provoque. La France a laissé périr deux fois la république, deux fois l'empire, trois fois la royauté constitutionnelle; ainsi en sera-t-il des institutions qui ne se recommandent que par un côté idéal, métaphysique. Mais au commencement de 1868, nous avons vu les paysans de l'Ouest courir sus aux curés, parce qu'un vain bruit avait couru que le clergé fomentait un rétablissement des dimes et préparait une revendication de ses biens avant 89.

Combien il serait facile aujourd'hui d'instruire la nation sur ses intérêts et de lui mettre au cœur une haine éclairée, consciente, et des monopoles, et de leurs exactions, et des servitudes qu'ils traînent après eux. Que faudrait-il pour cela ?

Laisser à l'économie sociale, à la science, la liberté de publier et d'écrire, sans conditions de cautionnement ni de timbre, comme on fait en faveur de la *littérature malsaine* et pornocratique; permettre aux citoyens de se réunir pour traiter d'affaires sérieuses, comme on tolère qu'ils s'assemblent pour danser; encourager les associations politiques à l'égal des sociétés de tir et d'orphéon : autre preuve que les réformes de l'ordre politique et de l'ordre social sont indissolubles.

Dans l'état actuel de la constitution de la presse, il y aurait moyen de préparer les voies, sous condition de mener de front la guerre à la féodalité et la revendication des libertés civiques. Mais la presse n'en fera rien, non plus que l'opposition réputée, on ne sait pourquoi, démocratique. Nous en avons dit maintes fois les raisons au cours de cette lamentable histoire.

VI

Nous devons la vérité à tout le monde et à tous les partis. Après avoir stigmatisé la désertion de MM. les propriétaires de la démocratie sur le terrain des libertés économiques et de l'inféodation du pays à la coalition judéo-saint-simonienne, il y aurait injustice de notre part à passer sous silence cette fraction de la majorité du Corps législatif qui s'est séparée avec tant d'éclat de M. Rouher, à propos du traité de commerce et des monopoles intérieurs. Certes, la revendication de ce chef a pris des proportions et un ton d'âpreté qu'on n'aurait pas attendus de gens si éminemment conservateurs. Il fallait que les perturbations fussent bien profondes et les intérêts personnels bien vivement atteints pour que la protestation comportât tant de vigueur. Le tournoi économique a éclipsé un instant les joûtes de la politique transcendantale, et depuis, les deux questions, ou plutôt les deux faces de ce que nous appelons une seule et même question, ont gardé et garderont toujours, — nous l'espérons du moins, — une importance égale dans les préoccupations du public et de la chambre.

Cette évolution vaut la peine d'être étudiée.

Le Corps législatif, formé à l'origine sous la pression des recommandations officielles et des candidatures octroyées, s'était recruté presque exclusivement en dehors des partis politiques, ou du moins de leurs chefs de file. Le gouvernement impérial avait pensé trouver un appui solide, durable, inébranlable, dans les gros propriétaires, les riches armateurs, les puissants usiniers, les grands agronomes, les millionnaires, en un mot, du sol, du commerce, de la fabrication, de la banque et de la commandite. Cette élite de représentants des intérêts matériels, inaccessible à l'idéologie, capable au plus d'aspirations dynastiques ou cléricales à la réalisation desquelles, d'ailleurs, elle ne sacrifierait pas un fétu, ne pouvait manquer de donner son appui immédiat, définitif peut-être, à la réaction dont le 2 décembre s'était fait le promoteur. Dès que le programme politique ne visait qu'à rassurer les bons et à faire trembler les méchants, à protéger *la réalité* des affaires contre *l'utopie* des réformes, l'empereur ne pouvait mieux choisir son entourage et ses auxiliaires.

Sur les mesures de compression, la docilité de la chambre se montra à toute épreuve. C'était entre le législatif et l'exécutif un véritable mariage d'inclination, une lune de miel continue et sans nuages. L'arrivée des cinq, en 1857, ne changea rien à l'équilibre. Qu'étaient-ils? Que représentaient-ils? Ils venaient de Paris et de Lyon, villes de nomades tenues en suprême défiance par la majorité. Ils ne constituaient point d'ailleurs une nouveauté, puisque leurs prédécesseurs, six ans avant, avaient fait mieux ou pis, en refusant le serment.

Cependant l'idéologie, que nous définirions volontiers

ici la clairvoya... ... lendemain, pouvait présager dès le commencemen... que l'équilibre reposait sur une pointe d'aiguille, et qu'à moins d'une sagesse invraisemblable, surhumaine, une rupture éclaterait un jour, rupture capable d'aller jusqu'au divorce. A l'exemple des propriétaires de la démocratie, les conservateurs estimaient que la politique et l'économie sociale n'ont rien de commun, et, à l'opposé de leurs antagonistes, ils sacrifiaient volontiers les garanties constitutionnelles pourvu qu'on leur laissât les affaires. Si le gouvernement se fût contenté de politiquer, l'entente aurait été durable; la majorité lui aurait passé même ses velléités de gloire militaire, pourvu qu'il ne touchât ni à la rente, ni aux bénéfices d'industrie, ni aux intérêts de capitaux, hormis le motif d'amélioration et d'augmentation.

Mais, dit l'Écriture, l'Esprit souffle où il veut : *Spiritus flat ubi vult.* L'exécutif se composait principalement d'avocats, d'ingénieurs, de financiers, gens que tourmente volontiers la papillonne, et qui ne s'effrayent point d'expérimenter sur le corps social comme le médecin sur le malade. On n'aurait pas couru ce péril si les portefeuilles avaient été aux mains d'agriculteurs ou de manufacturiers. Le vertigo économique s'empara tout à coup un jour des têtes dirigeantes : si l'on faisait du nouveau, du libre-échange, par exemple! Sitôt pensé, sitôt résolu. L'affaire fut tenue dans le plus grand secret; les préliminaires du traité de commerce furent conduits comme une conspiration. Les femmes des ministres, dit un historien, copiaient elles-mêmes les protocoles, pour que le secret ne fût pas livré aux indiscrétions des plumitifs.

Le remaniement des douanes éclata comme une bombe sur la tête des protectionnistes. Ce fut un vrai coup de théâtre, un changement à vue. La stupeur ne tarda pas à faire place à la colère. Eh quoi! sans enquête, sans avis préalable, sans mesures conservatoires et préservatrices, sans transition, surtout sans l'avis ni l'approbation des représentants du peuple souverain, on livrait brusquement la production indigène à la concurrence extérieure! C'était d'un despotisme intolérable. On eût ajouté volontiers : Agents de Pitt et Cobourg!

Certes, on était mal fondé à pousser de si grosses clameurs, à propos du traité de commerce, quand on avait sacrifié au pouvoir exécutif toutes les libertés constitutionnelles de presse, de réunion, d'association, d'initiative parlementaire; quand on votait le budget avec faculté de virements de comptes; quand on avait livré à la police une arme aussi formidable que la loi de sûreté générale.

Quoi qu'il en soit, la protestation devait nécessairement partir d'abord de ce monde ultra-conservateur; il vivait sur la foi d'un compromis tacite d'après lequel il devait garder l'empire des intérêts matériels, en échange de la direction politique qu'il abdiquait aux mains de l'empereur; et voilà que tout à coup, sans avertissement, sans déclaration de guerre, l'exécutif faisait irruption sur son domaine.

Si encore tout s'était borné à une question de procédés! Mais la réforme des tarifs frappait en plein sur l'aristocratie agricole et industrielle du Corps législatif, bien plus rudement que sur le petit monde bourgeois et ouvrier qui avait élu le redondant Jules Favre, le pleurard Jules

Simon et l'isaïste Pelletan. Ou plutôt, le coup atteignait immédiatement, directement, brusquement, les grands usiniers, les seigneurs terriens, les métallurgistes, les propriétaires de mines; il ne se répercuterait sur les petites gens que par ricochet et dans un assez long délai. Est-ce cette différence de situation électorale qui a lié la langue de nos démocrates et délié celle du tiers-parti? Il ne fallait pas moins que cette commotion pour tirer la majorité de sa béatitude.

Une fois atteints dans leurs intérêts les plus essentiels, les satisfaits de la veille commencèrent à faire chorus avec la gauche sur les dangers du gouvernement personnel et sur le droit du pays à intervenir lui-même dans ses propres affaires. Examen fait des conditions économiques de la France, les scissionnaires s'aperçurent pour la première fois que nous étions grevés de budgets et de militarisme hors de proportion avec nos ressources; ils virent que les chemins de fer écrasaient la navigation là où ils ne l'avaient pas séquestrée; ils reconnurent que des fusions, des subventions, qu'ils avaient votées les yeux fermés, enchaînaient la production, les échanges, les transports aux fantaisies de quelques compagnies peu dignes; ils reconnurent que le Crédit foncier, le Crédit agricole, largement dotés par eux, en vue de venir en aide à la culture, ne servaient qu'à drainer les capitaux des campagnes et des villes au profit du grand Turc, en faveur de châteaux et de chemins de fer en Espagne, en Portugal, dans les Etats du pape. Toutes les institutions étaient dévoyées; toutes les sociétés gratifiées de priviléges, de dotations et de garanties, fonctionnaient à rebours de la lettre et de l'esprit de leur constitution. Le pays s'était saigné à créer des outils, des engins, des éléments de richesse et de bon marché, et tout cela avait été accaparé par une coalition de trafiquants, extérieure, en quelque sorte, et supérieure à la nation, prête à livrer notre fabrication et notre commerce à l'étranger pour peu qu'elle y trouvât du profit, des primes et des augmentations de revenus. Bref, par ses travaux publics et ses créations économiques, la France semblait prête à soutenir la concurrence du travail contre le monde entier ; c'est ce qu'avait pensé le gouvernement en faisant le traité de commerce ; et voilà que l'outillage national, sans que personne s'en doutât auparavant, se trouvait aliéné pour quatre-vingt-dix-neuf ans entre les mains et au profit d'une caste qui se soucie de l'intérêt français comme de celui des Patagons et des Hottentots.

Certes, si l'économie politique du 2 décembre n'avait frappé que les barons de la terre, du fer, de la houille et du coton, nous serions fort disposé à leur offrir, en guise de consolation, la ritournelle de la comédie : Tu l'as voulu, Georges Dandin, tu l'as voulu ! Mais après l'étude dont nous traçons ici les dernières lignes, il n'y a plus de place pour la raillerie. Si le filateur, le fabricant de tissus, le maître de forges supportent par cinquantaines ou centaines de mille francs les surtaxes annuelles dont les grèvent la Banque, les chemins de fer et les poulpes innombrables que nous avons signalés, le serf prolétaire, rivé aux grandes compagies, est encore plus maltraité ; car ce n'est pas seulement son salaire qui se trouve en jeu, c'est encore sa sécurité, sa dignité, son âme, sa conscience. Quant au bourgeois moyen, à l'exemple de l'ouvrier qui ne compte pas quels impôts il paye en s'approvisionnant au détail, il peut ne pas se douter des étreintes dont l'enserre le privilége. Mais en y regardant de près, il reconnaitra qu'il est encore le plus lourdement chargé; car lui aussi, dans le coût de sa consommation, rembourse à l'agriculteur, au manufacturier les exactions dont ces derniers ont été rançonnés par les monopoles. Voilà tout le secret de la cherté universelle.

Ainsi, le problème économique, dédaigné de nos démagogues, remis en lumière par la plus haute aristocratie du pays, se trouve être la question la plus complétement sociale de l'époque.

Tandis que nos démophiles, immobiles comme le dieu Terme, n'ont pas fait un pas vers l'économie politique, les économistes du Corps législatif, sous l'impulsion de l'intérêt personnel, ont du moins mis un pied dans le sentier du libéralisme. Ce n'est pas assez. Plus d'un, parmi eux, a donné son approbation aux deux mesures restrictives de la presse, le cautionnement et le timbre; plus d'un aussi s'en mord les ongles aujourd'hui. Les manufacturiers et les agriculteurs comprendront-ils qu'ils ne pourront jamais, en matière de publicité, faire concurrence aux spéculateurs qui ont encaissé les huit milliards de la razzia saint-simonienne, et qui se trompent à leur profit de dix-sept millions de commission sur une seule affaire, au dire des membres les plus respectables du Corps législatif? L'attitude de la majorité de la presse parisienne, sur la discussion du traité de la ville de Paris, est pleine d'enseignements : qu'on discute M. Haussmann, rien de mieux, c'est démocratique; mais respect au Crédit foncier !

Les économistes de la Chambre peuvent bien venir

tous les ans, une ou deux fois pendant quinze jours, étonner le pays par d'étranges révélations. Seulement, au bout de six semaines, le public n'y songe plus, et le journal quotidien, comme la goutte d'eau, lavant la place, finit par creuser la pierre. Il doit être suffisamment démontré que la suppression du cautionnement et du timbre, permettant aux honnêtes gens aussi bien qu'aux spéculateurs de faire leur journal à un sou, serait un acte de haute moralité et d'intelligente conservation.

L'essai des réunions publiques a troublé certains esprits chagrins de la majorité. Au lieu de requérir les sévérités du parquet, que n'organisent-ils des assemblées parallèles, faisant plus et faisant mieux? Les meetings populaires ont déjà commencé d'éplucher les monopoles; il y a eu des révélations et des développements qui auraient fait honneur à la tribune du Corps législatif.

Parlerons-nous des incompatibilités? Est-il moral, est-il juridique que les directeurs des chemins de fer du Midi et des Transatlantiques viennent d'une part, en qualité de concessionnaires, demander des subventions, que d'autre part ils se votent en qualité de députés? Est-il décent que les administrateurs du Crédit foncier signent d'une main un traité avec la ville de Paris, et que de l'autre, comme députés, ils déposent dans l'urne le bulletin approbateur destiné à donner à ladite convention force de loi? Nous savons que, selon la doctrine du *Siècle*, il est anti-démocratique de poser des limites aux choix du peuple souverain. Cependant, l'incompatibilité que nous signalons ici nous semble aussi motivée au moins que celle dont on fait bruit à propos des écuyers, des veneurs, des chambellans et autres salariés du château.

Toutes ces questions reviendront un jour ou l'autre devant la législature; que les économistes de la Chambre se souviennent alors de notre axiome : Les solutions du problème politique et du domaine économique sont inséparables et foncièrement solidaires.

Ce n'est pas tout de réformer les lois; il importe encore plus de transformer les mœurs. Ici le parti des économistes aurait à prendre une grande initiative. Les mécomptes des capitalistes, la ruine des petits et moyens porteurs dans les naufrages financiers avaient commencé à semer une légitime défiance. Les révélations portées à la tribune ont achevé la déconsidération des organisateurs et initiateurs du crédit public. Il n'est plus possible de lancer une entreprise avec les moyens qui n'ont que trop réussi depuis quinze ans. Le numéraire s'encave à la Banque; l'épargne s'entasse dans les comptes courants improductifs; c'est la grève du capital. Les seules affaires organisées dans ces derniers temps sont des émissions d'obligations et d'emprunts d'États français et étrangers. Rien de la commandite, rien de l'anonymat.

Cependant, il est telles entreprises auxquelles ne peuvent suffire les plus grosses fortunes individuelles; il y faut le concours public, l'association et le groupement des forces. De longtemps encore, nos petits et moyens capitalistes ne seront capables de juger et d'apprécier la valeur d'une combinaison industrielle; il leur faudra toujours, pour se décider, le patronage d'*hommes considérables*. L'ancien patronat est déchu, tombé sous le poids écrasant de sa propre indignité. Ne s'en constituera-t-il pas un nouveau, riche de positions acquises, plus riche encore d'honorabilité? Et faudra-t-il, faute d'initiateurs, rester, les portefeuilles pleins, en présence de la disette et du chômage?

Les mécomptes de la finance et de ses tributaires ne tiennent pas exclusivement aux malversations, ils viennent aussi d'une erreur d'économie sociale. Les établissements de banque ont seuls jusqu'ici engrené et organisé les associations industrielles. Or, il est élémentaire que la Banque ne peut engager ses capitaux à long terme; trois et six mois d'avances, c'est le maximum de course qu'elle puisse fournir. Si elle s'ingère dans des entreprises de quatre-vingt-dix-neuf ans, ce n'est qu'à titre d'intermédiaire et de commissionnaire. Sa déconfiture est certaine quand elle est obligée de garder ses valeurs. Il faut donc qu'elle réalise au plus tôt, et, naturellement, elle vise aux prix les plus élevés possibles. De là cet agiotage effréné, cette excitation à la prime, ce scandale d'appréciations surfaites, afin d'engluer le public et de l'amener à vider, contre écus sonnants, le portefeuille consolidé des institutions banquières. De là ce scandale de concessions séculaires escomptées en quelques années. Peu plus, peu moins de gaspillage, le système, eût-il été conduit honnêtement, ne pouvait aboutir.

La condition essentielle d'une régénération industrielle et financière, c'est que la Banque rentre dans ses attributions économiques, dont elle n'est sortie que pour le malheur des gens; c'est qu'à l'avenir elle opère exclusivement sur les valeurs à brève échéance, de trois à six mois, dont elle a mission de faciliter la circulation. L'organisation des commandites, des sociétés anonymes, revient de droit aux gens d'industrie qui ont l'habitude de tabler sur des *annuités*, non sur des *réalisations inté-*

grales et immédiates. Alors la supputation de l'intérêt et de l'amortissement constitue les valeurs de longue haleine presque à l'état de prix fixe. C'est déjà fait pour les obligations de chemins de fer.

Les économistes du Corps législatif sont mieux que personne en mesure de prendre l'initiative d'une réforme dans le sens que nous indiquons. Autour d'eux gravite tout un personnel moins connu, moins en relief, et qui réunit cependant les meilleures conditions indiquées dans ce programme; au premier ébranlement, ces personnalités deviendraient des notabilités.

Nous n'insisterons pas davantage : nous prierons seulement ceux à qui s'adressent ces lignes de méditer cette réflexion dont les échos de la Bourse, s'ils la fréquentaient, leur auraient déjà répété plusieurs formules : Avec les financiers, on faisait cher, on faisait mal, on faisait malhonnêtement, mais au moins faisait-on quelque chose. Est-ce qu'avec les honnêtes gens on ne fera plus rien du tout?

Des circonstances que nous n'avons pas cherchées font tomber notre livre au milieu des préoccupations électorales. Peut-être souffrira-t-il de la coïncidence. Nous croyons cependant que si l'examen des candidats était subordonné au principe que nous avons développé : marche et revendication simultanées des réformes de l'ordre politique et de l'ordre économique, ce serait la plus complète satisfaction cherchée par ceux qui attendent de l'élection et de la législature l'amélioration de notre organisme politique et social. Les problèmes soulevés ici ne sont pas, en effet, du socialisme de l'an trois mil; on ne peut pas songer à revenir sur les réductions de tarifs douaniers, qui ne sont, du reste, qu'une autre forme du monopole. Reconquérir, avec notre outillage national, notre dignité, notre autonomie de producteurs et de citoyens, telle est la solution : c'est au public de s'en souvenir.

Quoi qu'il arrive, et dussions-nous parler seulement au monde des convertis, nous exposerons dans une nouvelle publication (*Fédération du Travail*) la raison des bouleversements économiques précédemment décrits et les moyens d'arriver à une solution, à une révolution aussi légitime que nécessaire.

Déjà les lecteurs habitués à l'étude de ces questions ont compris quelle devait être la solution définitive : accepter comme *services publics* toutes les dotations de l'oligarchie financière, et leur appliquer le principe mutuelliste ou coopératif, le seul vrai: *l'exploitation à prix de revient.*

Ceci toutefois demande un exposé de motifs consciencieusement approfondi. Nous tâcherons qu'il soit à la hauteur des intérêts engagés dans ce solennel débat.

FIN

TABLE DES MATIÈRES

Pages.

FIN DE LA TABLE.

PARIS. — IMPRIMERIE L. TOUPART-DAVYL, RUE DU BAC, 30.

www.ingramcontent.com/pod-product-compliance
Lightning Source LLC
LaVergne TN
LVHW051052060726
842525LV00003B/626